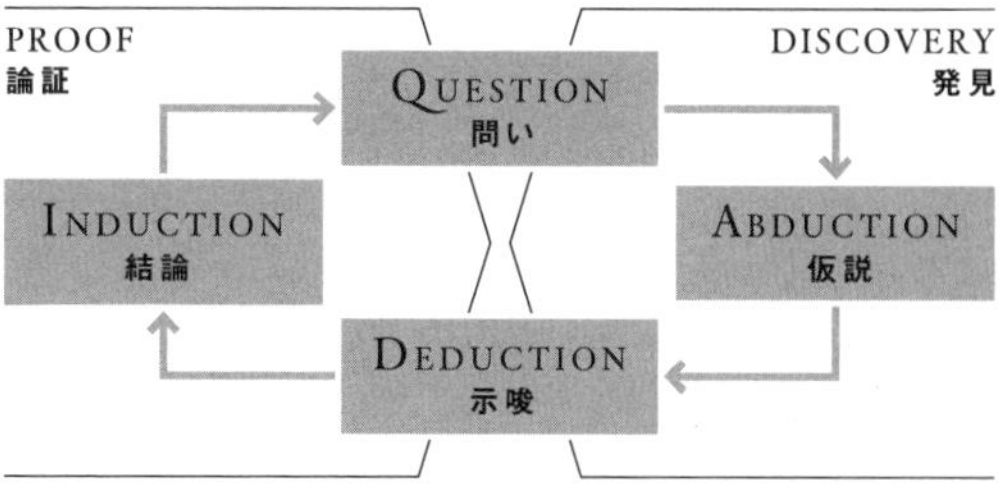
PROOF
論証
DISCOVERY
発見
QUESTION
問い
INDUCTION
結論
ABDUCTION
仮説
DEDUCTION
示唆

戦略コンサルタントが大事にしている

シン・ロジカルシンキング

デロイト トーマツ コンサルティング
ディレクター
望月安迪
Andy Mochizuki

Discover

購入特典

本書の終章で紹介した「思考の成熟度モデル診断シート」（PDF ファイル）を下記よりダウンロードいただけます。ぜひご活用ください。

ユーザー名 ▶ discover3072
パスワード ▶ logic

https://d21.co.jp/special/logic

はじめに
なぜ、いまロジカルシンキングのアップデートが必要なのか

「そんなわかりきった一般論はいらない」

その言葉を聞いたのは、社内の新人研修でチームが中間報告のプレゼンをクライアント企業に対して終えたときだった。

デロイトの新人研修では、その研修プログラムの総括として、約2週間にわたるケースワークを研修期間の最後に行う。そこでは実在する企業に協力いただき、その企業に対して新人コンサルタント5〜6人から成るプロジェクトチームを組み、経営課題に対する検討と提言を行う。研修とはいえ、提言を行う相手は実際に事業を営んでいる本物の企業だ。いやが上にも緊張感が高まる。

このときのテーマは、スマートフォンを使った遠隔医療アプリの利用者をいかに増やすか、というものだった。デロイトに入社する新入社員はみな事前にロジカルシンキングなどの基礎スキルをよく学んでいるし、研修期間中でも自己研鑽に余念がない。加えて、研修の限られた時間の中で少しでも提言の価値を上げるために、ギリギリまで議論を詰める気概も持っている。

チームは中間報告に向けて議論を積み上げ、自分たちの提言をまとめる枠組みとして「４Ｐ」を使ってみてはどうか、という話になった。４Ｐというのはマーケティング施策を考えるうえで「Product 商品」「Price 価格」「Place 販売チャネル」「Promotion 販促活動」という４つの切り口を用いるフレームワークで、いまでは多くのビジネスパーソンに知られているものだ。研修の場でフレームワークの使い方を覚えることはスキル育成のためにもよいと考え、「フレームワーク思考を身につけることを意識しながら、その切り口を使って考えてごらん」と僕も了承した。

そうしてチームからは、たとえばProductの視点から「ユーザーインタフェースを改良する」、Priceの視点から「初回の診断は無料にして利用者を誘致する」、Placeの視点から「企業と協業してその従業員に使っていただく」、Promotionの視点から「ＳＮＳマーケティングを強化する」といった提言が、中間報告のプレゼンの場でなされた。それを聞いたクライアントから、第一声が発せられる。

「そんなわかりきった一般論はいらない」

その瞬間、ミーティングの空気が凍りついた。さらに、次の言葉が続く。

「4Pでも何でも、そのようなフレームワークは我々でも知っている。そんな周知の枠組みを使っているから、提言の内容が月並みなものになってしまう。我々が聞きたいのは、そのような一般論ではない。結局自分たちの事業に何が効くのか。その独自の考え、新鮮な洞察が欲しいのだ」

新人コンサルタントを鍛え上げる研修の場として、あえてこのような厳しい言葉を伝えた部分もあるだろう。しかし、それは僕にとっても紛れもなくショッキングなメッセージだった。

かつて有効とされた考え方が、価値を生み出すどころか、アウトプットを陳腐化させてしまっている。

その現実が、目の前にあった。

プロセスが変わらなければアウトプットは変わらない

問題は、どこにあったのだろうか。少し視線を引いて俯瞰的に考えてみよう。

そもそも「考える」ということは、ざっくり言って、**①インプット（情報収集）→②プロセス（情報処理・分析）→③アウトプット（思考成果の提示）**という流れで構成される。料理でいうところの、①材料調達→②調理→③提供、の流れをイメージすればわかりやすい。

このうち、いかに情報をうまく分析し、そこから意味のある洞察を取り出すかという「プロセス」の部分は、まさしく経営コンサルタントが強みとする部分だ。だが今回ショッキングなのは、この強みの核心であるはずの「プロセス」、つまりは考え方が陳腐だと言われたことだ。

4Pのフレームワークは昔から知られたもので、ある種の古典ともいえる。しかし文学とは違って、ビジネスの現場において古典は価値あるものとして尊ばれず、代わり映えのない汎用品として扱われるようになってしまった。

考え方のプロセスが昔のままでは、そこから生み出されるアウトプットも廃れてしまう。ならば、**考え方としての「プロセス」そのものをアップデートしなければならない。**価値とは他との違いから生まれる。考え方が代わり映えしないのなら、そうした〝差異〟が生み出せなくなってしまう。

「主題の時代」から「方法の時代」へ――求められる新たな方法

この話を、ただ研修という小さな箱庭の中だけで起こった小事件だと捉えてはいけない。いまの時代、いまの社会で起きている大きなうねりが、この研修という小さな箱庭にまで影響を及ぼしていると考えなければならない。すべて小さな出来事の背景には、時代の大きな構造が隠れている。

では、いま僕らはどのような時代に直面しているのか。

イシス編集学校学長で、編集工学の創始者である松岡正剛先生は次のように話す。

「21世紀は、主題ではなく、方法の時代である」

松岡先生によれば、「平和、民主主義、環境、家族などの『主題』は20世紀に出尽くした」。「21

世紀は、その賛成・反対ではなく『方法』を議論できる『方法の時代』へ進む」というのだ。

たとえば、国連が策定した17の社会課題、SDGs（Sustainable Development Goals, 持続可能な開発目標）がある。「貧困をなくそう」「飢餓をゼロに」「すべての人に健康と福祉を」「働きがいも経済成長も」「平和と公正をすべての人に」など、それぞれの社会課題の解決が求められることへの異論は少ないだろう。

こうした「主題」の要請にどのような「方法」で取り組むか、そこに時代の重心は移っている。たとえば、「飢餓をゼロに」という主題に対してどのような「方法」があり得るか――「現地に農業の先端ノウハウを導入する」「国内の食品ロス分を現地に届ける」「最新の植物工場を建てる」「代替食を開発する」「フードデリバリー体制を整える」など、ひとつの主題に対するアプローチの方法は千差万別にあり得る。

そうである以上、数ある方法の中でもとりわけ**独創的で優れた方法を考案し、その有効性を訴求できることの重要性がかつてなく高まっている。**

ここで、先ほどの研修での場面が思い出される。「そんなわかりきった一般論はいらない」という言葉は、意識的にせよ無意識的にせよ、こうした「方法の時代」の構造から発せられた要請を背負っている。いまや、僕らは考え方という方法そのものをアップデートしなければならない。

生成ＡＩの時代にこそ「考える力」が欠かせなくなる必然

生成ＡＩの時代に人間が考える力をアップデートする必要はあるのか？と思うかもしれない。生成ＡＩとは、人間がプロンプトと呼ばれる指示文を入力し、そこからＡＩが回答を出力してくれるというものだ。ChatGPTやClaudeをはじめとした生成ＡＩが指示に対して即座に回答を生成するのを見ると、そう思えてしまうのも無理はない。

しかし、事実は逆だ。生成ＡＩがさらに発展していく中であっても、使い手である人間側の考える力がボトルネックになり、次のような５つの問題が人間側に残ってくる（図０－01）。

① そもそも、どんな指示・問いをＡＩに与えればいいかわからない（指示不全）
② 指示文が粗雑になり、ＡＩが生成するアウトプットの品質も悪くなる（品質劣化）
③ ＡＩが提示した選択肢が正しいかどうかを自分で判定できない（判定不能）
④（結果として）ＡＩの提案に対して修正・改善・深掘りの介入ができない（介入不能）

図0-01 「人としての考える力」が弱いと、生成AIの時代を生き残ることはできない

品質劣化
指示文が粗雑になり、AIが生成するアウトプットの品質も悪くなる
判定不能
AIが提示した選択肢が正しいかどうかを自分で判定できない
介入不能
AIの提案に対して修正・改善・深掘りの介入ができない
考える力が弱いと……
指示不全
何のための指示・問いをAIに与えればいいかわからない
利用不能
アウトプット内容を自分で説明できず、責任を持って利用することができない

⑤アウトプット内容を自分で説明できず、責任を持って利用することもできない（利用不能）

これらに加えて、より原理的な問題がある。それは、周りの誰しもが同じ生成ＡＩを使っている限り、そこから生まれ出る差は「使い手」である人間のほうで決まってしまうということだ。同じラケットを使っていても、一般人とプロテニスプレイヤーでは雲泥の差がつくようなものだ。差別化の源泉は生成ＡＩを使いこなす人間の側にあり、だからこそ人間はもう何もしなくていい、ということは原理的にあり得ない。

ＡＩが人間を支配する存在となることを許すか、それとも人間がＡＩの力さえも利用して自らをさらに超えていくか――本書は、後者の道を進むためにも書かれている。

これまでのロジカルシンキング、その限界

――標準化とコモディティ思考の罠

これまで紹介されてきた思考法の中で、ロジカルシンキングはビジネスにおける思考法の定番中の定番といって差し支えない。

それはたとえば、MECE《ミーシー》（モレなくダブりなく、Mutually Exclusive Collectively Exhaustive の略）、ピラミッドストラクチャー、ファクトベース、フレームワークといったコンセプトを基礎として、「正しく、わかりやすく伝える」ことの方法を伝えてきた。もちろん、そのことの価値はいまも失われてはいない。それはビジネスにおける検討の精確性を支え、効率的なコミュニケーションを可能にするものであり、ビジネスパーソンが成果を出すための「再現性」を高めるものとして活用されてきた。

だが、同時に気をつけなければならないことがある。**再現性を担保する思考の「標準化」は、アウトプットの品質を「同質化」もしてしまう、**ということだ。

どういうことか。モノづくりの場面を想像してみよう。モノづくりにおいて、製造プロセスの標準化は不可欠だ。製品のつくり方に個人差が生じ、それによって製品の品質がバラついてしまうと大問題だからだ。（ファストフードでハンバーガーの具材や味が調理担当によって違っていたら大変だ）だからこそ、プロセスを標準化することで、同じモノを同じ品質で大量生産することが目指される。

しかし、このことを製造プロセスではなく思考プロセスの場面で捉えると、事情が違ってくる。いま、僕らは「方法の時代」の渦中にいることを思い出そう。そこで求められるのは標準化・同質化されたアウトプットの大量生産ではなく、方法の独創と革新であった。価値とは差異であり、同質化してしまっては価値が消えてしまう。

僕の考えでは、**「正しく、わかりやすく伝える」従来のロジカルシンキングが持つ明快さは、あまりに訴求力を持ちすぎた。**いまや、人々はそれを〝過学習〟している（既存の考えに適応しすぎて、そこから外れる考えを受け入れにくくなっている）状態にあるといってもいい。せっかく考えついたアイディアが「ロジックが通っていない」と一蹴され、「それはただの思いつきではないか」と退けられる場面を経験した人は少なくないのではないだろうか。

誰がつくっても品質に差が出ないものを「コモディティ」と呼ぶが、標準化された思考が生み出すものは、コモディティに他ならない。標準的な考え方に偏りすぎることは、新規的なもの、意外性のあるもの、異質なものを生み出すことを妨げる。このことを僕は、**これまでのロジカルシンキングがもたらす「コモディティ思考の罠」**と呼んで注意を促したい。そこに捕らわれたままでは、「方法の時代」が求める要請に応えることはできない。

「思考の型」に込めた4つのキーコンセプト、あるいは過去からの変化点

このような問題意識に対する処方箋として、これから新たな思考の「型」を伝えていこう。まずは、その背景に通底する4つの価値観を伝えておきたい（図0－02）。これらは思考の型のコンセプトそのものであり、過去のロジカルシンキングからの変化点でもある。

［キーコンセプト❶］論理的整合性から「論理的意外性《ロジカルサプライズ》」へ

これまでのロジカルシンキングは論理の整合性を重んじてきた。それはたとえるなら、外形がカッチリと整えられたオフィスビルの建築を思わせる。それはとても剛健で安定性があるが、どれも同じような形でだんだんと見飽きてくる。

図0-02 「思考の型」のキーコンセプト＝
これまでのロジカルシンキングからの変化点

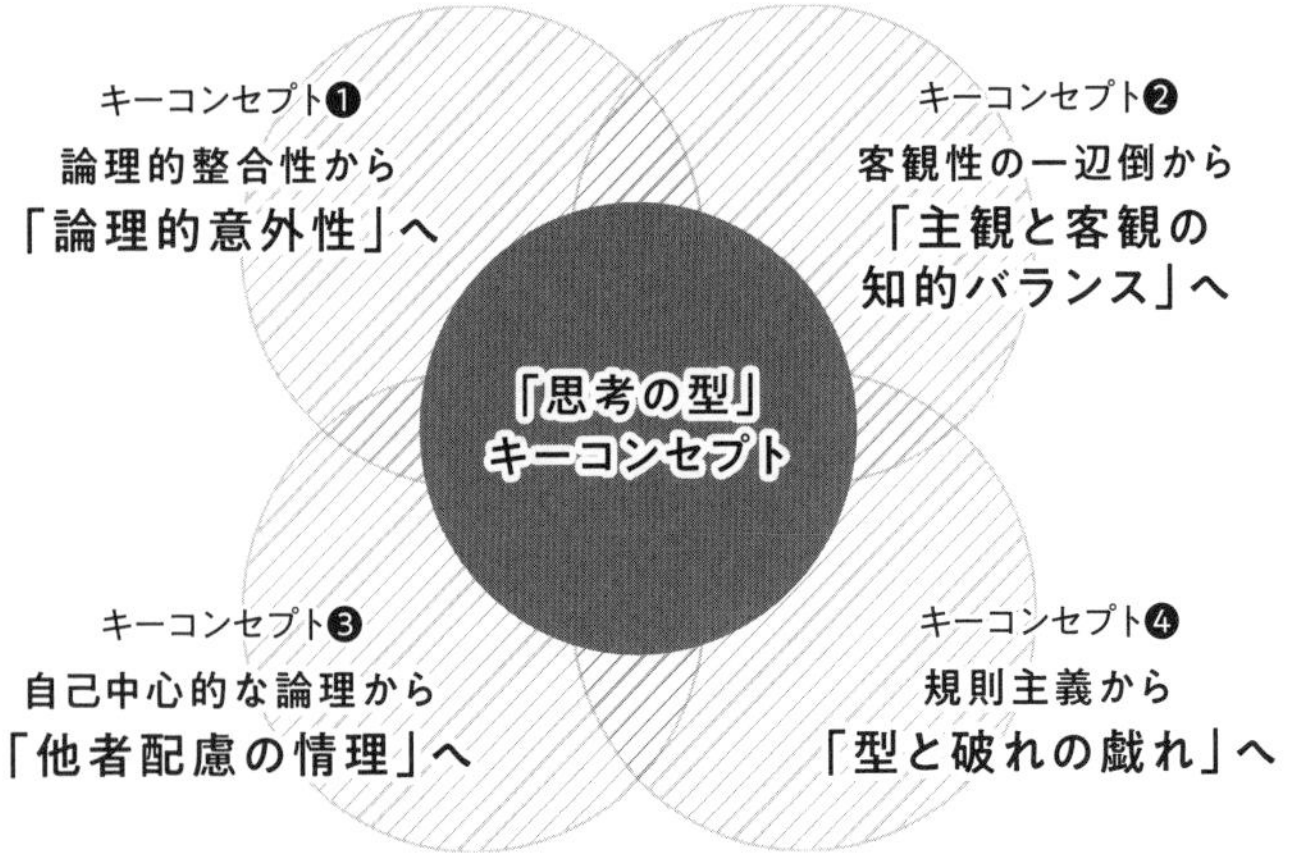

僕はそれに対して、論理的《ロジカル》でありながらも、それでいて人を驚かせ、面白いと思わせる意外性《サプライズ》をこれからの思考法に込めたい。それはオーストラリアにあるオペラハウスのような、秩序と意外性が同在するような考え方だ。この論理的意外性によって相手との情報の非対称性や情報の差別化がもたらされ、その落差から価値が生まれる。

[キーコンセプト❷] 客観性の一辺倒から「主観と客観の知的バランス」へ

ファクトベースを徹底し、主観を交えず客観的な目線でロジックを組み立てること、それがこれまでのロジカルシンキングが教えることだった。だが、誰もが知っている情報を標準的な方法で調理したところで、そこから出てくる料理＝知的成果はありきたりなものになる。本来、主観とは個性であり、「らしさ」であり、オリジナリティの源泉であったはずだ。その主観の重要性を回復し、主観と客観の双方を掛け合わせた知的バランスの感覚を取り戻すこと。そのバランス感覚を保つ力を本書では知性と呼びたい。

［キーコンセプト❸］自己中心的な論理から「他者配慮の情理」へ

いかに相手を説得できる強固なロジックを組み立てられるか。さらに高じて、いかに相手を論破してやるか。そんなある種の自己中心的な論理の傾きはないだろうか。そのような一方的な語りは、受け手側に「言ってることは正しいんだけど……」と、モヤモヤを残すことが少なくない。

そうではなく、相手が何を思い、悩み、期待しているかに思いを馳せ、自分と相手を取り巻く状況・コンテクストを繊細に読み解き、相手に寄り添った語りをすること。論理の片足立ちではなく、他者に配慮した〝情理〟をも重んじること。そのことを、これからの思考法に込めていきたい。それは、生成ＡＩが進展する今後、人間が持つ貴重な役割としてますます重要になる。

［キーコンセプト❹］規則主義から「型と破れの戯れ」へ

たとえば一定のメロディや同じテンポのリズムがずっと続いていたら、その音楽はとても退屈だろう。これまでの論理的思考は、決まった規則、標準化された考え方に従って論理を組み立てることを重視してきた。他方でそうした規則主義からは、だんだんと面白みが薄れていく。

それに対して本書では、基本となる思考の型を提示しながら、その型を破ることの試みをも促したい。規則的な旋律を奏でながらも、意外性のある音のジャンプや予期せぬ和音の逸脱を挟み込むような、そういった戯れ・遊び・偶然性《ランダムネス》をも積極的に活かしていきたい。そうした〝破れ〟の先に、オリジナリティは現れてくる。

表層を真似するだけでは、真に技を体得したとはいえない。見た目の裏側に隠れてあるもの、背景に潜むもの、根底に流れるもの、そうした本質的な感性を、本書の考え方を通じて身につけてほしい。

QAD《クアーディ》サイクル
――ロジカルシンキングの新たな「思考の型」

では、本書が伝える「思考の型」とは、どのような姿をしているのだろうか？　まず、思考の全体像を大きくざっくりと捉えたとき、それは「発見」と「論証」の二大局面に分けられる。

Ⅰ 発見（Discovery、ディスカバリー）

問いを立て、新たな知識・仮説を見つけ出す局面。何か主張の正しさを伝えようとする前に、

「そもそも何を伝えたいのか？」「そこに意外性や面白さはあるか？」「既存の情報との差別化はどうなされるか？」といった問いに答えるための仮説の洞察が、この「発見」の局面においてなされる。

＝論証（Proof、プルーフ）

発見した知識や仮説を、事実《ファクト》や論理的な手続きを使って正しいと示す局面。「発見」で洞察した仮説に対して、「なぜその仮説は正しいと言えるのか？」「どのような理屈によってそう考えたのか？」「具体的な根拠は何か？」といったことに、この「論証」の局面で答えていく。

そして、これら「発見」と「論証」の二大局面の上で、ＱＡＤＩの４つの頭文字が示す思考の型が相互に組み合って展開される。

Ｑ：問い（Question、クエスチョン）

発見と論証の出発点となる〈問い〉を立てるための型。問いの質が優れていれば思考の質は自ずと高まり、優れたアウトプットも生まれる。逆に、陳腐な問いは陳腐な考えをもたらし、そこから価値ある成果は期待できない。優れた発想を導く「論点設計《クエスチョン》の方法」を、ここで伝えていく。

A：仮説（Abduction、アブダクション）

立てた問いに対して、初期〈仮説〉を生み出すための型。初期仮説はいわば植物の種であり、それが持つポテンシャルによって将来育ってくる樹木や果実の姿は大きく変わる。いかに、新規性・意外性のある仮説をはじめに創出できるか。このことを、「仮説形成《アブダクション》」の方法によって伝えていく。

D：示唆（Deduction、ディダクション）

はじめに生み出された仮説を「1」だとすれば、それが持つポテンシャルを〈示唆〉として「10」へと引き出すための型。「点」のアイディアだけだと「それは思いつきだ」と退けられるが、価値を広げていく「線」＝ストーリーとして語ることができれば、話の訴求力はまるで変わる。このことを、「演繹的思考《ディダクション》」の方法を通じて明らかにしていく。

I：結論（Induction、インダクション）

創出された仮説やストーリーの正しさを検証・反証して磨き上げ、〈結論〉に引き上げるための型。検証と反証によって仮説の確証を深め、さらなる進化を遂げさせることで、仮説はどこまでもその「力」を強くしていく。このことを、「帰納的思考《インダクション》」によって伝えていく。

これらを統合させた「思考の型」を**QADI《クァーディ》サイクル**と呼ぶ（図0－03）。この思考の型をシン・

図0-03 シン・ロジカルシンキングの思考の型
—— QADI《クァーディ》サイクル

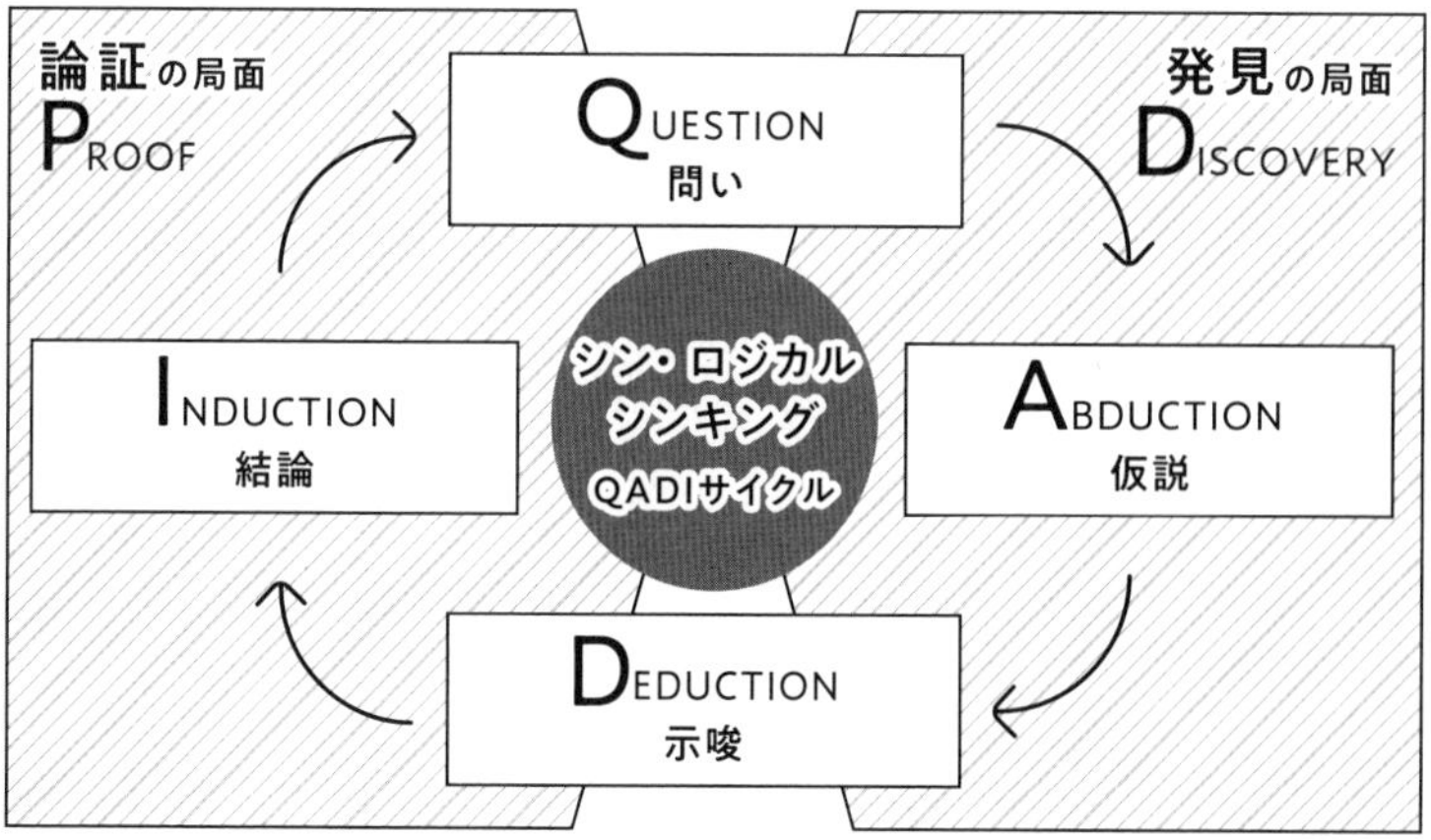
論証の局面
PROOF
発見の局面
DISCOVERY
QUESTION
問い
ABDUCTION
仮説
DEDUCTION
示唆
INDUCTION
結論
シン・ロジカルシンキング
QADIサイクル

ロジカルシンキングとして伝えるのは、これが、

- 過去のロジカルシンキングの限界をアップデートする「新《シン》なる思考」であり、
- これまでバラバラに扱われてきた思考法をシンクロさせた「統合《シン》の思考」であり、
- 考えることの本当の可能性を解放する「真《シン》の思考」である

ことを目指すものだからだ。

この「思考の型」について本書は、あらゆる業界・業種、仕事の内容において誰もが活用できるよう徹底して体系的かつ実践的に伝えていく。

- それぞれの思考において、どのような頭の使い方・実践がなされるのか？

● その裏にはどのような理論的背景があるのか？
● ＱＡＤＩという４つの思考がこの順番で統合・展開され、それが循環というサイクル運動で描かれる必然性は何か？
● これらによってこれまでのロジカルシンキングはどうアップデートされ、それが仕事や研究、生活の中で新たにどう役立つのか？

ロジカルシンキングの普及をコンサルティング業界は随分と手伝ってきた。一方、これまでのロジカルシンキングには「コモディティ思考の罠」があり、その限界も見えてきた。ロジカルシンキングを広げてきたのがコンサルであるなら、その限界を超える方法もまた、コンサルから提供されなければならない。そんなことをも思いながら、この本は書かれている。

シン・ロジカルシンキングと目的ドリブンの思考法はどのような関係にあるか

本書を手に取ってくださっている読者の中には、前著『目的ドリブンの思考法』を読まれた方もいらっしゃるかもしれない。『目的ドリブンの思考法』も『シン・ロジカルシンキング』もそれぞ

図0-04 「シン・ロジカルシンキング」は「目的ドリブンの思考法」をも支える思考の基盤

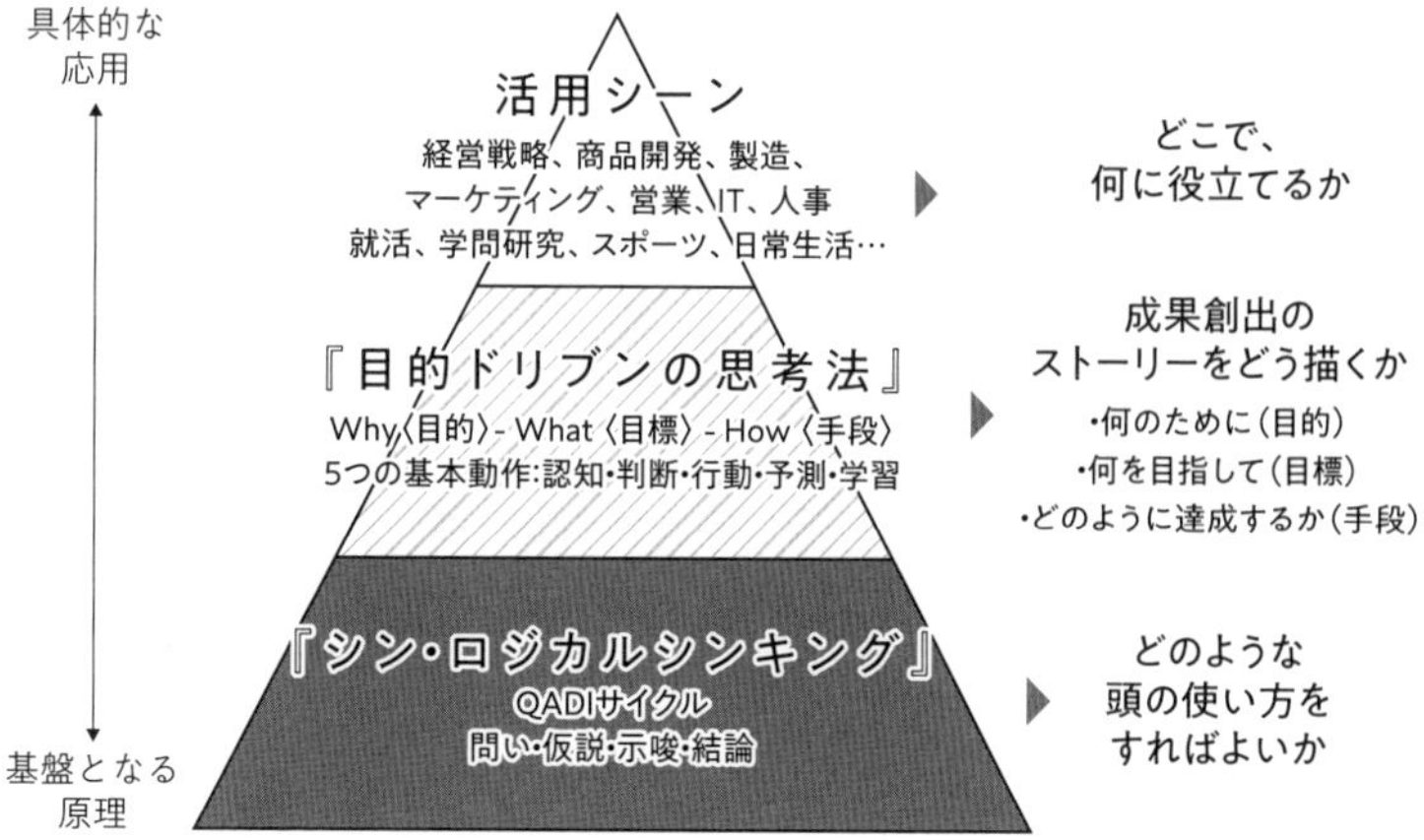
具体的な応用
基盤となる原理
活用シーン
経営戦略、商品開発、製造、
マーケティング、営業、IT、人事
就活、学問研究、スポーツ、日常生活…
どこで、何に役立てるか
『目的ドリブンの思考法』
Why〈目的〉- What〈目標〉- How〈手段〉
5つの基本動作:認知・判断・行動・予測・学習
成果創出のストーリーをどう描くか
・何のために（目的）
・何を目指して（目標）
・どのように達成するか（手段）
『シン・ロジカルシンキング』
QADIサイクル
問い・仮説・示唆・結論
どのような頭の使い方をすればよいか

れが異なる「思考の型」をうたっているから、「思考の型が2つもあるのはどういうことなのか」「互いの関係性はどうなっているのか」と気になる方もおられることだろう。そのことについて補足をしておこう（図0－04）。

『目的ドリブンの思考法』は、〈目的―目標―手段〉の三層ピラミッドによって成果創出のストーリーをつくること、そしてそれを達成するために押さえるべき〈5つの基本動作〉（認知―判断―行動―予測―学習）を型化して伝えたものだ。

一方、『シン・ロジカルシンキング』は、「考える」というシーンの中で起きている頭のはたらき方に着目して、「どのような頭の使い方をすればよいか」をより深いレベルで型化したものだ。それは頭の使い方そのものの原理であり、考えること全体に通底して影響を与える「土台」だ。

自分の頭脳をスマホにたとえてみよう。『シン・ロジカルシンキング』はスマホに入っているOS（たとえばAndroidやiOS）であり、『目的ドリブンの思考法』とは、そのスマホにインストールされたアプリである。そのOSとアプリを使い合わせながら、ビジネス、学問、スポーツ、日常生活などの活用シーンに役立てていくわけだ。

その意味で、本書は前著の姉妹編、思考の源流からいえば「姉」にあたるといえよう。双方の本を合わせれば、およそ700ページ余りにわたる「戦略コンサルタントの思考大全」として体系的に読むことができる。もちろん、本書は『目的ドリブンの思考法』の内容を前提にはしていないので、本書からお読みいただくことにまったく制約はない。本書から読むことで、様々な活用シーンで思考をよりうまく動かすための地頭そのものが鍛えられる。

本書の構成と読み進め方——正・反・合でシンに至る

これから内容に入るにあたり、本書の構成と読み進め方を示しておこう。

これまで伝えてきたように、本書は「シン・ロジカルシンキング」という新たな思考の型を到達点として目指すものだ。他方で、一足飛びでその高みに届かせようとするには、間にある階差がかなり広い。そのため、本書ではその内容を大きく3部に分け、ロジカルシンキングの初学者でも段階を踏みながらいずれ高みへと至れるように仕立てている。それは、正・反・合という3つの段階から成る弁証法的発展でもある。

- **「正」の部……これまでのロジカルシンキングを「論証」の文脈で捉え直す**
- **「反」の部……これまでのロジカルシンキングの弱みであった「発見」を可能にする「問いの立て方」と「仮説のつくり方」を伝える**
- **「合」の部……「発見」と「論証」を統合（あるいは止揚《アウフヘーベン》）し、その先に続く「探求」に至るまでの高み＝「シン・ロジカルシンキング」を目指す**

その意味で本書は、過去のロジカルシンキングに対する単なるアンチ・テーゼではない。過去を乗り越え、ジン・テーゼとしての本当の思考法をこそ、本書は目指していきたい。

本書は、ロジカルシンキングに対する読者の習熟度に応じて読み方を変えていくことも可能だ。以下に示すように、自分が本書を読むモチベーションを振り返り、自分の動機にもっとも適った読

み方をしてほしい。（通読はすべての著者の願いだが、それは読者にとって必ずしも最善とは限らない）

●ロジカルシンキングをはじめから学びたい……そのような読者は、本書を最初から通読していくといい。一度にすべてを完璧に理解しようとせず、本書で語られる型をひとつずつでいいから、じっくり消化していくこと。それぞれの型は〝思考のモジュール〟として単独で切り離して使うことができ、それ単体でも思考を変える効能を発揮する。

●自分の思考法をチェック・メンテナンスしたい……その場合は、本書をはじめから通読して総ざらいでチェックしていくこともできるし、自分が苦手とする部分をピックアップして読み込むことも可能だ。本書は正（論証）・反（発見）・合（論証と発見の統合）に分かれているから、その区分を目安にチェックする対象を定めるといい。

●ロジカルシンキングに習熟しており、さらにアップデートしたい……それなら、本書の到達点である「シン・ロジカルシンキング」を伝える「合の部」からいきなり読み始めてみるのもいい。これまでのロジカルシンキングをアップデートする思考の型が全体像としてつかめるだろう。その中で不明点があれば、該当する前の章に戻ってより掘り下げた内容を確認するといい。

本書は、主には思考力を底上げしたいと願うビジネスパーソンに向けて書かれている。一方で、本書の主題が「考える」という人間にとっての根源的な活動をアップデートしようとするものである以上、本書が伝える思考の型は、受験勉強、研究、教育、就職活動、スポーツ、その他日々の生活など、人生の様々な場面において応用可能である。自分の人生をより充実して生きるために、ぜひこの思考の「型」に習熟し、鍛錬を重ねて、自分の「技」へと高めていっていただきたい。

思考を変えること、それは運命さえも変える

最後に、マザー・テレサの言葉を借り、思考法を学び、それを変えることが何を意味するのかに触れておこう。彼女は、次のような言葉を僕らに遺してくれた。

思考に気をつけなさい、それはいつか言葉になるから。
言葉に気をつけなさい、それはいつか行動になるから。
行動に気をつけなさい、それはいつか習慣になるから。
習慣に気をつけなさい、それはいつか性格になるから。
性格に気をつけなさい、それはいつか運命になるから。

これから僕らは、ここで語られている連鎖の根っこにある「思考」を変えようとしている。そのことは、いま、僕らは自らの「運命」さえをも変えつつあることを意味する。本書が〝何のために〟あるのか、その目的の中心はここにある。

自分の思考を変えること、それによって自分の運命さえ変えてやること——その気概を持って、これから本書で語られることを自分のものにしていこう。ただ漫然とページをめくるのではないその切実さが、より高い場所へとあなたを導いてくれるはずだ。

戦略コンサルタントが大事にしている

シン・ロジカルシンキング

CONTENTS

〈正〉の部　ロジカルシンキングの〝オモテ面〟

第1章　「論証」　ロジカルシンキングの基本原則、あるいは論理と情理の交差

第2章

論証の第一方法 〈示唆〉を引き出す「演繹的思考」

〈反〉の部 ロジカルシンキングの〝ウラ面〟

第4章 「発見」 〈仮説〉を生み出す方法としての「アブダクション」

〈合〉の部 シン・ロジカルシンキングへの昇華

第6章 シン・ロジカルシンキングの「思考の型」QADIサイクル

終章 いかに「型」を鍛え、己の「技」とするか

思考の「5つの力」と成熟度モデル

おわりに——何のために、僕らは考える力を高めるのか

〈正〉の部

ロジカル
シンキングの
“オモテ面”

シン・ロジカルシンキングに至る
“オモテ”のアプローチとして、
この〈正〉の部では「論証」の技法について
伝えていこう。
それは、自分の主張を正しく・わかりやすく相手に伝え、
納得を得るためのものであり、
正統派ロジカルシンキングを支える
考え方の基本になるものだ。
その一方、僕らは正統派が陥りがちな
「コモディティ思考の罠」を回避することも
忘れてはいけない。
そのためにはこれまでのロジカルシンキングを
再構成しながら、
そこに新たな意味づけも与えて
バージョンアップをさせていこう。

第1章

「論証」

ロジカルシンキングの基本原則、あるいは論理と情理の交差

この最初の章では、ロジカルに考えることの基本原則から見ていくことにしよう。「ロジカルであれ」とはよく言われるが、「ではどのような状態であればロジカルと言えるのか？」に対して答えられたことは少ない。それに、これまでのロジカルシンキングは論理一辺倒で突き進みすぎて、その途中で何か大切なものを落としてしまった。その大切なものを拾い上げながら、真にロジカルであることとはどういうことかを伝えていこう。

Case

結果が重要か、プロセスが重要か

同じコンサルティングファームの同期として入社し、親友でありよきライバルでもある工藤さんと服部さんが、ランチ休憩のひと時に「ビジネスにおいては結果とプロセスのどちらが重要か」について議論している。以下の2人の会話を読んだうえで、次のことを考えてみよう。

1　工藤さんと服部さんの主張は何か？　その理由は何だろうか？
2　そのうえで、あなたならどちらの立場に賛同／反対するだろうか？　それはなぜか？

工藤さんと服部さんの議論

工藤さん：まぁ、結果がすべてだと思うんだよな。ビジネスで成功するためには売上や利益が最終的な目標だし、結果を出してこそ企業の成長があるだろ？ それに、結果がよければ投資家も満足するし、社会的な評価も得られるじゃないか。

服部さん：せやかて工藤、結果も大事やけど、どうやってその結果に至ったかがもっと大事やろ。ええプロセスがあれば、たとえ一時的に結果が出んでも、長期的には成果が生まれるもんや。それに、プロセスを大事にすることで社員のモチベーションも保たれるし、組織文化もよくなるんちゃうんか？

工藤さん：わかってねぇなぁ、服部。たしかにプロセスも無視できないけど、最終的にはやっぱり結果だろ。たとえば、スポーツでいくらいいプレイをしても、試合に勝たなければ意味がない。それと同じで、ビジネスも成果がなくて、外部から評価がもらえると思うか？

服部さん：でもな、ええプロセスがあったら、たとえ失敗したとしても、その経験を次に活かせるし、チーム全体の学びにもなるんや。それに、プロセスをしっかり管理していればリスクも減らせて、改善も進むで。結果だけ見てたら、その裏でどんな課題や無理が生じとるか見逃してまうわ。

工藤さん：それはそうかもしれないけどな、やっぱり世の中は結果だろ。企業の業績も、個人のキャリアも、結果が出なければ意味がない。そのための効率的なプロセスも大切だけど、俺は最終的には結果がないとすべてが無意味だと思うぜ。

服部さん：結果もええけど、どんな手段を使って得たか、その過程が人を成長させるんや。結果が出たから言うてプロセスがようわかってへんかったら、ただの一発屋になってまうで。プロセスを大事にしてこそ、持続的な価値を創り出せるってもんや。

「与えられたもの」から「与えられていないもの」を導く知的ゲーム

これからこの本を通して、「考える」ことを考えてみよう。幽体離脱をして自分自身を上から眺めるようなメタ認知（メタとは「高次の」という意味）のあり方は、自分の頭の使い方を知り、変えていくための基本姿勢だ。

まずは、ロジカルシンキングの代表格といえる「論証」の考え方から始めよう。シンプルにいえば、**論証とは、自分が伝えたいことの正しさを根拠立てて相手に示すことだ。**

しかし、事実をしっかり揃えていれば、論証するまでもなく正しいと相手に伝わるのではないか？　何のために、僕らは論証を必要とするのか？　この問いには、これまで意外とあまり答えられていない。

この問いに答えるためには、「知的生産」とはどういうことか、その本質を知る必要がある。「空―雨―傘」という有名な考え方を通して伝えていこう。

図1-01 知的生産とは「与えられたもの」から「与えられていないもの」を導くこと

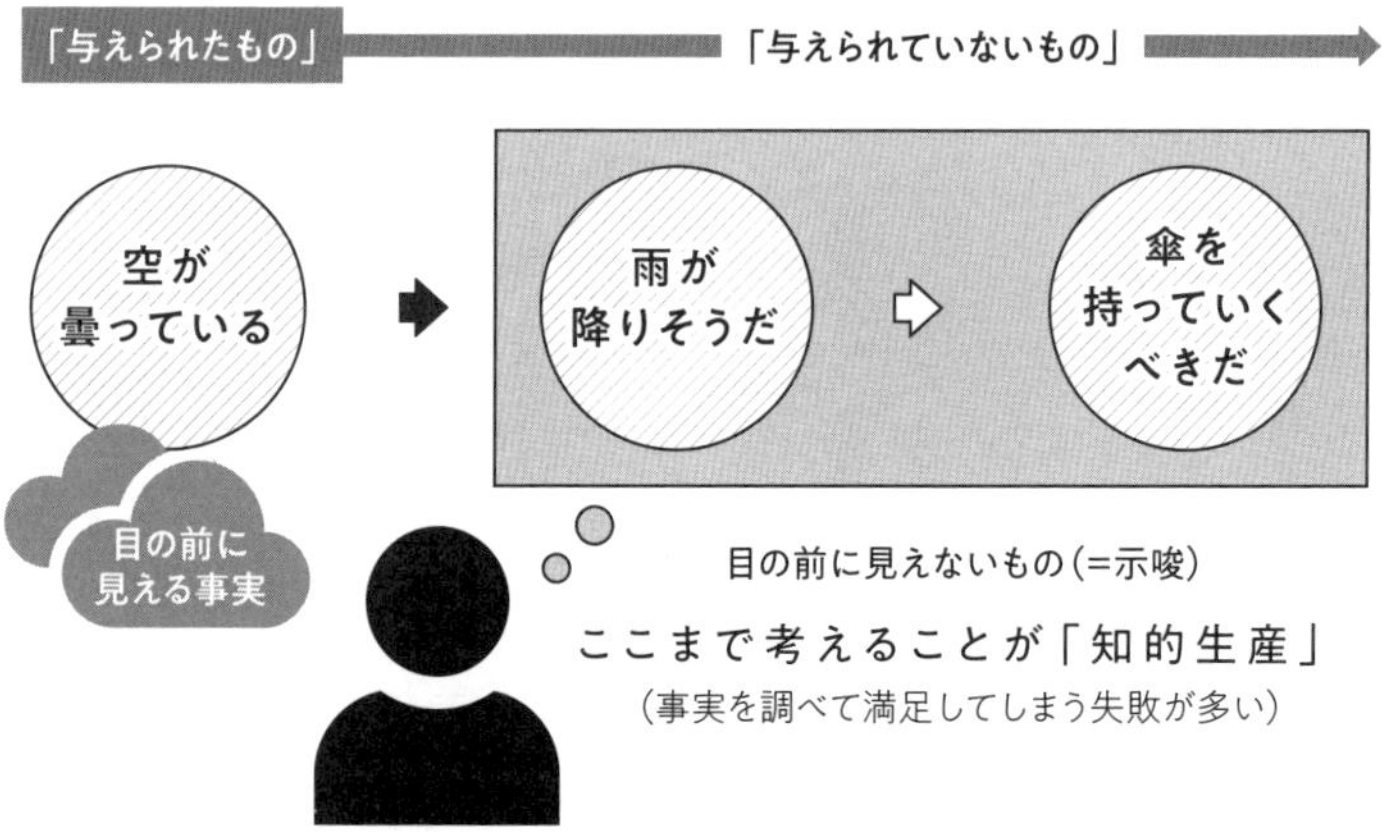
「与えられたもの」
「与えられていないもの」
空が曇っている
雨が降りそうだ
傘を持っていくべきだ
目の前に見える事実
目の前に見えないもの(=示唆)
ここまで考えることが「知的生産」
(事実を調べて満足してしまう失敗が多い)

「空─雨─傘」とは、物事を伝える際、以下の順序で述べることで、聞き手に納得感をもたらすことができるという考え方だ(図1-01)。

①空……空が曇っている(事実)
②雨……雨が降りそうだ(解釈)
③傘……傘を持っていくべきだ(行動)

しかしここで注目すべきは、話を伝える順序ではない。僕らがここから読み取らなければならないのは、**知的生産とは「与えられたもの」から「与えられていないもの」を導くゲームである**という本質だ。

まず、「空が曇っている」という事実は、実際に目の前に見えている「与えられたもの」だ。特に頭を使うことなく、空を見上げさえすれば誰でもわかる。そして誰でもわかるからこそ、「空が曇っている」という情報そのものの価値は乏しい。

一方、「空が曇っている」という事実に対して頭の中で解釈をひとつ加えると、「雨が降りそうだ」という推測が得られる。ここでは、目の前の「与えられていた情報」から、必ずしも「与えられていない」情報へと踏み込んでいる。そこからさらに「傘を持っていくべきだ」というメッセージを導き出すと、より「与えられていないもの」としての色合いが濃くなる。

知的生産とは、「与えられたもの」からいかに他の人がまだ気づいていない「与えられていないもの」を導けるかを競うゲームなのだ。

「情報の差別化」を生み出す知的生産の戦略的発想

知的生産が競争である以上、そこには欠かすことができない要素がある。情報の差別化だ。

それはつまり、情報の受け手がまだ知っておらず、しかしそれを知ることで役に立つような新情報を示すことだ。単に目新しい情報を示せばいいわけではなく、次のような戦略的発想が求められる。

- **情報の受け手は誰か?**（ターゲティング）

図1-02 「差別化された新情報」を受け手に示すことが知的生産の存在意義

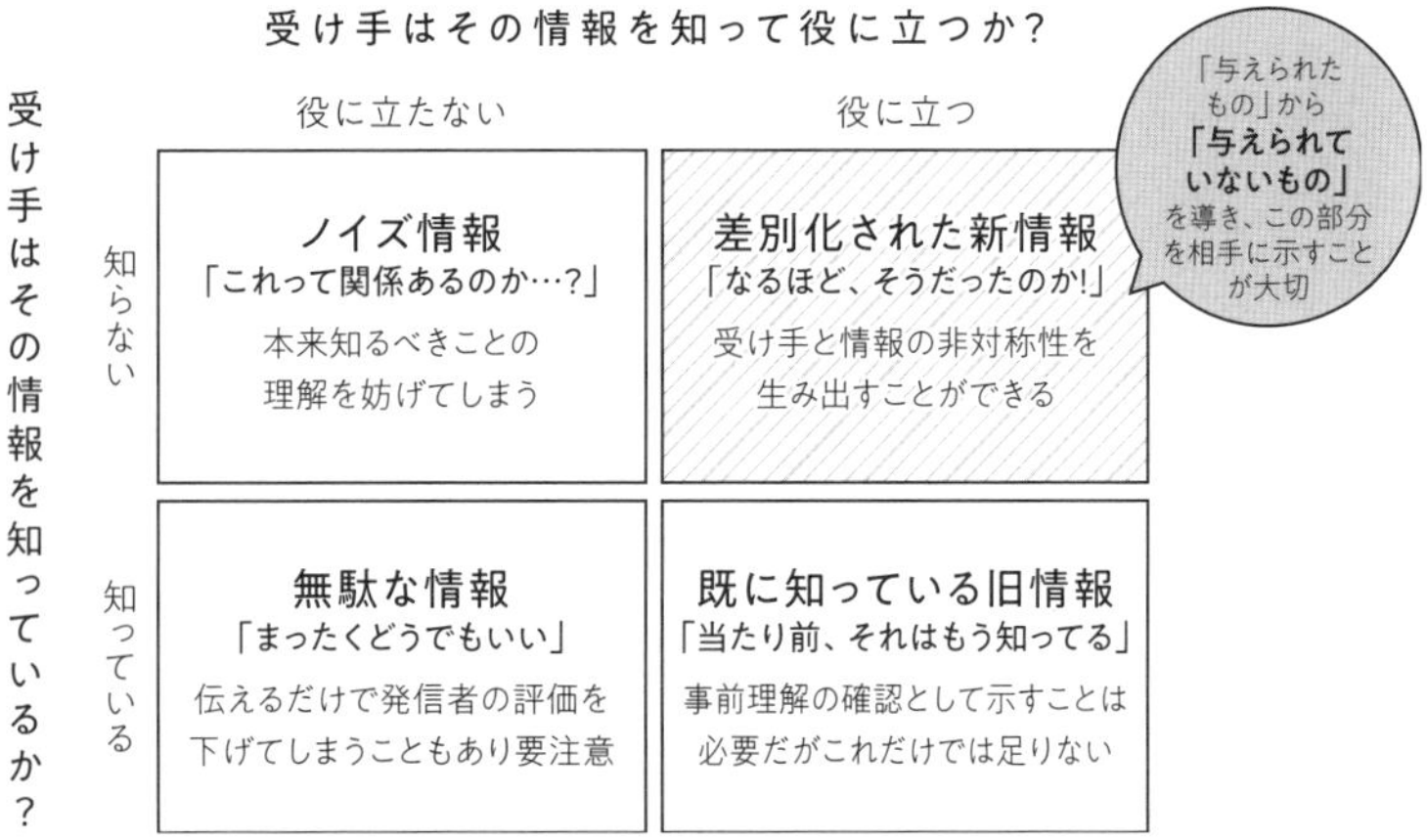
受け手はその情報を知って役に立つか？
役に立たない
役に立つ
受け手はその情報を知っているか？
知らない
知っている
ノイズ情報
「これって関係あるのか…？」
本来知るべきことの理解を妨げてしまう
差別化された新情報
「なるほど、そうだったのか！」
受け手と情報の非対称性を生み出すことができる
無駄な情報
「まったくどうでもいい」
伝えるだけで発信者の評価を下げてしまうこともあり要注意
既に知っている旧情報
「当たり前、それはもう知ってる」
事前理解の確認として示すことは必要だがこれだけでは足りない
「与えられたもの」から「与えられていないもの」を導き、この部分を相手に示すことが大切

- **受け手は何を知っていて、何を知らないのか？**（受け手の現状理解）
- **それに対してどのような新情報をどう示すか？**（差別化の方針）

自分と相手の間に情報のギャップをつくり出し、「自分は知っているが相手は知らない」という**情報の非対称性**を生み出すことができれば、受け手は「なるほど、そうだったのか！」と価値を感じてくれる（図1－02）。

ただ調べた事実《ファクト》をそのまま示すだけでは、その情報がよほど希少なものでない限り、誰もが情報にアクセスできるいまの時代では価値が乏しい。コンサルタントであっても購入した市場レポートを単に整理しただけでは、「市場レポートは我々でも買える」というクライアントの反応を受けることになる。

また、たとえ事実をもとにいくらがんばって考えを進めたとしても、つくり出した情報が相手が既に知っている「旧情報」だと、相手は価値を感じてはくれない。「そんなことは当たり前、既に知っている」というのは、知的生産として失敗のサインだ。

「与えられたもの」から「与えられていないもの」を導き、受け手がまだ知っておらず、かつ役に立つ情報をつくることは、情報の差別化に欠かせない知的生産の営みなのだ。

「与えられていないもの」の価値に共感してもらうために論証が必要

では、冒頭の問いに戻ろう。何のために、僕らは論証を必要とするのか？　それは、**「与えられていないもの」**の価値に共感してもらうためだ。

目の前に事実があれば、わざわざ論証はいらない。「空が曇っている」ことは、論証するまでもなく空を見上げれば誰でもわかることだ。一方で、「与えられていないもの」は事実のように目の前にあるわけではない。本当にそうなのかと、即座にわかるわけではない。

だからこそ、「与えられていないもの」については、それが本当にそうだと信じられるよう論証する必要がある。天気のことを伝えず、ただ単に「今日は傘を持っていきなさい」と言われても、「何で？」と返されるだけだ。論証によって正しさを示されないと、人々は「与えられていないもの」を信じることができず、新たな行動も起きない。その結果、「与えられていないもの」が本来持っていたはずの価値も埋もれてしまう。

「与えられたもの」から「与えられていないもの」を導くこと、そしてその正しさの共感を得て、価値の実現へと運ぶこと。そのために論証は必要なのだ。

論証とは「理由」をめぐる戦い

「何のために論証が必要か」がわかったところで、「論証とは何か」について理解の解像度を上げていこう。

「新しいゲームを買うべき3つの理由」と言って子が親を説得しようとするように、物心がついた

図1-03 論証とは、主張ではなく「理由」をめぐる戦い

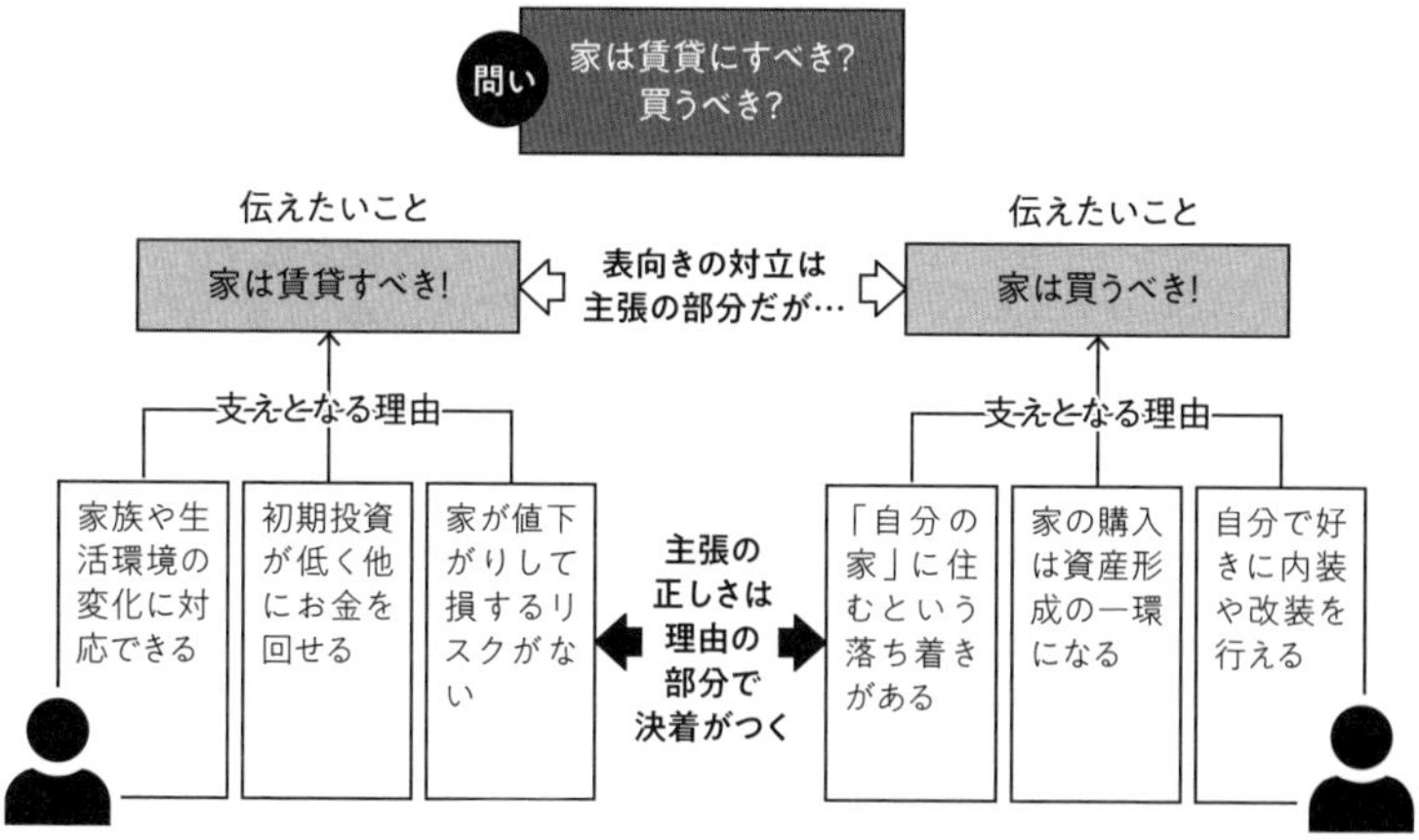
問い
家は賃貸にすべき?
買うべき?
伝えたいこと
家は賃貸すべき!
表向きの対立は
主張の部分だが…
伝えたいこと
家は買うべき!
支えとなる理由
支えとなる理由
家族や生活環境の変化に対応できる
初期投資が低く他にお金を回せる
家が値下がりして損するリスクがない
主張の正しさは理由の部分で決着がつく
「自分の家」に住むという落ち着きがある
家の購入は資産形成の一環になる
自分で好きに内装や改装を行える

頃から僕らはすでに「論証」をしている。その後も年齢を重ねる中で、「大学はどこを受験すべきか」「就職は地元にすべきか」「英語教室に通うべきか」「あの人にいま告白すべきか」「持ち家か賃貸のどちらにすべきか」など、テーマは違えど「論証」という営みは変わらず繰り返されていく。

このように論証の姿かたちはいろいろあれど、その骨格はすべてに共通する（図1－03）。

その中心的な要素を取り出してみると、以下の3つから成っていることがわかる。

①何かしらの「問い」があり（家は賃貸にすべき？買うべき？）、

②それに対する自分の「伝えたいこと」と（買うべきだ）、

③それを「支える理由」を示すこと（自分で好きに内装や改装を行えるから、など）

これが論証だ。

とりわけ、この中でも「理由」という点が論証を論証たらしめる要素だ。理由がない主張は論証にはならず、言いっぱなしの思いつきになってしまう。論証の戦いとは、「理由」の戦いだ。その理由は主張とどういうつながりがあるのか、その理由は事実なのか、なぜその理由は重要なのか、他の理由はないのか、こうした理由をめぐって、論証は行われる。

論証は相手を論破するためではなく、動機づけし、共に動くためにある

ビジネスでは、新たな価値を生み出すために「これまでのやり方を変える」ことが必要になる。新たな価値とは「差異」を生み出すことであり、そこには現状の変更が求められる。

しかし、人は生物としてそもそも安定性を好む。それなりに安定していた現状を変えようとすると「なぜその変化が必要なのか？」「具体的に何をやるのか？」「それによって何が変わるのか？」「実際に実現できるのか？」「どの程度の労力や資金が必要なのか？」といった数々の異論や反論が

出てくる。

こうした問いかけに対して根拠を持って答え、意思決定を獲得し、組織の行動を起こしていくために、論証が必要になる。**いわば、〝与えられていない〟将来のあり様の確からしさを納得させ、組織が共に動くよう動機づけることに、ビジネスにおける論証の意義がある。**論証の力は決して相手を論破するためにあるのではない。

逆に論証ができていないと、自分の意見をうまく伝えられず、周囲の理解も得られないままになってしまう。そのような状況は組織に所属する一員としてとても苦しく、耐え難い。その意味で論証の力をつけることは、組織の中で風通しよくやっていくための助けにもなる。あなたがそのことに思い悩んでいるなら、これから伝える論証の技法は、その苦しさを解消させてくれるはずだ。

論証の基本——「なぜなら」と「だから」の二項一対をつくる

では、論証とはどのように行えばよいだろうか。具体的な例を通じて見てみよう。

たとえば、子どもが次のように言ってきたとしよう。

「この新しいおもちゃを買うべきだよ」

これは論証といえるだろうか？　もちろん、論証とはいえない。子どもが自分の「伝えたいこと」を言いっぱなしで主張しているだけだ。

少し色を加えて、次のように言ってきた場合はどうか。

「この新しいおもちゃを買うべきだよ。なぜって、これで遊びたいから！」

「伝えたいこと」に対して、「遊びたい」という「支えとなる理由」を加えてきた。一歩前進だ。

しかしこの「支え」では「欲しいから欲しい」と、ほぼ同じ内容を繰り返しているだけだ（専門的にはこれを同語反復、トートロジーという）。これでは、まだおもちゃは買ってやれない。

では、次のような場合ならどうだろう。

「この新しいおもちゃを買うべきだよ。なぜって、これで遊ぶと考える力がすごく上がるんだって！　だから買うべきだよ！」

図1-04 「なぜなら」と「だから」の二項一対をつくること、それが論証

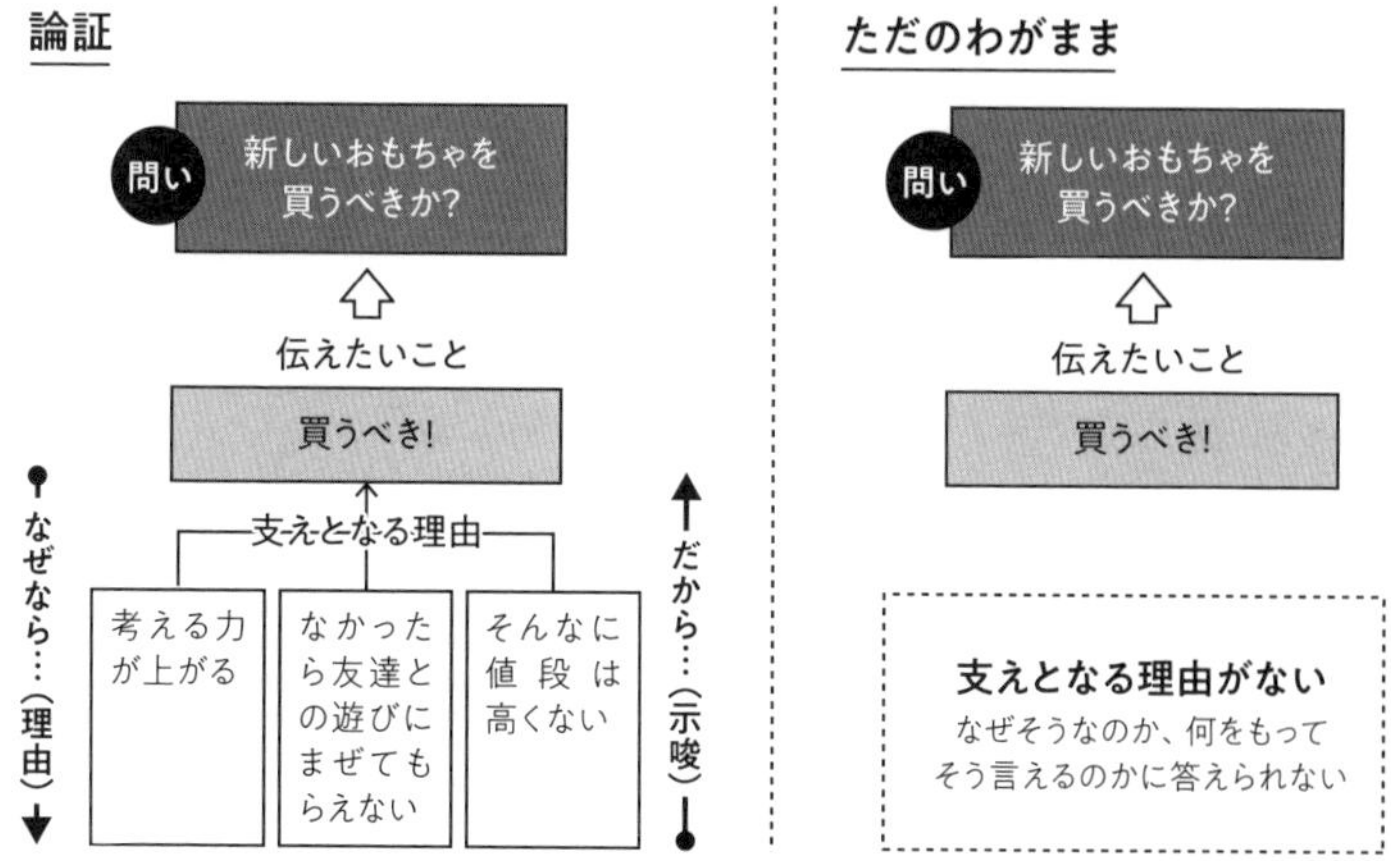
論証
問い
新しいおもちゃを買うべきか?
伝えたいこと
買うべき!
支えとなる理由
考える力が上がる
なかったら友達との遊びにまぜてもらえない
そんなに値段は高くない
なぜなら…(理由)
だから…(示唆)
ただのわがまま
問い
新しいおもちゃを買うべきか?
伝えたいこと
買うべき!
支えとなる理由がない
なぜそうなのか、何をもってそう言えるのかに答えられない

「欲しいから欲しい」ということを超えて、自分の「伝えたいこと」（＝おもちゃを買うべき）に対して新たな支えとなる理由を加えている。これがあれば、「なぜ？」と問われても答えられるし、「だから〜」と続けざまに「伝えたいこと」を主張することも可能となる。こう言われると、買ってやろうかという気にもなる。

このように、「伝えたいこと」と「支えとなる理由」をお互いにつなぎ合わせ、自分の主張の正しさを示すことが「論証」だ。

この論証の構造を、ロジカルシンキングの用語では「ピラミッドストラクチャー」と呼ぶ。**問いに対する「伝えたいこと」を頂点として、「なぜなら」と「だから」からなる二項一対の土台をどれだけしっかり固められるか、ということだ**（図1-04）。

これはビジネスの会議室でも、学会でも、法廷でも、そして子どもがおもちゃ売り場で親を説得する場合であっても変わらない。

ロジカルであるための2大原則
――〈十分な要素〉と〈期待される順番〉

一方で、建築にはしっかりと強固に組まれた土台もあれば、ゆらゆらとして覚束ない、ずさんな建築もある。論証において、ロジカルといわれるしっかりした土台には、どのような条件が備わっている必要があるだろうか？

それは実のところ、次のただ2つの要因によって決まる。〈十分な要素〉（専門的には統合性unity）を相手が〈期待される順番〉（専門的には一貫性coherence）で提供する、ということだ（図1－05）。相手の納得や理解を得て行動を促すことを論証の「目的」とするなら、この2つは目的を達成するために満たすことが必要な「目標」といえる。

まず〈十分な要素〉とは、相手を納得させるのに必要な要素を漏れなく揃えることを意味する。

図1-05 ロジカルであるとは、〈十分な要素〉を〈期待される順番〉で提示すること

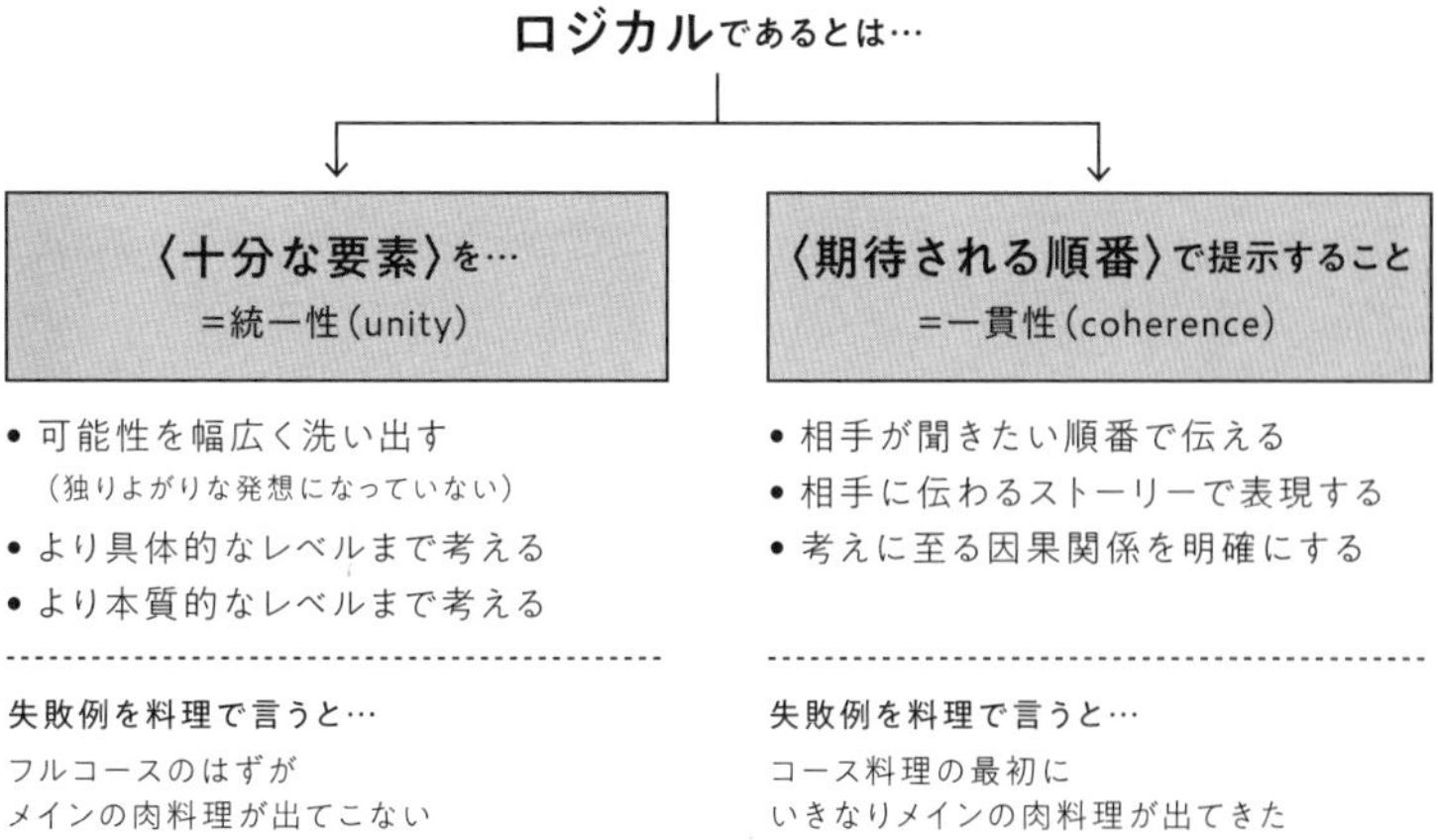
ロジカルであるとは…
〈十分な要素〉を…
＝統一性（unity）
• 可能性を幅広く洗い出す
（独りよがりな発想になっていない）
• より具体的なレベルまで考える
• より本質的なレベルまで考える
失敗例を料理で言うと…
フルコースのはずが
メインの肉料理が出てこない
〈期待される順番〉で提示すること
＝一貫性（coherence）
• 相手が聞きたい順番で伝える
• 相手に伝わるストーリーで表現する
• 考えに至る因果関係を明確にする
失敗例を料理で言うと…
コース料理の最初に
いきなりメインの肉料理が出てきた

人間は、何かが漏れているとそこにある種の気持ち悪さを感じる。コース料理でたとえるなら、メインの肉料理がなかったり、食後のデザートが欠けたりしていると「なんで？」と不満を感じてしまう。

ロジカルな論証においてもこれと同じことが起こる。たとえば営業の現場で自社製品の話ばかりをして顧客視点の話が抜けていると、「それでは自分たちが売りたいものを売ろうとしているだけだ」と、納得を得ることが難しくなる。期待があるのにそれが充足されないと、それは失望につながってしまう。

もうひとつの要素、**〈期待される順番〉**とは、相手の考え方や理解の仕方に合わせた順番で情報を提示するということだ。要素の漏れに加えて、人間は要素の〝順番〟をも気にする。コース料理でも最初からいきなりメインの肉料理が出てくると当惑するように、ロジカルな論証においても、同じ情報であっても、提示する順番で受け止められ方がまったく変わってしまう。

ビジネスにおける報告の場合でも同じだ。

聞き手が顧客起点で考えるタイプであったとしよう。それに対して、報告がいきなり技術の話やビジネスモデルの話から始まってしまうと、「そもそも顧客は誰なの？」「顧客のお困りごとはちゃんと押さえてるの？」と途中で説明を遮られることだろう。個々の情報がたとえ正しくとも、情報を提示する順番で意味合いが違って届いてしまうということだ。だからこそ、優れたコース料理のように、相手の期待を満たす順番で情報を出していくことが大切だ。

レリヴァンス、あるいは情理
——相手を真に腹落ちさせるもうひとつの原則

〈十分な要素〉と〈期待される順番〉、この2つの原則を押さえれば、「論理的」という意味では十分だ。しかし、僕らが〝シン・ロジカル〟を目指そうとするとき、それだけでは足りない。なぜか？　単に論理的なだけでは、人は必ずしも納得しないからだ。

たとえば、海外出張から疲れて帰ってきたとき、豪華なレストランでフレンチのコースが用意されたとしよう。料理も供される順番も完璧だ。だがそのとき、心の中で本当はこう思っているかもしれない。「洋食にはもう飽き飽きしていて、いま食べたいのは一杯の鮭茶漬けなんだ……」

このようなことは、人間同士のコミュニケーションでもよく起こる。伝える内容がいかに論理的でも、相手の心の中の欲求や期待に応えられていなければ、相手には響かない。

コンサルティングにおいて提案書を書くときに、「最終的に提案を買う人に向かって書くべし」という教えがある。提案書の内容は通常、担当者レベルのクライアントと検討してまとめていくことが多い。しかし、その目の前にいる担当者の立場に合わせて提案書を書くと、多くの場合は失敗する。その提案書を最終的に買ってくれるのは、担当者の上長にあたる経営層であり、担当者とは見ている視座が異なるからだ。聞き手に対する配慮がズレたままでロジックだとか構造化だとか言ったところで、何の意味もない。

だからこそ、論理のこの限界を補う、もうひとつの要素が必要になる。それが、**「レリヴァンス」（Relevance 関連度合い）**という考え方だ。自分の伝えたいことが、相手の立場、要求、悩み、期待としっかり関連しているかを見る視点だ。言い換えれば、**自己満足の論理ではなく、相手**

図1-06 頭（論理）と心（情理）が合わさって はじめて“腹落ち”する

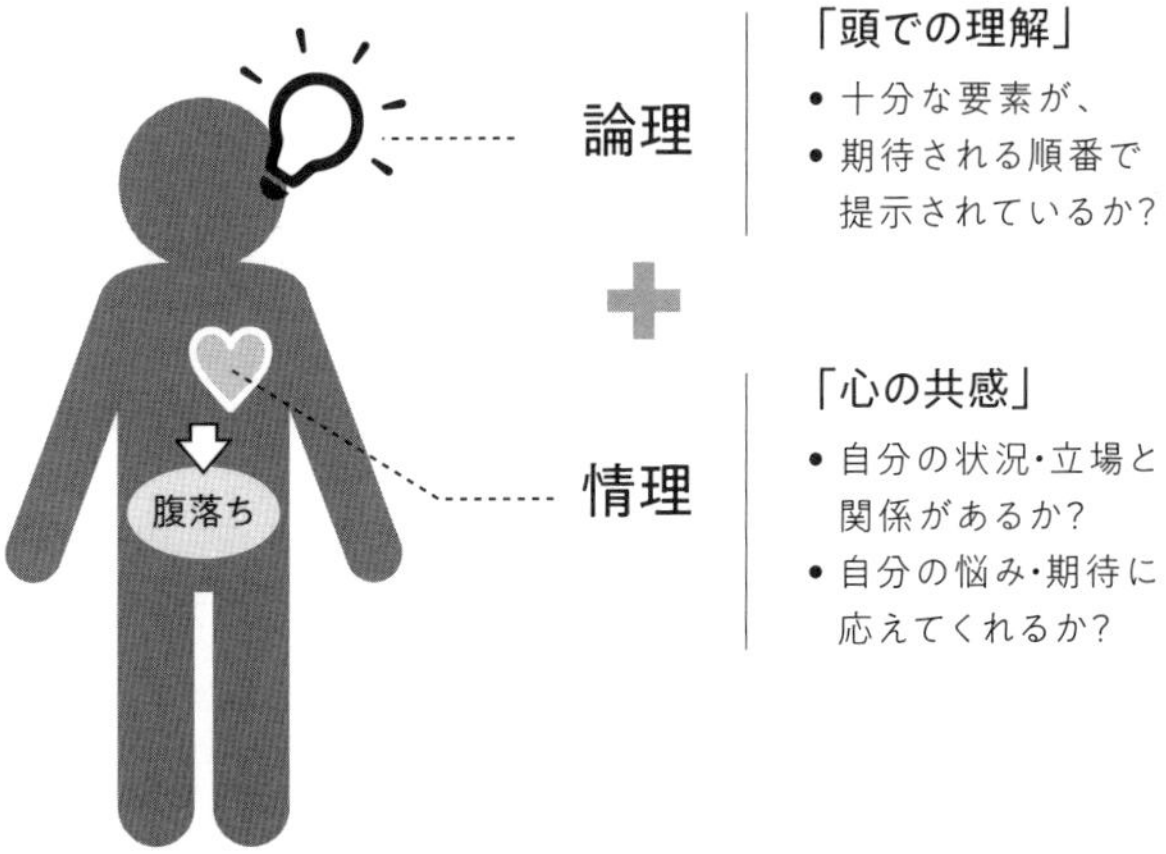
論理
「頭での理解」
• 十分な要素が、
• 期待される順番で
提示されているか？
情理
「心の共感」
• 自分の状況・立場と
関係があるか？
• 自分の悩み・期待に
応えてくれるか？
腹落ち

への情理を配慮するということだ。

相手への情理を意識せず、単に論理を伝えるだけでは、相手は「なんかいろいろ説明してるけど、自分に何の関係があるんだ……」と思ってしまう。だからこそ相手の「情」を汲み取り、論理《ロジック》に情理《レリヴァンス》を組み合わせること。論理による頭での理解だけでなく、内面での共感があってこそ、真の腹落ちは得られる（図1−06）。

より強い論証のつくり方

――相手軸に合わせた「支え」の理由

そのため、論証のピラミッドの土台には何でも突っ込めばいいわけではない。いきなり相手の顔面を殴って「今月は祝日がなかったから」と理由をつけても、「ふざけるな」となるのが当然だ。

図1-07 自分と相手が双方とも「そうだ」と信じられる根拠が、強い土台を形成する

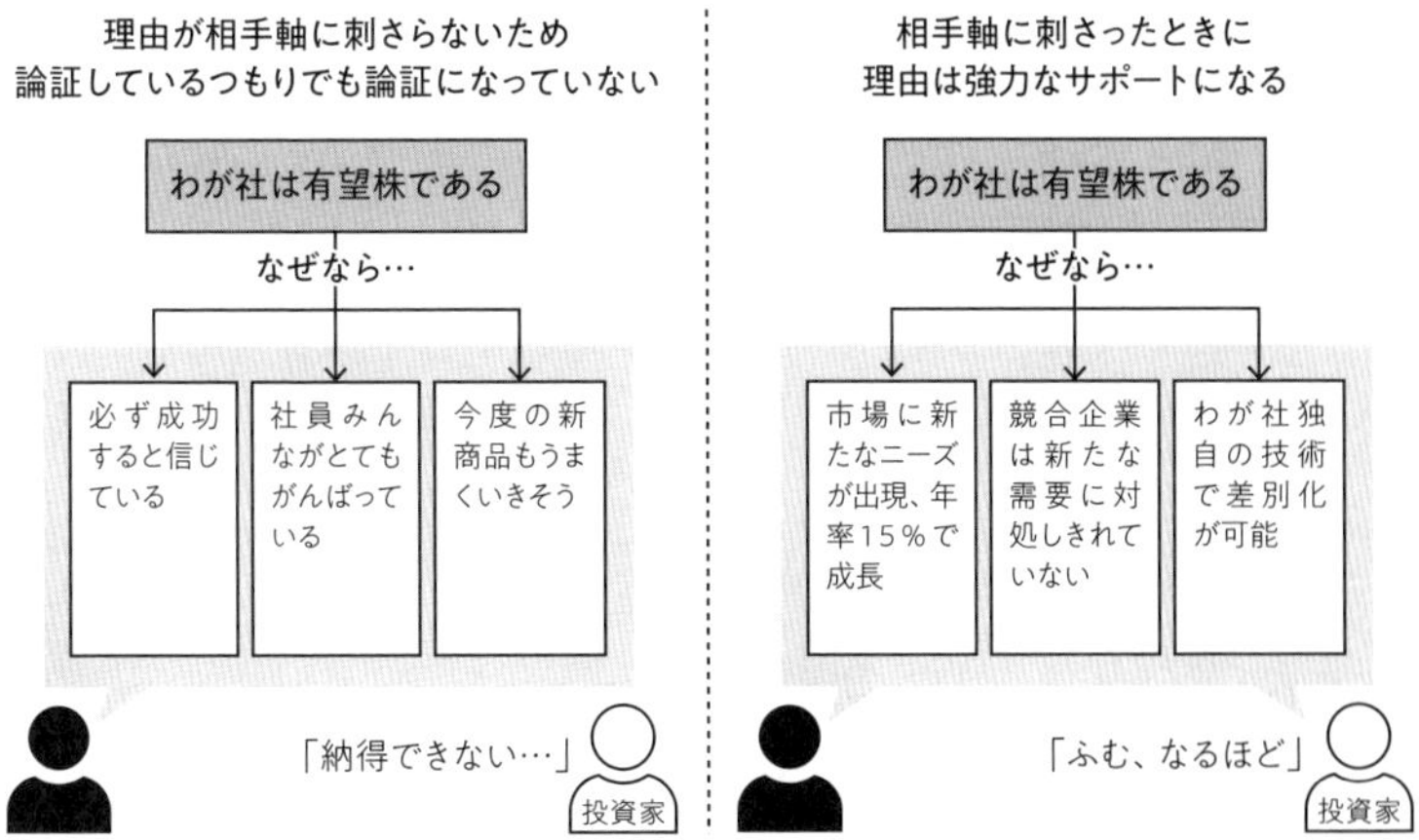
理由が相手軸に刺さらないため
論証しているつもりでも論証になっていない
わが社は有望株である
なぜなら…
必ず成功すると信じている
社員みんながとてもがんばっている
今度の新商品もうまくいきそう
「納得できない…」
投資家
相手軸に刺さったときに
理由は強力なサポートになる
わが社は有望株である
なぜなら…
市場に新たなニーズが出現、年率15％で成長
競合企業は新たな需要に対処しきれていない
わが社独自の技術で差別化が可能
「ふむ、なるほど」
投資家

支えの理由には強いものもあれば、弱いもの、役に立たないものもある。

では、「強い支え」に共通する本質とは何か？　それは**「自分と相手が双方とも〝そうだ〟と信じる事柄」**であることだ。相手が正しいと思うことの価値観を捉え、相手軸に合わせた支えの理由を据えることが、強い土台を形成する（図1－07）。

たとえば、企業経営においては定量的な数値情報が強いサポートとされる。定量的な数値情報は経営者や株主、アナリストなど、企業経営に携わるステークホルダーに信ぴょう性の高い事実（ファクト）として広く認められているからだ。

他方で、恋人に「なぜ私のことが好きなの？」と聞かれ、定量情報（見た目や性格、相性の点数化

……）で答える稀有な人がいたとしよう。それを聞いた恋人がどういう反応をするかは言うまでもない。好きという感情を示すのに、定量的なサポート情報を必要だと思っていないからだ。

このように、同じ情報でも、相手の価値観によって強い支えにもなれば、支えにならないこともある。「論破」という言葉が流行っているが、ディスカッションとは自分と相手の認識の重なりをつくること、相手を見て互いに手を差し伸べることが本来のはずだ。僕らは独りよがりに理由を並べるのではなく、相手に思いをはせ、共通認識に至るための理由を突き詰めることにこだわろう。

「エモロジカル」の可能性

――「論理」の縦軸と「情理」の横軸がつくる論証のマトリクス

優れた論証とは結局何なのか――これまでの話を、二軸からなるマトリクスで俯瞰して示そう。

まず当然ながら、論証にはロジックが必要だ。それは「十分な要素」を「期待する順番」で相手に提供することで満たされるのだった。これを「論理の縦軸」として、マトリクスを縦断させよう。

同時に、相手からの納得を真に得るためには、相手の要求を満たし、悩みを解消し、期待を超え

図1-08 「論理」と「情理」の交差が最高の腹落ちをもたらす

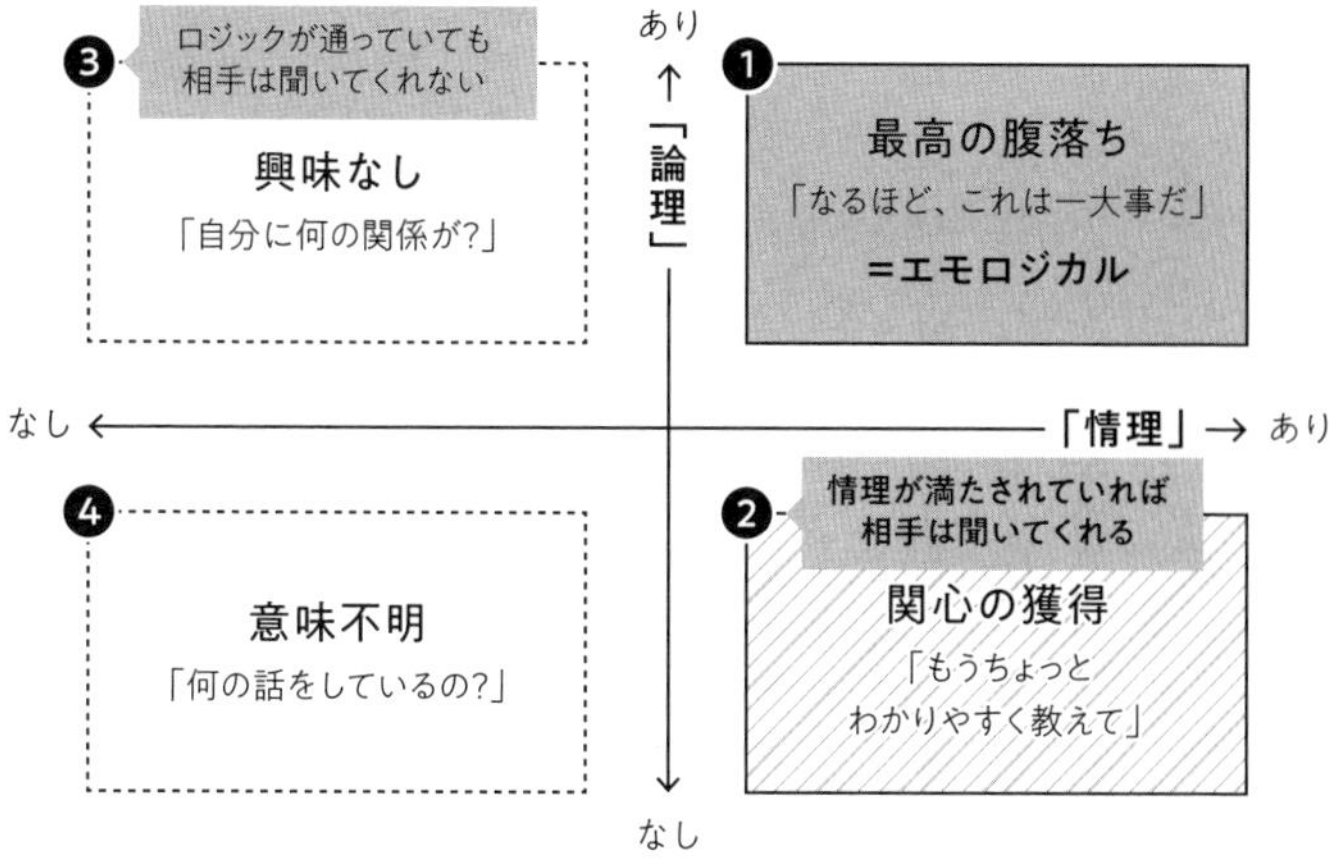
あり
「論理」
なし
「情理」
あり
なし
❶
最高の腹落ち
「なるほど、これは一大事だ」
=エモロジカル
❷
情理が満たされていれば相手は聞いてくれる
関心の獲得
「もうちょっとわかりやすく教えて」
❸
ロジックが通っていても相手は聞いてくれない
興味なし
「自分に何の関係が?」
❹
意味不明
「何の話をしているの?」

えていけるメッセージを選び取るという、レリヴァンスへの配慮がそこになければならない。それが、マトリクスを横断する「情理の横軸」だ。

過去のロジカルシンキングからは、この情理の横軸がすっぽり抜け落ちてしまっている。その結果、相手を思いやらず、自分の言いたいことばかりを言いっぱなしにする人さえ見かけてしまい、悲しい思いをすることがある。

真に優れた論証は、これら「論理の縦軸」と「情理の横軸」が交差してつくられる。その二軸を掛け合わせた論証のマトリクスは、次の4つの象限から出来上がっている（図1－08）。

[領域❶]最高の腹落ち……「なるほど、これは一大事だ」

[領域❷]関心の獲得……「もうちょっとわかりやすく教えて」

［領域❸］興味なし……「自分に何の関係が？」
［領域❹］意味不明……「何の話をしているの？」

もっとも腹落ちできるのが、論理と情理が交わる領域❶だ。X（旧Twitter）で、あるユーザーが、「エモとロジを行き来できる者が一番強い」といい、それを見た別のユーザーが返信で「エモロジー」という言葉をつくり出したことがあった。僕らのメッセージが「エモロジカル」であるとき、それはもっとも人の心を動かす。

領域❷（関心の獲得）にも注目してみよう。たとえ論理に多少穴があったり話に飛躍があっても、その内容が相手にとって「自分ごと」にかかわるのであれば、相手は「もっとくわしく」と前のめりに聞き耳を立ててくれる。こうした受け手の開かれた態度がある限り、対話の末に必ず納得は訪れる。

逆に領域❸（興味なし）のように、論理はあっても情理を欠いた状態だと、どれほど精緻な論理を組み立てても相手は興味さえそそられない。これが見過ごされると、単なる論理マシンのように早口で議論をまくし立てるだけになってしまう。「何度説明しても伝わらない……」と思うところがあるなら、論理ばかり先行して情理を見落としていないか自分を振り返ろう。がんばって論理を組み立てていても、成果として何も生み出さない以上、悲しいかな、領域❹（意味不明）と大差はない。

論理（ＩＱ）から情理（ＥＱ）へ——生成ＡＩの時代に求められるもの

だとするなら、論理《ロジック》以上に情理《レリヴァンス》、言い換えれば、伝える相手とのかかわり合い方について、僕らはもっと気にかけなければいけない。この「**他者配慮の情理**」が、シン・ロジカルシンキングが大切にしたい価値観のひとつだ。

ＩＱ（Intelligence Quotient 知能指数）という言葉はよく知られているが、ＥＱ（Emotional Quotient 心の知能指数）はあまり知られていない。ＥＱはアメリカの心理学者ピーター・サロヴェイとジョン・マイヤーが提唱し、同じく心理学者のダニエル・ゴールマンがその著書『心の知能指数』で世に広めた。具体的には、次の3つの要素によってＥＱは構成される。

- 心内知性（「自分を把握しているか」）……自分が感じていること、動機、望み、不安、怒り、喜びなどを把握し、それがどのように自分や相手に影響を及ぼすかを知り、適切に管理したり、衝動を抑えたりする力

- **対人関係知性（「相手を把握しているか」）……相手が感じていること、意図、動機、悩み、ニーズなどの内面を察知し、その理解をもとに効果的なコミュニケーションを行い、人間関係や合意形成を構築する力**
- **状況判断知性（「状況を把握しているか」）……自分や相手を取り巻く状況・コンテクスト（いわゆる〝空気〟）を読み解き、その理解に基づいて適切な自己調整や他者とのかかわり合いを行う力**

あるプロジェクトで運営事務局を担当していたメンバーが、各ワーキンググループにタスクを割り振って進めることを考えていた。スケジュールがギリギリだったため、「タスクリストを表にして書き出して、メールで全員に送ってしまいましょう。質問があれば3日後の正午までを締め切りに返信してもらって、あとは文句なしってことで」と進め方を提案してくれた。

僕はそれに対して、こう伝えた。「それは合理的なようだけど、それでは人は動かないよ。もし自分に『はい、どうぞこれをやってください。この時間を過ぎたら質問は受けつけません』と言われて、君は進んでそれをやるだろうか」

相手が何を思い、どのような状況に取り巻かれているかという機微を理解し、そこから適切な語りをする情理の力は、これからのＡＩ時代にますます重要になる。真のロジカルさとは、論理と情理の2つを兼ね備えていなければならない。

Case Solution

では、論証の考え方を意識しながら、冒頭の工藤さんと服部さんの議論について見てみよう。

「結果が重要か、プロセスが重要か？」というのがここでの論点だ。

このような議論でありがちなのが、いわゆる「声の大きさや雰囲気」にのまれてしまうことだ。そうではなく、お互いの主張とその理由をしっかり可視化し、俯瞰した目線で比べることが、客観的な評価には大切だ。

この議論において、工藤さんは「結果」を、服部さんは「プロセス」を重要とする立場に立っている。そして、互いになぜそう思うのか、複数の理由を会話の中で展開している。これらを構造的に整理してみると、図1-09のようになる。工藤さんは企業の成長、外部の評価、個人のキャリアの視点から結果が重要だとし、服部さんは長期的な成果と組織へのプラスの影響を重視していることが見てとれる。

工藤さんと服部さんの立場について、あなたはどちらの立場に賛同／反対しただろうか？

図1-09 声の大きさや雰囲気に左右されず、論証の構造を可視化して、互いの主張と理由を比べる

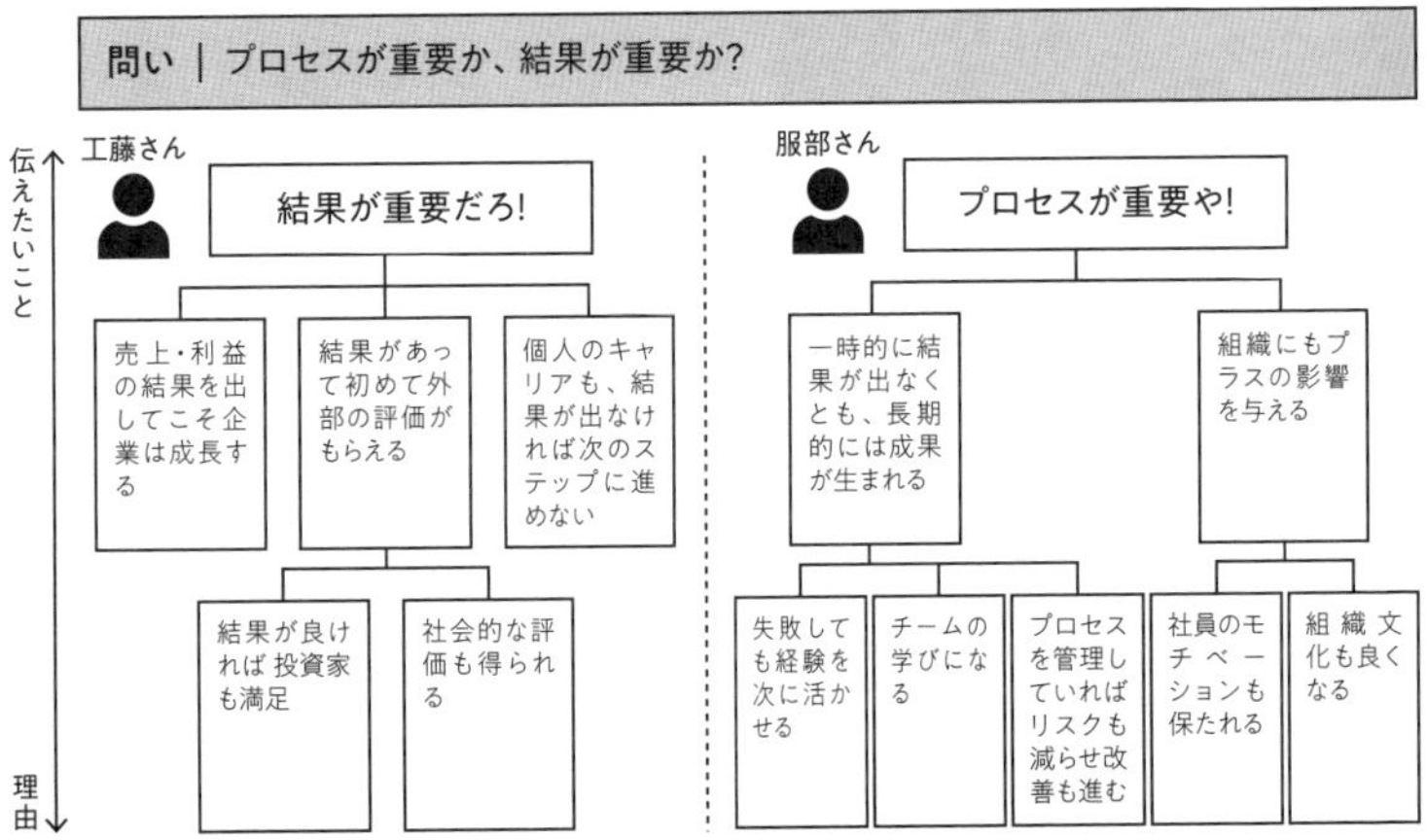

問い｜プロセスが重要か、結果が重要か?
伝えたいこと
理由
工藤さん
結果が重要だろ!
売上・利益の結果を出してこそ企業は成長する
結果があって初めて外部の評価がもらえる
個人のキャリアも、結果が出なければ次のステップに進めない
結果が良ければ投資家も満足
社会的な評価も得られる
服部さん
プロセスが重要や!
一時的に結果が出なくとも、長期的には成果が生まれる
組織にもプラスの影響を与える
失敗しても経験を次に活かせる
チームの学びになる
プロセスを管理していればリスクも減らせ改善も進む
社員のモチベーションも保たれる
組織文化も良くなる

僕の考えを言えば、「結果か、プロセスか」という単純化された二項対立を考えること自体が本質を見失わせてしまうように思う。結果とプロセスは因果関係にある。よいプロセスによってよい結果は生まれ、よい結果はよいプロセスを求める。結果が仮によくても、それが再現性のない方法や不正な方法でなされたなら、その結果に持続性はないし、かといって、いかにプロセスの正当性を主張しても、結果が伴わなければ市場の目は冷たい、というのが、悲しくもいまの世の中だ。

だからこそ必要なのは、結果を出すことにコミットしたうえで、それを創出するためのプロセスをつくりこみ、実行し続けることだ。どちらか、ではない。その双方の最良のかみ合わせを追求し続ける行動の中に、結果とプロセスの本質はある。

本書で伝える思考の型も、まさしく考えるプロセスをアップデートしようとするものだ。それと同時に、この思考の型はコモディティ思考の罠を克服し、「思考成果の差別化」という結果をもたらすことを強く意図したものでもある。「結果か、プロセスか」という〝OR〟の立場ではなく、「結果も、プロセスも」という〝AND〟の立場を、本書ではとっていきたい。

「条件つき」論証で思考の解像度を高める

論証の失敗でよくありがちなのが、自分の正しさを示したい意図が先行して、「いついかなる場合でも私の言うことは正しい」という「一本決め打ち型」の論証をしてしまうことだ。これは場合によっては、不適切に偏った認識（＝認知バイアス）にもなり得る。

たとえば、「商品開発は顧客のニーズや課題をまず把握してから行わなければならない」（＝マーケット・イン・アプローチ）とは、世の中一般でよく言われていることだ。だからといって、これをどんなときでも正しいものと考えるとズレる場合がある。

その実例として、自動車を発明したヘンリー・フォードは「もし顧客に彼らの望むものを聞いて

図1-10 「一本決め打ち型」論証に注意し、「条件つき」論証を心がける

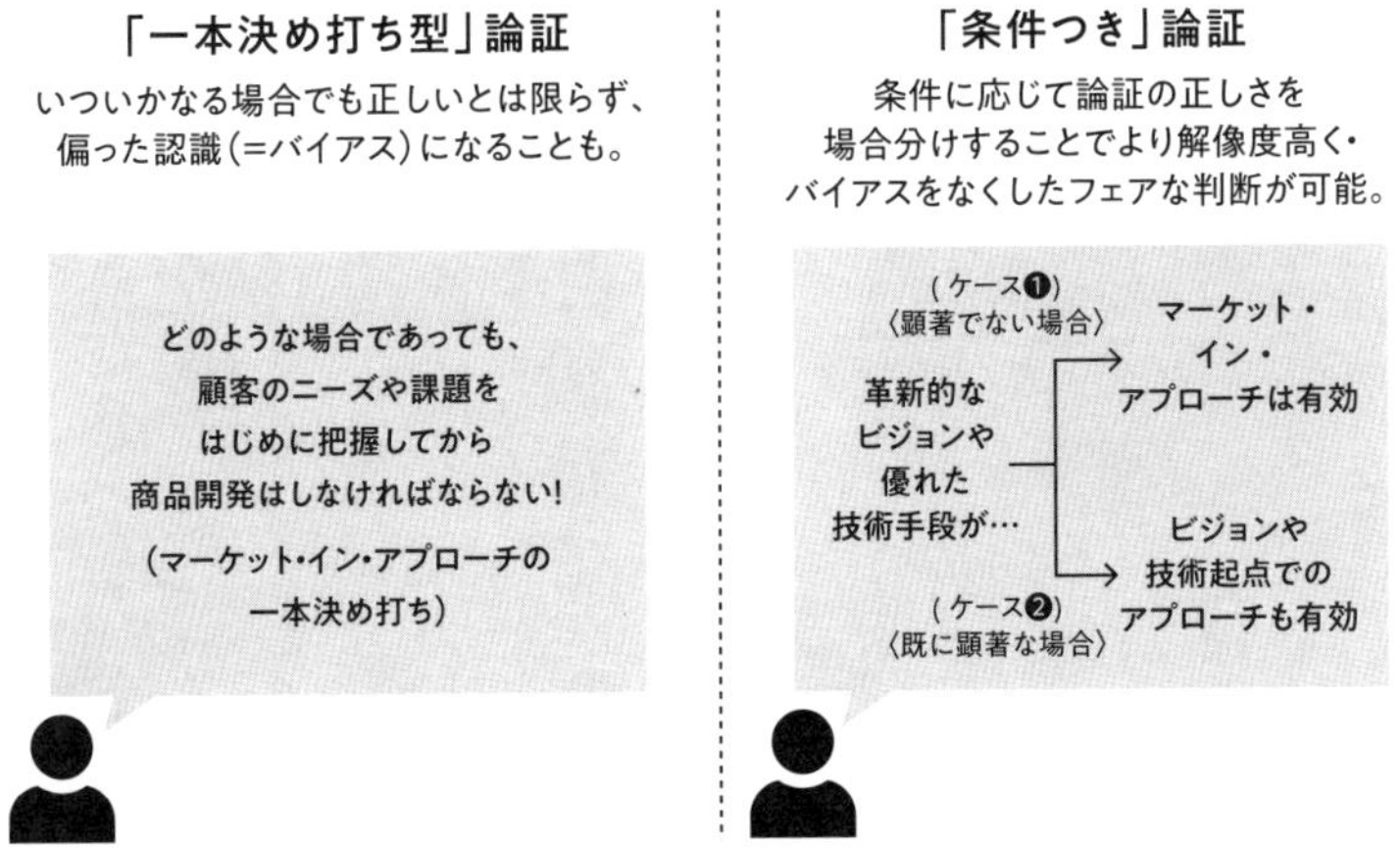
「一本決め打ち型」論証
いついかなる場合でも正しいとは限らず、偏った認識（=バイアス）になることも。
どのような場合であっても、顧客のニーズや課題をはじめに把握してから商品開発はしなければならない!
（マーケット・イン・アプローチの一本決め打ち）
「条件つき」論証
条件に応じて論証の正しさを場合分けすることでより解像度高く・バイアスをなくしたフェアな判断が可能。
革新的なビジョンや優れた技術手段が…
（ケース❶）〈顕著でない場合〉
マーケット・イン・アプローチは有効
（ケース❷）〈既に顕著な場合〉
ビジョンや技術起点でのアプローチも有効

いたら、彼らは『もっと速い馬が欲しい』と答えただろう」という言葉を遺した。iPhoneを世に出したスティーブ・ジョブズも、「多くの場合、人は形にして見せてもらうまで自分は何が欲しいのかわからないものだ」と話していた。

つまり、自分の中に革新的なビジョンやそれを実現するための優れた技術手段が顕著にあるという条件下では、マーケット・イン・アプローチは必ずしも妥当な手段ではないといえる（図1-10）。

このように、「〇〇は（どのような場合であっても）□□だ」「△△は（どのような場合であっても）□□ではない」といった「一本決め打ち型」の主張に出合った場合には、条件つき思考をはたらかせて注意を向けるといい。

そのとき、

- どのような条件下（パターン、ケース）でそれは成り立つか
- 逆に、どのような条件下では成り立たないか

と考えて場合分けをしてみること。それによって論証の解像度を高め、同時にバイアスをなくした、よりフェアな思考をとることができるようになる。

リスクテイクとしてのロジカルシンキング

数学などの純粋理論の世界と違い、現実世界では、どれほど厳格に論証を行っても、100％それが本当だという保証はない。地面に水たまりができているのを見て昨晩雨が降ったのだろうと思っていても、事実は水道管が破裂して水漏れを起こしていることだってある。

その意味で、**ロジカルシンキングとは、リスクテイクなのだ。**100％の保証がない中で「与えられていない」ことを思い、言葉にして伝えようとする試みが、ロジカルシンキングにはある。心の中のどこかにある「そうじゃないかもしれない」という不安を断ち切り、思い切って言挙げをすることだ。

会議などの場で、自分の安全を思ってまったく発言をしない――あなたはそんな経験をしたことはないだろうか。たしかに、その会議の場はどうにかやり過ごせるかもしれない。しかし僕らは、**「いまリスクをとらないことが、将来のより大きなリスクをもたらす」**ことを知る必要がある。言挙げするリスクをとることなしには価値は生まれず、自身の能力も磨かれない。将来、発言を求められる立場になってからではもう手遅れだ。

だからこう言おう、**ロジカルシンキングにはリスクをとる勇気が欠かせない**、と。

勇気？　論理的思考の話をしておいて？　そう思えてしまうとすれば、それは過去のロジカルシンキングに捉われている。現実において価値を生み出すためには、不安と恐れに打ち勝つ力が必要なのだ。

なぜ、論証はコンサルティングファームで発達したのか

作用・反作用の法則、何かを押したときに同じ分だけの押し返しの力を受けること。このことは、

ロジカルシンキングにも当てはまる。これまで教えられてきたロジカルシンキングの作用とは、端的に言って「論証の再現性」だということができる。誰であってもロジカルシンキングが教える手順に沿えば、一定の品質が担保された論証の再現ができるようになる。

このことから、コンサルティングファームでロジカルシンキングが発達した理由がわかる。ファームはクライアントから決して安くない報酬を受け取り、経営課題を解決するための提言を届けていく。しかし、「あるクライアントではたまたまうまくいったが、別のクライアントではだめだった」という行き当たりばったりでは、ファームとして事業が成り立たない。業界や経営状況も異なる数多くのクライアントに対してつねに有効な提言を届けていくためには、再現性のある方法、言い換えれば標準化された方法が必要とされるようになる。

となると、これまでのロジカルシンキングがコンサルタントの思考の根幹になっていったのは必然といっていい。**ファーム経営の要請から品質の再現性が求められ、その手段を標準化されたロジカルシンキングが担った**というわけだ。

VRIOの視点から見る、ロジカルシンキングの「コモディティ化」

一方で、僕らは標準化が及ぼす〝反作用〟に注意しなければならない。再現性を求めて標準化を強力に推し進めたとき、その反作用として「思考のコモディティ化」がもたらされてしまう。このことを、競争優位性を評価するフレームワーク「VRIO」の視点でより解像度を上げて見てみよう。VRIOはRBV（リソース・ベースド・ビュー）で知られる経営学者ジェイ・B・バーニーによって提唱された枠組みで、次のような評価軸を意味している。

- Value（価値）……その資源や能力は受け手にとって価値があるか？
- Rarity（希少性）……その資源や能力は希少か？
- Inimitability（模倣困難性）……他者が模倣することは難しいか？
- Organization（組織運用）……資源や能力を効果的に運用できるか？

このVRIOの視点に当てはめれば、これまでのロジカルシンキングは次のように競争優位を

図1-11　これまでのロジカルシンキングは「コモディティ化」しつつある

「コモディティ思考の罠」

Value 価値はあるか?	結果として、差がつかなくなって、ありきたりなものになってしまった
Rarity 希少性は高いか?	新しさや珍しさがなくなって同質化が進み…
Inimitability 模倣困難か?	誰でも真似すればできるようになったために…
Organization 組織運用力はあるか?	標準化されたことで組織の多くの人が使えるようになったが…

これまでのロジカルシンキングは…

失いつつあることが見えてくる（図1―11）。

たしかに、ロジカルシンキングは標準化されたことで、組織で多くの人が運用できるようになった（O：組織運用は向上した）。しかし他方、誰もが真似すればできるようになった（I：模倣可能になった）ため、新しさや珍しさがなくなり（R：同質化が進み）、差がつかなくなって、ありきたりなものになってしまった（V：価値が乏しくなった）というわけだ。

これが、**「コモディティ思考の罠」**という状況だ。標準化による再現性の追求が、差別化の可能性を損なってしまうジレンマがここでは起こっている。

再現性は必要でありながら、差別化もつくり出さなければならない――その同時達成を可能にするための考え方が、本書が伝える思考の型だ。その第一の型を、続く章で伝えていきたい。

第2章

論証の第一方法

〈示唆〉を引き出す「演繹的思考」

「戦略とはストーリーである」と言われる。では、その戦略のストーリーを描く人の頭の中はどのようになっているのだろうか？それが、この章で伝える「演繹的思考」だ。この頭の使い方を覚えることで、わずかな情報からも次々と示唆を引き出し、それを数珠つなぎのように連鎖させてストーリーを編み出せるようになる。単なる情報収集者を超えて、戦略家としてストーリーを紡ぐための頭の使い方を見ていこう。

Case

Amazonの戦略ストーリーを読み解く

日本にいてAmazonの存在を知らないという人は少ないだろう。Amazonはオンラインショップとして事業をスタートした後に急速に事業を拡大し、現在では次のようなB2C（一般消費者向け事業）、B2B（ビジネス顧客向け事業）の両面で多様なビジネスを展開し、成功を収めている。

主なB2C事業

- Amazon.com……幅広い商品ラインナップ（書籍、電子製品、衣類、日用品など）を揃えたオンラインショップ
- デジタルコンテンツ ……Prime Video、Amazon Music、Kindleなどのデジタルコンテンツサービス
- デジタルデバイス……Kindle端末、Amazon Echo、Fire TVなどの自社開発デバイス

主なB2B事業

- Amazon Business……企業向けオンラインマーケットプレイス
- Amazon Web Services（AWS）……企業向けクラウドコンピューティングサービス

こうして列挙された事業群は、Amazonがただ無造作に事業を拡大してきたということを意味しない。それぞれの事業展開の裏側には、同社の事業をより強化するための確固たる戦略のストーリーがあるはずだ。

そこで、次の2つの視点で、Amazonの戦略ストーリーを想像してみよう。

①B2Cで展開されているそれぞれの事業は、互いにどう関連し合って、AmazonのB2C事業全体をより強固なものにしているのだろうか？

②Amazonはなぜ、B2B事業にも展開することができたのだろうか？　その背景には、どういった戦略的意図があったのだろうか？

「連想」という、もっとも基本的な頭のはたらき

論証の方法などというといかにも堅苦しいが、その原点となる力は誰しもがすでに持っている。そこに才能の有無は関係なく、意識を向けさえすれば、誰でもできるようになる。僕らが持つその思考の原点（アーキタイプ）を呼び起こしながら、より高度な技へと発展させていこう。

たとえば、「ハワイといえば……」と考えてみよう。

- ハワイといえば、フラダンス
- フラダンスといえば、健康のためのエクササイズ
- 健康のためのエクササイズといえば、ヨガ
- ヨガといえば、瞑想
- 瞑想といえば、有名経営者の習慣
- 有名経営者の習慣といえば、読書
- 読書といえば、速読術

● 速読術といえば……

といったように、さまざまな関連するイメージが、どこまでも連なって思い浮かぶ。

このような「連想」は、僕らが生まれついて以来、自然に身についたもので、人がものを考えるときのもっともベースとなる頭のはたらきのひとつだ。

連想で筋道をつなげることで、ストーリーが生まれる

人はものごとをバラバラと単独で理解するよりも、ひとつながりのストーリーとして理解する思考の習性を持っている。その習性に反して事実をむやみに羅列するような伝え方では、相手の心を響かせることは難しい。だからこそ、様々な要素を意味のある形で連ねたストーリーをつくることが、ビジネスに限らず、人同士のコミュニケーションにおいて決定的に大切になる。

たとえば、あの有名なタイタニック号。それを、「1911年建造、イギリスにおける当時最大の豪華客船、1912年4月10日にイングランドのサウサンプトンからニューヨークへ向けて出航、

4月14日に北大西洋で氷山に衝突、4月15日未明に沈没」と伝えても、情報の羅列でしかない。

それに対して、映画『タイタニック』で描かれた希望と興奮に満ちた出航、階級違いの恋に落ちる男優とヒロイン、そして氷山との衝突と愛する人との死別、こうした様々な要素がストーリーとして紡がれたとき、「タイタニック」という言葉はまったく違った響きをもって僕らの心を揺さぶりはじめる。

ストーリーは、単なる事実やデータを超えて、聞き手の感情や経験にはたらきかけ、納得感を醸成する。そしてこのストーリーづくりを支える原理が、まさしく「連想」だ。

演繹法——アリストテレスの時代から続く、時を超えた方法

この「つなげて考える」という「連想」を足場にして、論証の第一の方法に迫ってみよう。それが、**演繹法《えんえきほう》**だ。英語では**ディダクション（deduction）**と呼ばれる。その起源は紀元前4世紀にアリストテレスが「三段論法」として唱え、その後「我思う、ゆえに我あり」で知られる17世紀フランスの哲学者ルネ・デカルトが重視し、2千年以上もの時代の荒波を乗り越えて現代にまで続く強靭な思考の原理だ。

では、その演繹法とはどういった頭の使い方をするのか。簡単な問題を通して理解してみよう。

Aさんのお義母さんは、犬のコロをペットとして飼っている。では、コロは散歩が好きだろうか？

「コロは犬なのだから、そりゃ散歩が好きだろう」と思ったかもしれない。

では、なぜそう思ったのか、その思考過程をクリアに説明できるだろうか？

実は、あなたが「そりゃ散歩が好きだろう」と思った頭の中で、演繹法の考え方がはたらいている。それは「❶前提条件」を立て、そこに「❷個別事象」を当てはめ、結論として「❸意味合い」を引き出すという三段階から成る思考の展開だ。このことを先ほどの問題に当てはめてみよう。

❶前提条件……犬は散歩が好き
❷個別事象……コロは犬である
❸意味合い……コロは散歩が好き

ここで僕らは、「犬は散歩が好き」という前提条件を（無意識で）想定し、「コロは犬である」と

図2-01 演繹法——
「前提条件」「個別事象」「意味合い」の3点で捉える

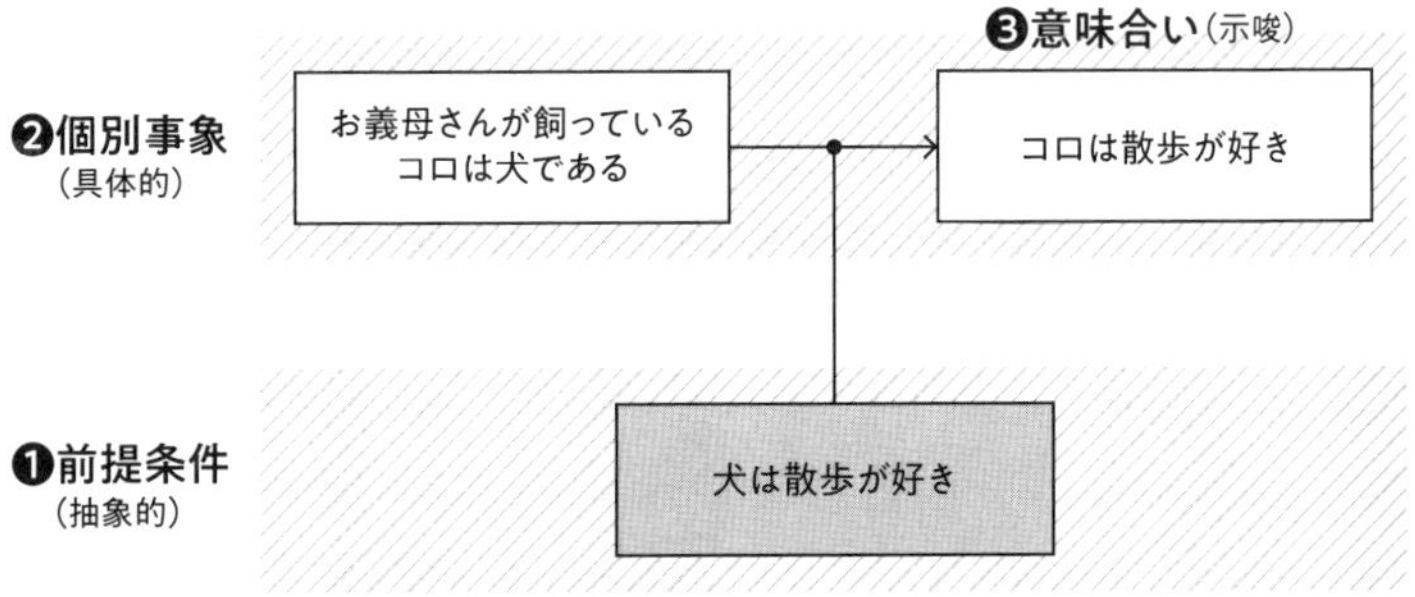
❸意味合い（示唆）
❷個別事象
（具体的）
お義母さんが飼っている
コロは犬である
コロは散歩が好き
❶前提条件
（抽象的）
犬は散歩が好き

いう具体的な個別事象を当てはめ、「コロは散歩が好き」という意味合いを抽出している。前提条件・個別事象・意味合いの一連のつながりが連想的に導かれているというわけだ。

このように、演繹法の原則それ自体はとてもシンプルだ。その考え方は、次のようにまとめることができる。

❶「前提条件」を論拠・判断基準として持ち、
❷「個別事象」（具体的なモノ・コト）をそこに当てはめることで、
❸「意味合い」（示唆）を導き出すこと

この三段階の思考のつながりが、演繹法の基本的な考え方だ（図2－01）。

演繹法によって何ができるようになるか

——証明・評価・予測・判断

演繹法は、人間の思考を支える基本原理だ。それゆえに、きわめて広い場面に応用を利かせることができる。ミニワークを解いてみながら、いくつかの活用パターンをつかんでみよう（図2−02）。

① 数学の「証明」

「論証」というテーマが人生で初めてフォーマルに登場するのは、中学生の時期かもしれない。教科の名前が算数から数学へと変わり、試験に「証明問題」なるものが登場し始める頃だ。この証明の考え方は、実は演繹法そのものだ。ミニワークとして、❸のカッコ内に入る内容を考えてみよう。

❶ 前提条件：三辺の長さが等しい三角形は合同である
❷ 個別事象：三角形Aと三角形Bの三辺は等しい
❸ 意味合い：「　　　　　　　　　　　　　　」

図2-02 一つの方法だけで、様々な出来事の証明・評価・予測・判断ができるようになる

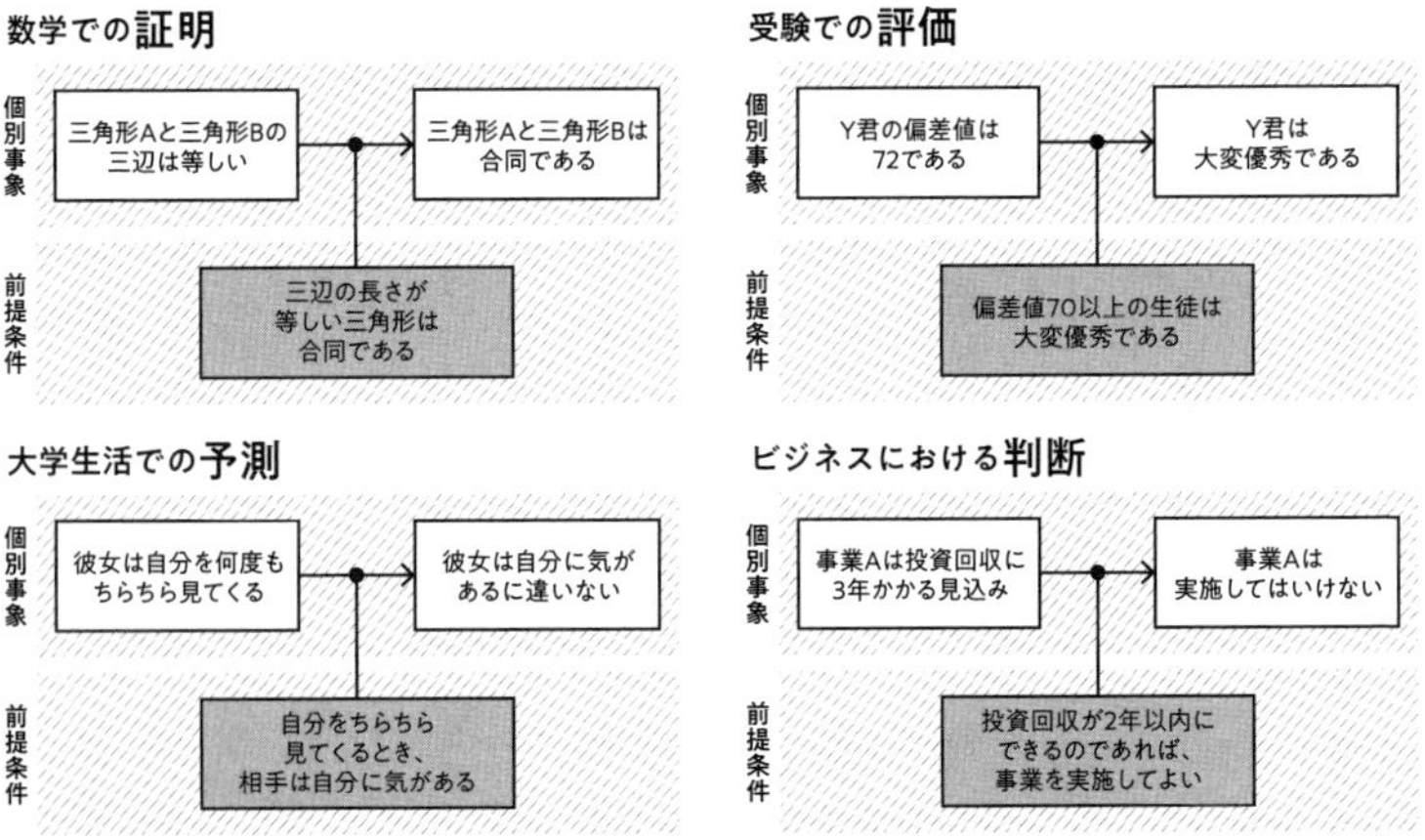

前提条件に個別事象を当てはめれば、カッコに入るのは「三角形Aと三角形Bは合同である」とわかる。

ここで注目したいのは、数学的な前提条件（三辺の長さが等しい三角形は合同である）を知ってさえいれば、**いつ・誰がやっても同じ結論になる**ということだ。このような個人の経験によらない**「論証の普遍性」**を持っていることが、演繹法の大きな特徴だ。

しかし反作用として、この**「普遍性」はコモディティ思考をもたらす要因でもある**ことに注意しよう。

②受験での「評価」

賛否はあれど、偏差値は受験生の実力を測る「前提条件」として用いられることが多い。この偏差値を用いて受験生に「評価」を与えること

もまた、演繹法による考え方だ。ここでも、カッコ内に入る内容を考えてみよう。

❶前提条件：「　　　　　　　　　　　　　」
❷個別事象：Yくんの偏差値は72である
❸意味合い：Yくんは大変優秀である

カッコ内に入る内容は、「偏差値70以上の生徒は大変優秀である」といったものになる。

ただし注意すべきは、**演繹法は前提条件そのものの正しさは何も保証しない**ということだ。そして、**前提条件が誤っていると、評価結果も間違ったものになってしまう。**「生徒が優秀かどうかを単に偏差値で評価してよいものか」という議論が出てくるのは、まさしく「前提条件の正しさを保証できない」という演繹法の弱みに由来するものだ。

③大学生活での「予測」

数学の証明や受験生の評価だけではない。日常的な場面でも、僕らは演繹法を使って「予測」を行っている。たとえば大学で気になる相手を見つけ、「彼女は自分に気があるだろうか」ということが、授業の内容を押しのけて頭の中を占有している友人がいるとする。彼の頭の中で展開されるロジックを想像して、カッコ内を埋めてみよう。

❶前提条件：自分を何度もちらちら見てくる相手は、自分に気がある
❷個別事象：「　　　　　　　　　　」
❸意味合い：彼女は自分に気があるに違いない

彼のロジックに従えば、カッコ内には、「彼女は自分を何度もちらちら見てくる」という内容が入る。

一方で、目を輝かせて予測する彼に対して、僕らは演繹法の考え方に基づき、「個別事象のおかしさ」（彼女が見ているのは君ではなく隣のイケメンくんだ）や、「前提条件のおかしさ」（ちらちら見るからといって気があるとは限らない、変なヤツだと思って見ているんじゃないのか）と指摘することができる。**前提条件や個別事象の認識が誤っていると導き出される結論もまた違ってしまう**ことも、演繹法の用法として注意しよう。

④ビジネスにおける「判断」

ビジネスにおいても演繹法の考え方は使われている。その例のひとつとして、事業に対する**判断**、すなわち「意思決定」がある。次のミニワークを考えてみよう。

❶前提条件：「　　　　　　　　　　　　　　　　」
❷個別事象：事業Aの投資回収は3年かかる見込み
❸意味合い：事業Aを行うべきではない

ここでカッコに入る内容は、「投資回収が2年以内にできるのであれば、事業を行ってもよい」となる（3年未満であれば年数は何でも構わない）。

前提条件が明確に設定されていれば、言葉として誰にでも見える形で客観的に判断を下すことができる。一方で、**それでも合意に至らない場合があるのは、前提条件そのものが折り合わないときだ。**ここでいえば、「中長期目線で、投資回収に3年かけてもいいのではないか」という他の意見はあり得る。

その場合には、判断の結果を議論するのではなく、**「前提条件」そのものについてもう一段深いレベルで合意形成をすることが必要になる。**前提条件そのものが、判断結果を左右するのだ。

演繹法はきわめて適用範囲が広い超・汎用ツールだ。その中でもとりわけ重要なのは、前提条件だ。何かを考える際に、

「前提条件は明確か？」
「その前提条件は妥当か？」
「他に前提条件はないか？」

と自分に問うことで、様々なシーンで数多の出来事を証明し、予測し、評価し、判断することができるようになる。これだけでも、演繹法を活かせる射程の広さがうかがい知れる。

演繹法で「意味合いの連鎖反応」を起こし、ストーリーを紡ぐ

演繹法が持つポテンシャルはまだまだこれからだ。三段論法のような形式的な論理を当てはめるばかりだと、実用上、堅苦しくて使いにくい。ここでは、形式を緩めながら演繹法の本質について伝えていこう。

そのヒントは、「演繹法」という言葉の語源にある。演繹法の「演」という字は講演の「演」と同じで、何かの主張を演じるという意味だが、カギは「繹」という難しい漢字だ。手元の辞典をめ

図2-03 「起点情報」からストーリーを展開し、「示唆」(インサイト)を引き出す

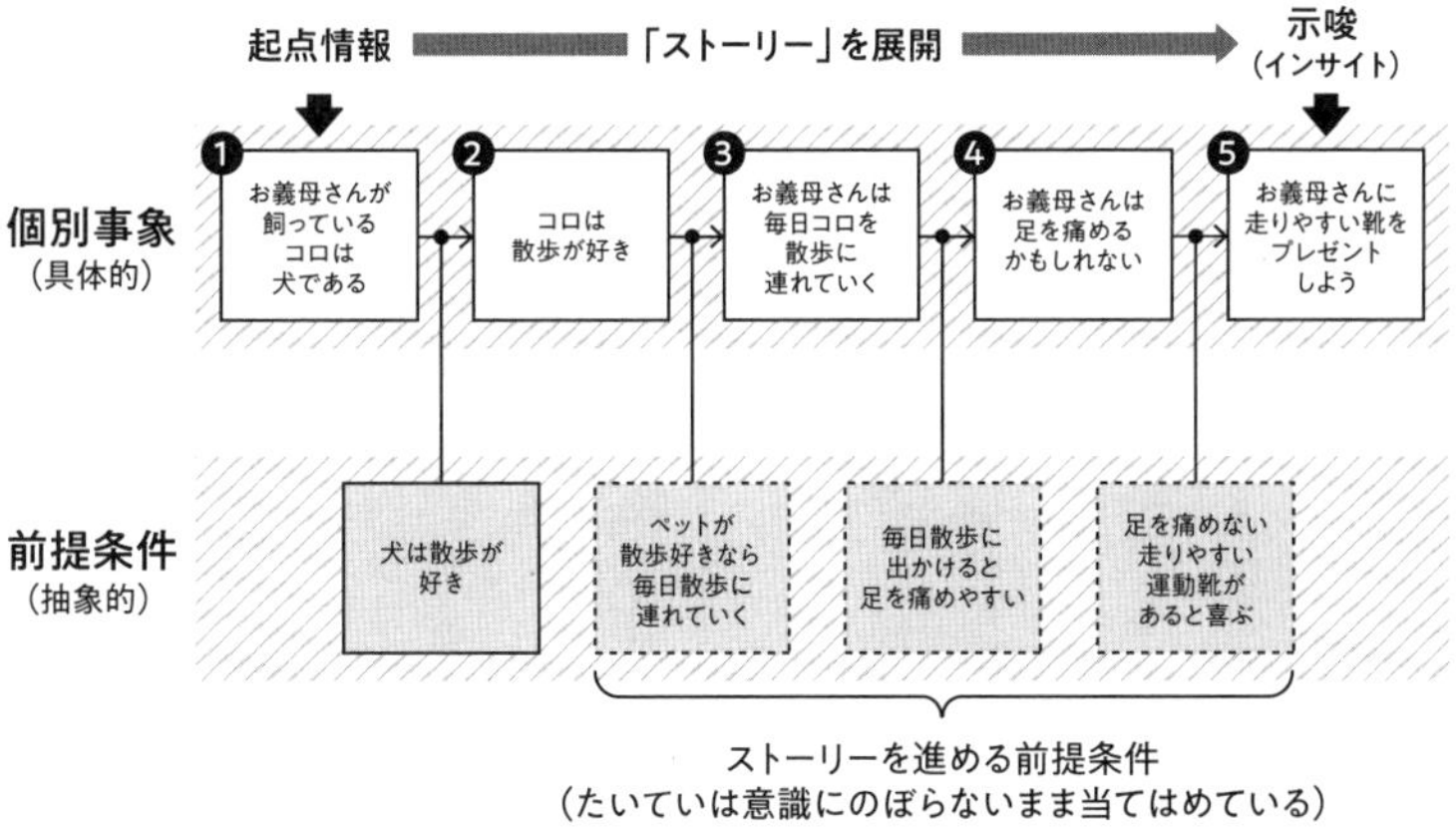
起点情報
「ストーリー」を展開
示唆
(インサイト)
個別事象
(具体的)
前提条件
(抽象的)
1 お義母さんが飼っているコロは犬である
2 コロは散歩が好き
3 お義母さんは毎日コロを散歩に連れていく
4 お義母さんは足を痛めるかもしれない
5 お義母さんに走りやすい靴をプレゼントしよう
犬は散歩が好き
ペットが散歩好きなら毎日散歩に連れていく
毎日散歩に出かけると足を痛めやすい
足を痛めない走りやすい運動靴があると喜ぶ
ストーリーを進める前提条件
(たいていは意識にのぼらないまま当てはめている)

くると、この漢字は「糸口を引き出す、糸を引くように続く」ことを意味する。**糸巻からするすると糸を引き出していくように、情報が持つポテンシャルをどんどん引き出してやること、これが演繹法の本質だ。**（ちなみに、演繹法の英語であるdeductionの接頭語de-は、「離れる、外へ」を意味する。もとから離れて、外に向かってどんどん広げるイメージは漢字とも共通だ）

そのことを、冒頭の「コロ」の例を拡張させて理解してみよう。三段論法によって「コロは散歩が好き」というごく当たり前の意味合いを引き出したが、この情報が持つポテンシャルをさらに引き出してみる。

図2―03を見ながら、頭の中で展開されているストーリーを見てみよう。ここでは「お義母さん

が飼っているコロは犬である」という出発点から、

- **犬のコロは散歩が好きだろう**
- **とすると、お義母さんは毎日散歩に連れていっているはずだ**
- **だとしたら、毎日コロを追いかけまわしていると足を痛めるかもしれない**

と、ストーリーを展開させ、最後には「とすると、走りやすい靴をプレゼントしてあげよう」という示唆を引き出している。「こうだとすると……このはずだ」という思考を繰り返しているのは、さながら探偵のようだ。

このように演繹法の真髄とは、**手持ちの情報のポテンシャルをどんどん引き出すことを通じて、意味あるストーリー展開をさせることにある。**このような一定の緩やかさ・しなやかさを持ってストーリーを展開し、〈示唆〉を引き出す考え方を「**演繹的思考**」と呼ぼう。

このとき、前提条件の一つひとつは厳密に検証してはいないから、論理的な確実性を100%保証するものではない。かといって、根拠がゼロかといえば、そうでもない。客観的な論理と聞き手の主観のバランスをとりながらセンスメイキングする（＝聞き手が意味あることとして納得できるように伝える）ことが、実践では重要だ。

「演繹的思考」がひらく、脱・コモディティ思考の入り口

さらに、「コロは犬である」という出発点（＝与えられたもの）から、「走りやすい靴をお義母さんにプレゼントする」という「与えられていないもの」が引き出されていることに注目しよう。なぜこのようなことができているかといえば、ストーリーを展開する際に、自分独自の前提条件を当てはめ、新情報を加えながら考え進めているからだ。

この点が、脱コモディティ化の点できわめて重要だ。数学の証明のように、演繹法で導き出される結論は、いつ、誰がやっても同じになることを前に伝えた。だがその反作用として、そのままでは誰がやっても同じ結論が出て、差別化ができなくなるという「コモディティ思考の罠」にはまってしまう。学問の世界では「普遍性」は大きな価値だが、ビジネスの世界になると「同質化・コモディティ化」に転じてしまう。

一方で、「演繹的思考」では純粋論理的な厳密さは緩めながら、自分の**主観から生まれる独自**

図2-04 同じ情報でも「主観＝その人独特の見方」を加えることで他にない示唆が取り出される

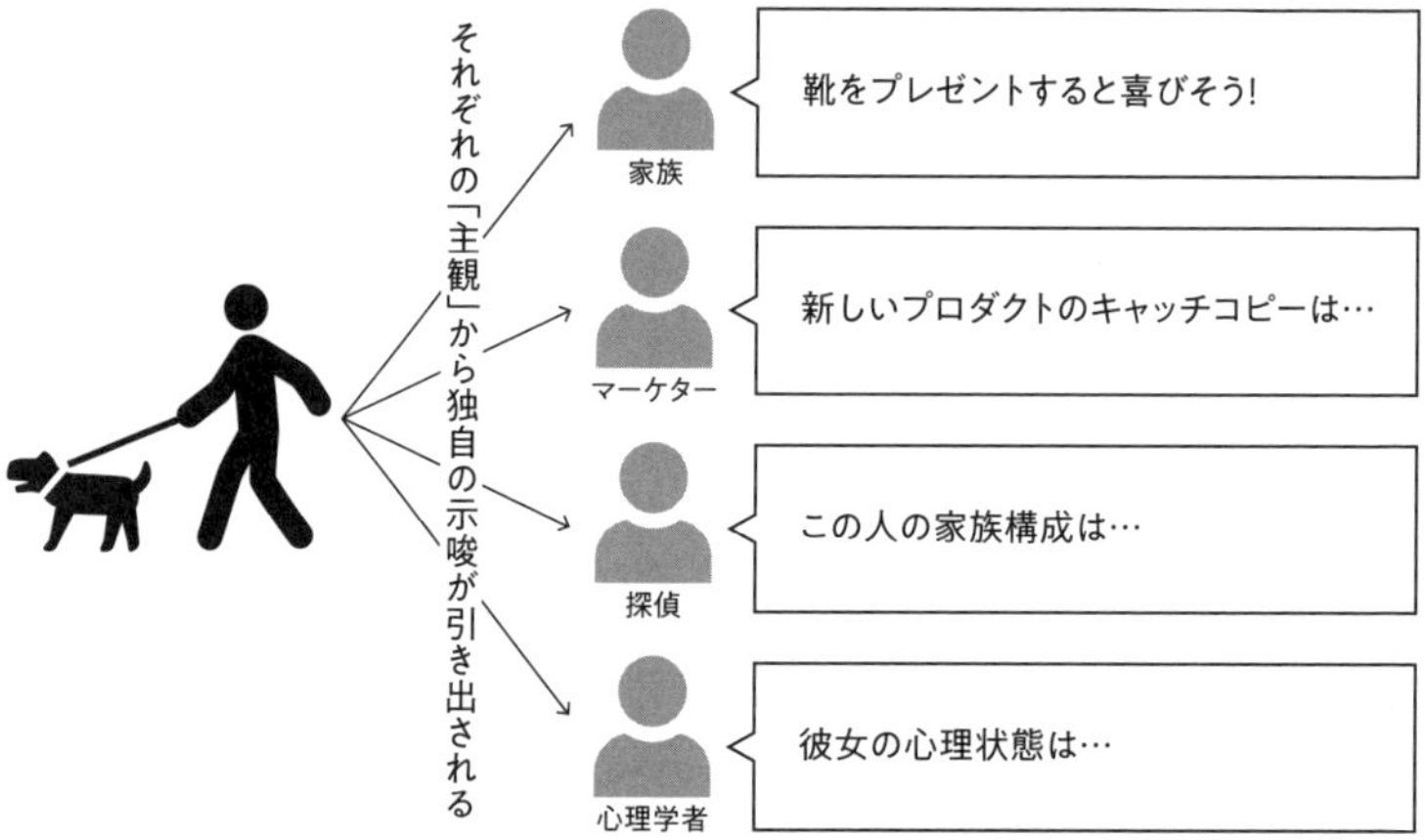
それぞれの「主観」から独自の示唆が引き出される
家族
靴をプレゼントすると喜びそう!
マーケター
新しいプロダクトのキャッチコピーは…
探偵
この人の家族構成は…
心理学者
彼女の心理状態は…

の前提条件を加えることで、同じ与えられた情報からでも人によってまったく異なる示唆を引き出すことができる。たとえば、「お義母さんが飼っているコロは犬である」という情報から、

- **マーケターならプロダクト企画案やキャッチコピーを考案するかもしれないし、**
- **名探偵なら家族構成を推理するかもしれないし、**
- **心理学者ならコロとの関係性からお義母さんの心理状態を考察するかもしれない**

同じ情報からでも異なる示唆を取り出せるのは、人それぞれの主観、いわばその人独自のモノの見方が作用しているからだ。主観性とはオリジナリティの源泉であり、客観性を絶対視しているところのことを見落としてしまう。

「主観性」を織り込み、オリジナルなストーリーを展開させる

この演繹的思考が持つ可能性を、さらに広げてみてみよう。それには、次の論理展開のカッコ内の内容について考えてみてほしい。

❶前提条件：閉鎖的な世の中では「　　　　　　」が求められる
❷個別事象：いまの世の中は閉鎖的である
❸意味合い：いまの世の中では「　　　　　　」が求められる

論証をするにも情報が足りない？　論理的にはそのとおりだ。演繹法は前提条件と個別事象が揃って初めて使えるのであって、この問題では前提条件が欠けている。

しかしながら、これが現実で「考える」ことのリアリティでもある。新しいことに挑戦しようとするとき、はじめから「こう考えればよい」という前提条件が与えられることのほうが少ない。だ

からこそ、「論理的には情報が足りない」というスタンスを捨て、自分自身で前提条件を設定し、考えを展開していかなければならない。

スターバックスの中興の祖ハワード・シュルツは、独自の前提条件に従って次のように考えた。

❶前提条件：閉鎖的な世の中では「人間性を回復させる『場』」が求められる
❷個別事象：いまの世の中は閉鎖的である
❸意味合い：いまの世の中では「人間性を回復させる『場』＝『サードプレイス』」が求められる

「いまの世の中は閉鎖的である」という独自の認識を持ち、そこに独自の価値観に基づく前提条件を掛け合わせたことで、家庭とも職場とも違う第三の場所「サードプレイス」というユニークな事業コンセプトを打ち立てた。このことだけでも、コモディティ思考から抜け出ている。

しかし、まだこれだけでは終わらない。図2-05のストーリー展開を見てみよう。演繹的思考によって、スターバックスの事業コンセプトをコーヒー豆へのこだわりやバリスタの育成、心地よい空間デザインなどの事業デザインに展開させ、そこからさらに、「スターバックス・エクスペリエンスの提供」という提供価値が導かれている。ここから、スターバックス独自のユニークなストー

図2-05 演繹的思考によって、情報のポテンシャルを独自のストーリー展開で引き出すことができる

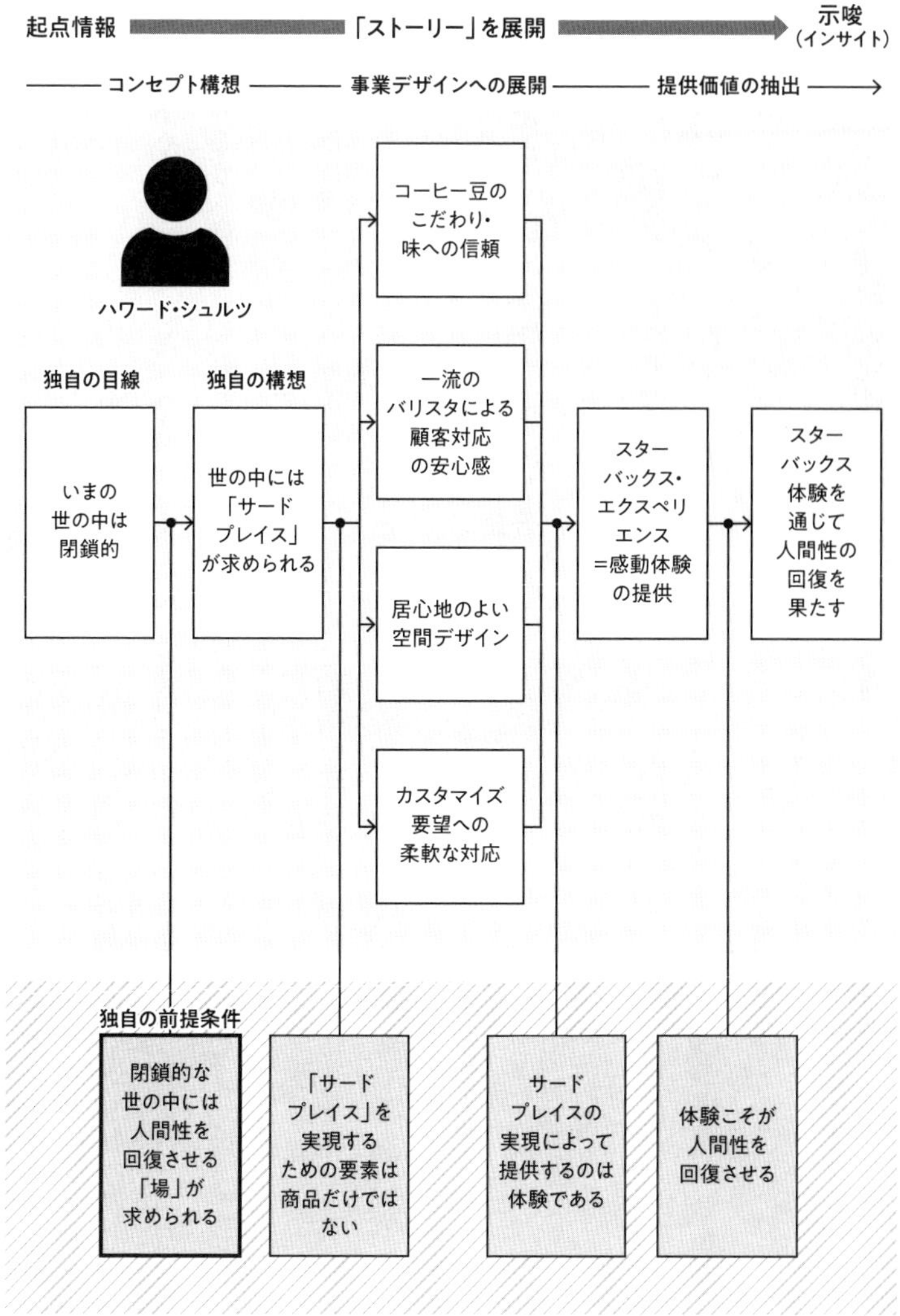

起点情報
「ストーリー」を展開
示唆
(インサイト)
コンセプト構想
事業デザインへの展開
提供価値の抽出
ハワード・シュルツ
独自の目線
独自の構想
個別事象
いまの
世の中は
閉鎖的
世の中には
「サード
プレイス」
が求められる
コーヒー豆の
こだわり・
味への信頼
一流の
バリスタによる
顧客対応
の安心感
居心地のよい
空間デザイン
カスタマイズ
要望への
柔軟な対応
スター
バックス・
エクスペリ
エンス
=感動体験
の提供
スター
バックス
体験を
通じて
人間性の
回復を
果たす
前提条件
独自の前提条件
閉鎖的な
世の中には
人間性を
回復させる
「場」が
求められる
「サード
プレイス」を
実現する
ための要素は
商品だけでは
ない
サード
プレイスの
実現によって
提供するのは
体験である
体験こそが
人間性を
回復させる

リーが、コンセプトからどんどん引き出されていることが読みとれる。

「ファクトベース」という言葉があまりに声高に言われているが、何か新しいことを仕掛ける際に、つねにファクトやデータがきれいに揃っていることのほうが珍しい。それに、皆が同じ「ファクト」にアクセスできる情報化時代に、「ファクト」ばかりに偏ってそれを「ベース」とするのでは、思考がコモディティ化するリスクが高まるばかりだ。

だからこそ、前提条件を四角四面に捉えず、そこに自分の主観性を織り込むことを恐れてはいけない。それは差異の源泉であるのだと、何度も強調しておきたい。

演繹的思考の実践的活用ケース

ここから、演繹的思考の実践的な使い方を見てみよう。実際のところ、これらの活用ケースでさえもまだまだ演繹的思考の可能性の一部に過ぎない。活用ケースを通じて応用の感覚をつかみ、様々な場面で使いこなしてほしい。

活用ケース①……報告資料の全体構成を組み立てる

図2-06 ストーリーは全体を俯瞰しながら、キラーチャートを基軸に展開してつくる

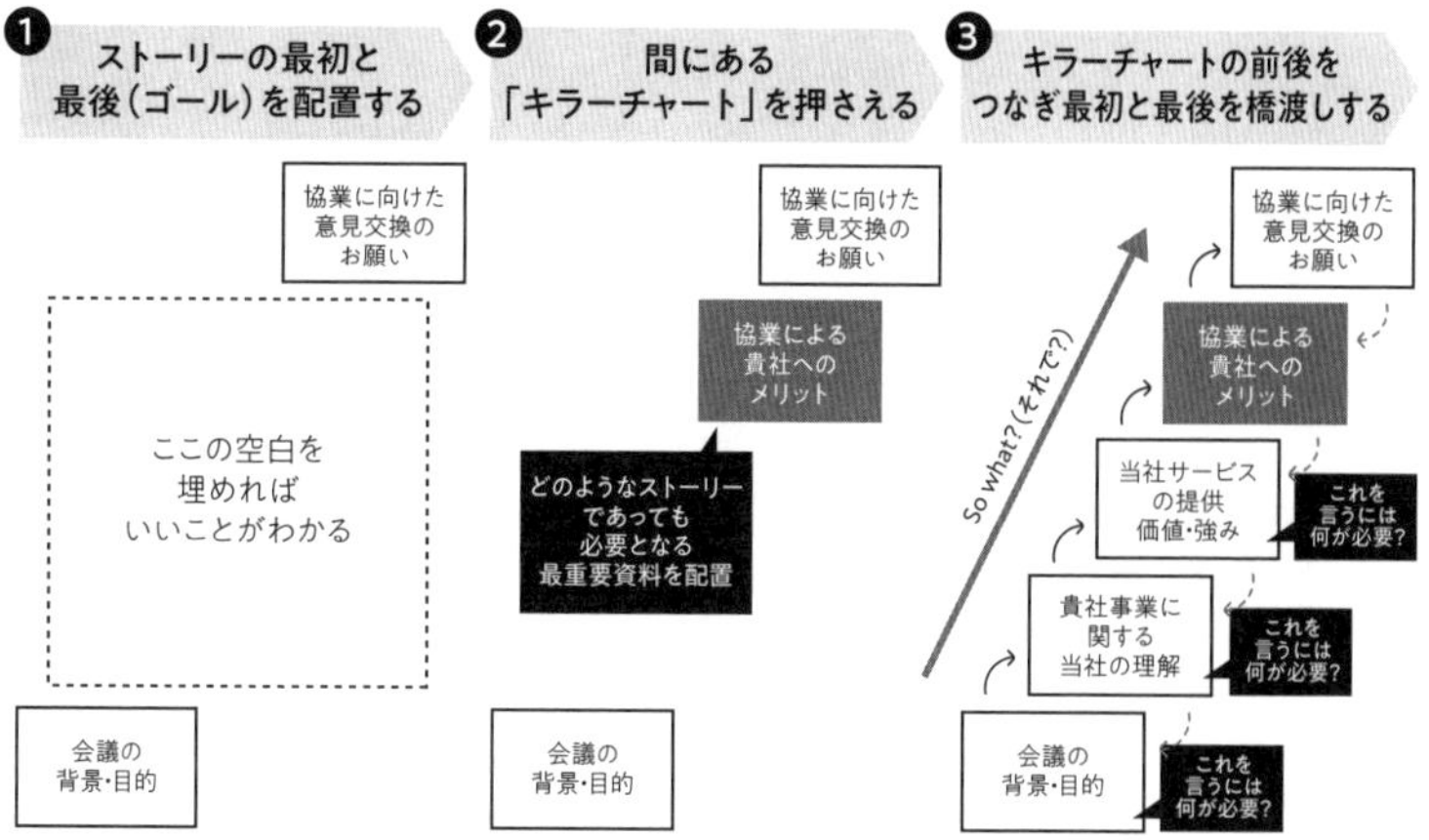
❶ ストーリーの最初と最後（ゴール）を配置する
協業に向けた意見交換のお願い
ここの空白を埋めればいいことがわかる
会議の背景・目的
❷ 間にある「キラーチャート」を押さえる
協業に向けた意見交換のお願い
協業による貴社へのメリット
どのようなストーリーであっても必要となる最重要資料を配置
会議の背景・目的
❸ キラーチャートの前後をつなぎ最初と最後を橋渡しする
So what?（それで?）
協業に向けた意見交換のお願い
協業による貴社へのメリット
当社サービスの提供価値・強み
これを言うには何が必要?
貴社事業に関する当社の理解
これを言うには何が必要?
会議の背景・目的
これを言うには何が必要?

演繹的思考はストーリーを紡ぐ思考であり、そのわかりやすい応用として報告書の全体構成を組み立てるということがある。ここでは、僕が普段パワーポイントの資料でスライド構成を組み立てる際のやり方と合わせて紹介しよう。ポイントは、次の3つだ（図2-06）。

❶ストーリーの最初と最後（ゴール）を配置する
❷中間にあるキラーチャートを押さえる
❸キラーチャートの前後をつなぎ最初と最後を橋渡しする

たとえば、外部企業とのパートナーシップを構築するために、その企業に対する初回アプローチのストーリーを考えてみよう。手順としては資料全体の最初の部分と、最後のゴールとなる部分をまず配置する。このとき紙に書いて考えると、

「最初と最後の間にある空白を埋めればいい」ということが可視化されるのでおすすめだ。ここでは最初のスライドは「会議の背景・目的」、最後のスライドは「パートナーシップに向けた継続的な意見交換のお願い」と置いておく。

次に、ストーリーを構成するときに重要なのは、全体の資料構成の中で、各資料のそれぞれに重要性の軽重・濃淡を与えておくことだ。僕もチームとの会話の中で、「資料の〝濃淡〟はどうつけてる？」という言葉をよく使う。

特に、ゴールに持っていくための最重要資料は「キラーチャート」として意識をしておくことが大切だ。パートナーシップ構築においては、「当社とのパートナーシップによる貴社へのメリット」を訴求することが欠かせないため、それをストーリー全体の核として中間に配置しておこう。

ここから、この最初・中間・最後が配置された状態から、ストーリーをつないでいく。その際に、演繹的思考がはたらく。たとえば、「貴社へのメリット」を説明するには、基となる「当社サービスの提供価値・強み」を示す必要があるため、それを前に配置をしておく。さらに、その背景となる「貴社事業に関する当社の理解」を前に置いておけば、より説得力が増すだろう。

図2-07 目的から目標・手段を引き出す
「目的ドリブンの思考法」は演繹的思考の応用

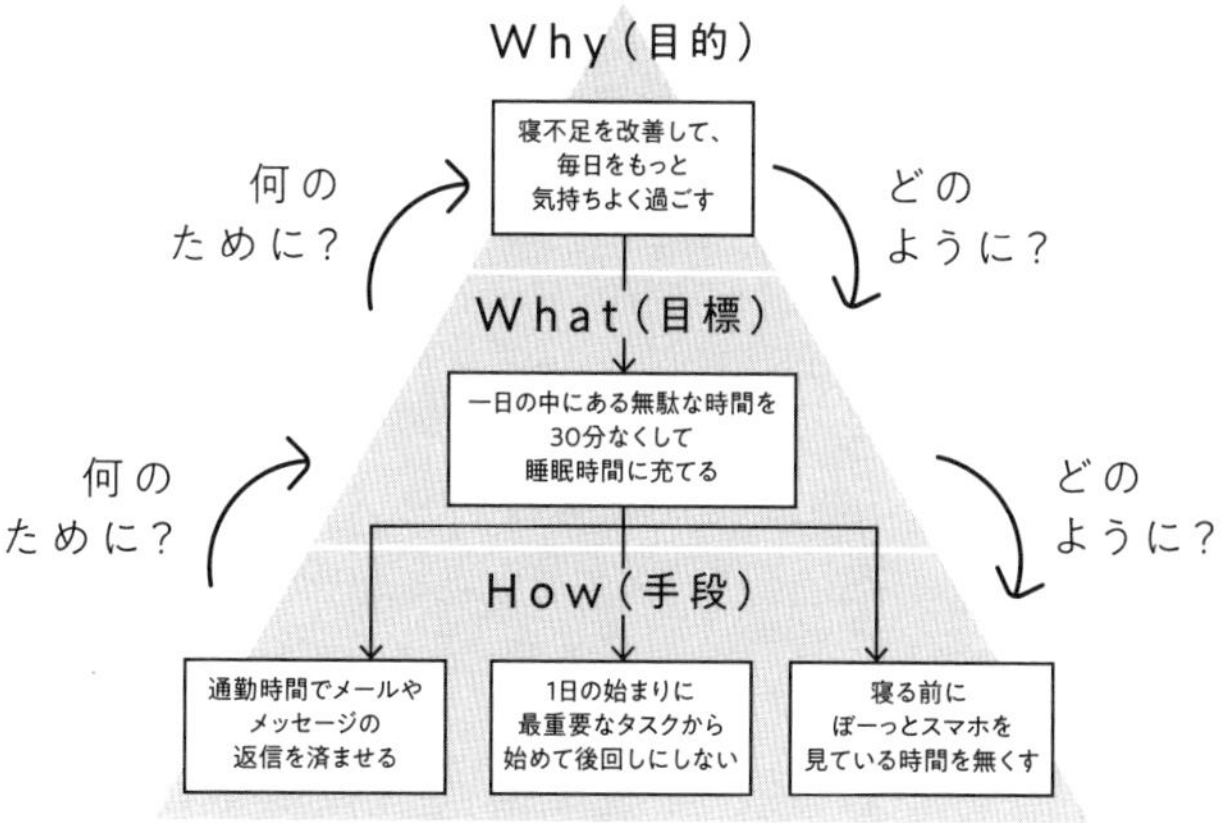
Why（目的）
寝不足を改善して、
毎日をもっと
気持ちよく過ごす
何の
ために？
どの
ように？
What（目標）
一日の中にある無駄な時間を
30分なくして
睡眠時間に充てる
何の
ために？
どの
ように？
How（手段）
通勤時間でメールや
メッセージの
返信を済ませる
1日の始まりに
最重要なタスクから
始めて後回しにしない
寝る前に
ぼーっとスマホを
見ている時間を無くす

こうして最初・中間・最後を起点に演繹的にパーツをつなげていくと、全体として一本のストーリーが出来上がってくる。律儀に前から考えるのではなく、全体像を見ながらその中の「キラーチャート」を基軸に、前後に調整しながら広げて一本のストーリーに仕立てていくことが、ストーリーづくりの秘儀だ。

活用ケース②……トップダウンで問題解決の施策を洗い出す

演繹的思考は、問題を解決するための施策をトップダウンで洗い出すことにも使うことができる。拙著『目的ドリブンの思考法』で〈目的—目標—手段〉で成果創出ストーリーを展開させていったのも、この演繹的思考を応用したものだ（図2-07）。

たとえば、「寝不足を改善して、毎日をもっと気持ちよく過ごす」ことを〈目的〉に設定したとしよう。そこから、「どのように?」と考え、「一日の中にある無駄な時間を30分なくして睡眠時間に充てる」という〈目標〉を設定する。そこからさらに「どのように?」と考え、「寝る前にぼーっとスマホを見ている時間をなくす」という〈手段〉が見てくる。

実はこれは、「目的↓目標↓手段」というようにストーリーを結末から逆算して展開しているものだ。実際に、手段↓目標↓目的という順番で見ていけば、「寝る前のスマホを見る時間を無くすことで、無駄な時間を削って睡眠時間に充てられるようになり、寝不足を改善できる」というストーリーが出来上がっている。このような「後ろ向きの演繹法」も、最小の労力で無駄なく考えるためにはとても有効だ。

活用ケース③……将来シナリオを予測する

演繹的思考は、将来シナリオを予測することにも使うことができる。起点となる影響因子から、演繹的にその影響を引き出していくやり方だ。図2-08にあるような「風が吹けば桶屋が儲かる」という話は、「風が吹く」という影響因子からその先々の展開を予測したものだ。

一方で、ひとつ注意が必要なのは、ストーリーが長くなればなるほど、それが成り立つ可能性が

図2-08 演繹的思考は将来予測にも使える。ただし展開が長くなった際の確率に注意

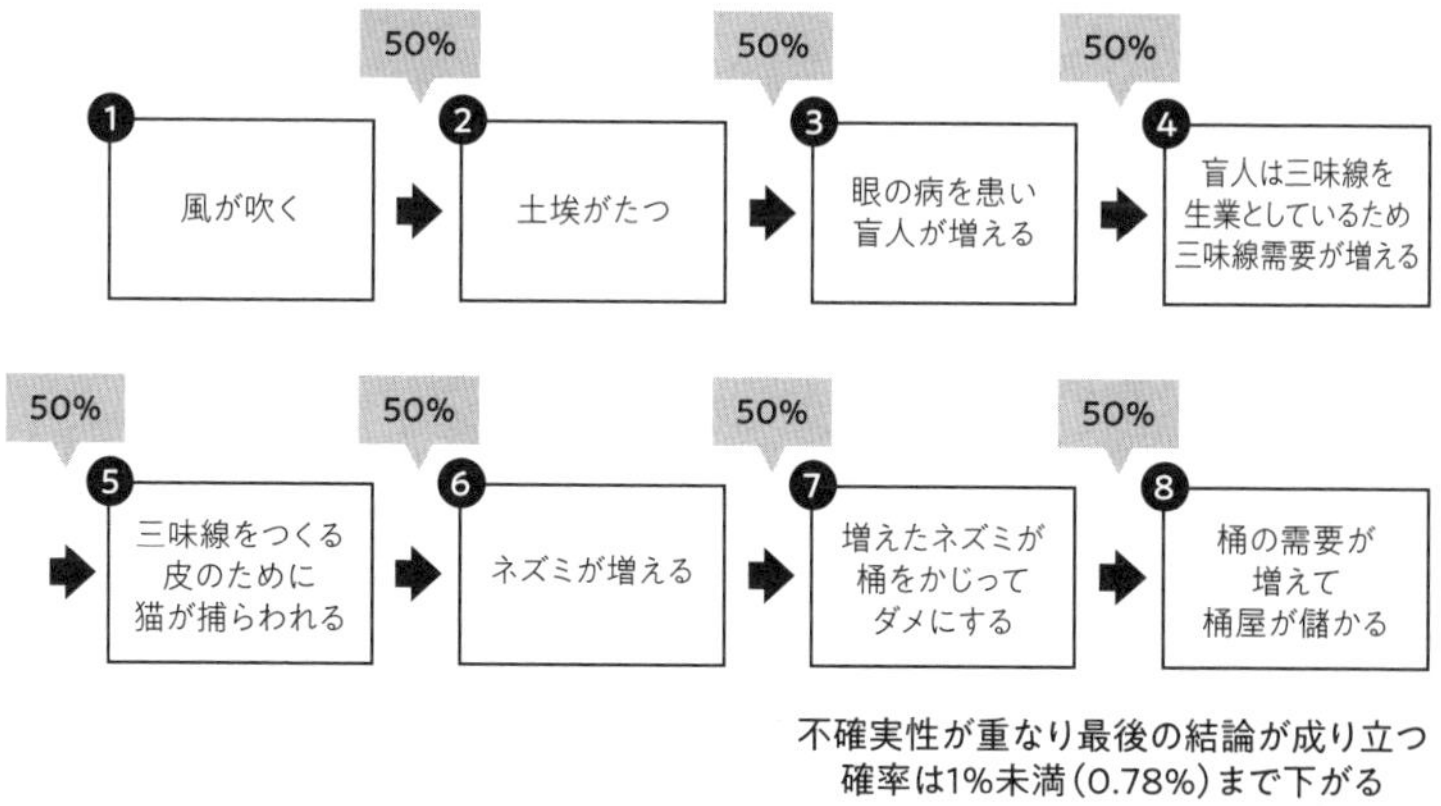

1 風が吹く
50%
2 土埃がたつ
50%
3 眼の病を患い盲人が増える
50%
4 盲人は三味線を生業としているため三味線需要が増える
50%
5 三味線をつくる皮のために猫が捕らわれる
50%
6 ネズミが増える
50%
7 増えたネズミが桶をかじってダメにする
50%
8 桶の需要が増えて桶屋が儲かる
不確実性が重なり最後の結論が成り立つ確率は1%未満（0.78%）まで下がる

下がっていくということだ。先の例で、仮にそれぞれの因果関係が成り立つ確率を50%としよう。そうしてみると、①の「風が吹く」から⑧の「桶屋が儲かる」まで7回の論理のつながりがあるから、この推論が成り立つのは1%未満（50%の7乗）というきわめて低い確率になってしまう。

そのため、推論があまりに長くなったときには「これは〝風が吹けば桶屋が儲かる〟みたいなことを言っていないか？」と、注意を払うことが必要だ。

演繹的思考、3つの要諦

ここまで、演繹的思考とは何であるか（What）について伝えてきた。では、その演繹的思考はどのようにして（How）使うことができるだろうか。

演繹的思考を自分で回せるようになるための要諦を、次の3点を通じて話していこう。

- 要諦①……個別事象の観察量を十分に持つ
- 要諦②……思考の加速器・独自性の源泉としての前提条件のストックを蓄える
- 要諦③……「So what？（そこから何が言える？）」の問いで思考の射程を伸ばす

要諦①……個別事象の観察量を十分に持つ

まずは、ひとつ目の要諦について、名探偵シャーロック・ホームズのエピソードを引きながら見てみよう。

シャーロック・ホームズは、普通では気づかないようなことをその鋭い観察眼によって捉え、そこから持ち前の推理力を使って洞察を引き出して見せる。『ボヘミアの醜聞』の物語から、その一幕を実際に見ていきたい。（『シャーロック・ホームズの冒険』、延原謙訳、新潮文庫）

物語は、ホームズの助手であるワトソン（かつては軍医であり、その後開業医となった）が、久々にホームズの事務所を訪ねるところから始まる。訪ねてきたワトソンを見るなり、ホームズは次のように切り出す。

「…（略）それで、また開業したらしいね。僕はそんな意向のあることなど聞かなかったぜ」

会って早々に推理を飛ばすホームズに対して、なぜそんなことがわかるのかとワトソンは尋ねる。

「簡単そのものさ。（略）ヨードホルムのにおいをプンプンさせ、右のひとさし指に硝酸銀で焦げた黒い痕があり、さもここに聴診器をいれていますといわぬばかりに、シルクハットの一方をふくらませた紳士が入ってきたんだ。それでその紳士が開業医だと分からないようだったら、僕はよくよくまぬけじゃないか」

このとき、ホームズの頭の中はどのようになっているのだろうか。ホームズはワトソンに会うなり、「ヨードホルムのにおい」「硝酸銀で焦げた黒い痕」「一方がふくらんだシルクハット」という個別事象を鋭く捉えている。そして「医療用品を取り扱っている人間は開業医である」という前提条件をはたらかせ、演繹的に「また開業したらしいね」という洞察を引き出した。

このエピソードからわかるのは、思考という名の情報調理を行うためには、「思考の具材」としての個別事象をしっかり集める必要があるということだ。逆にいえば、ホームズばりの推理力を持っていたとしても個別事象の情報を持っていないのでは、頭の中でフライパンを空焚きさせるだけになってしまう。

実際のプロジェクトでも思考が袋小路に入っているメンバーの相談に乗ってみると、材料が足りないまま思考を空転させているケースが少なくない。そんなときに「具体的なインプット情報が足りていないんじゃない？」と伝えるだけで、考えが前に進むことがままある。

要諦②……思考の加速器・独自性の源泉としての前提条件のストックを蓄える

2つ目の要諦は、「前提条件」についてのものだ。

これまで見てきたように、演繹的思考とはいわば、「AだったらBが言える」「BだったらCが言える」「CだったらDが……」といったように、前へ、前へと思考を展開させる運動だ。

このような演繹的思考の中で、前提条件とは「AだったらB」と思考を前に進める〝加速器〟の役目を果たしている。たとえば「犬は散歩が好き」という前提条件を持っていれば、「コロは犬」とわかった時点で、自動的に「コロは散歩が好き」と導くことができる。さらに、一連のストーリーを「ペットで犬を飼っている人には、歩きやすい運動靴が喜ばれる」とパッケージ化して（ひとまとめに凝縮して）前提条件として持っておけば、犬を飼っている人を観察した時点で「歩きやすい運動靴が喜ばれる」と一瞬で思い至ることができるようになる。これが、加速器としての前提条件のはたらきだ。

図2-09 頭の回転だけなく、過去にどれだけ考えてきたかで反応スピードが格段に上がる

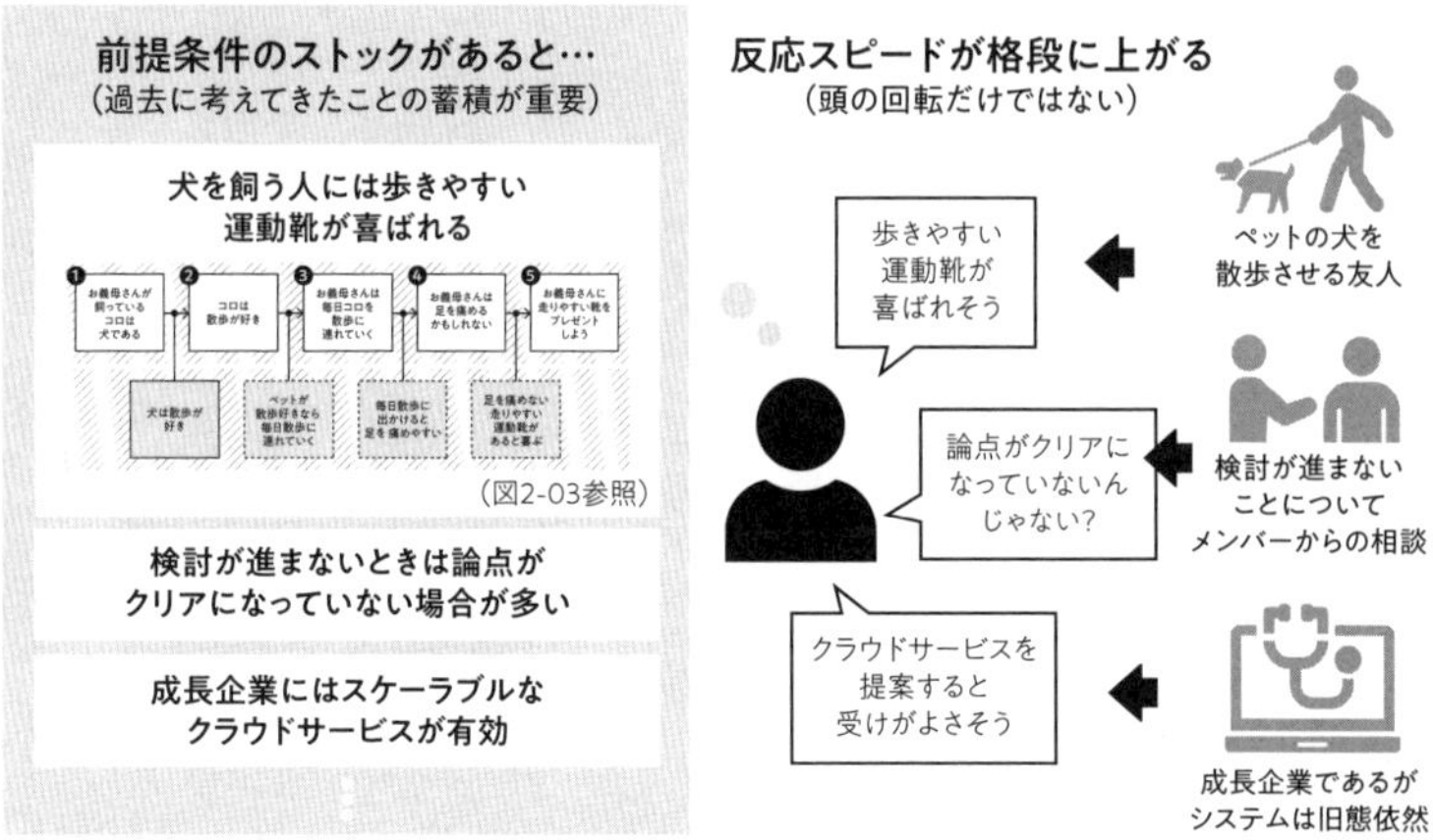
前提条件のストックがあると…
（過去に考えてきたことの蓄積が重要）
犬を飼う人には歩きやすい
運動靴が喜ばれる
お義母さんが飼っているコロは犬である
コロは散歩が好き
お義母さんは毎日コロを散歩に連れていく
お義母さんは足を痛めるかもしれない
お義母さんに走りやすい靴をプレゼントしよう
犬は散歩が好き
ペットが散歩好きなら毎日散歩に連れていく
毎日散歩に出かけると足を痛めやすい
足を痛めない走りやすい運動靴があると喜ぶ
（図2-03参照）
検討が進まないときは論点が
クリアになっていない場合が多い
成長企業にはスケーラブルな
クラウドサービスが有効
反応スピードが格段に上がる
（頭の回転だけではない）
歩きやすい
運動靴が
喜ばれそう
ペットの犬を
散歩させる友人
論点がクリアに
なっていないん
じゃない？
検討が進まない
ことについて
メンバーからの相談
クラウドサービスを
提案すると
受けがよさそう
成長企業であるが
システムは旧態依然

このことが示唆するのは、**思考スピードは必ずしも頭の回転によるものではなく、前提条件のストックをどれほど持っているかにも大きく左右される**、ということだ。「思考の公式」のように前提条件をストックしておければ、Aという情報を見たときに即座に「だったらBだ」と反応できるようになる（図2−09）。

ビジネスでいうなら、

- **市場導入期であればプロモーションコストを積極的に割くべきである**（プロダクトライフサイクル）
- **製造規模が大きくなると製品1個当たりのコストが下がる**（スケールメリット）
- **ユーザーが多くなるほどユーザーの便益が上がる**（ネットワーク効果）

といった基礎的な経営理論を学ぶことが有用なのは、これらを「公式」として使うことで判断のスピードを速められるからだ。

加えて、前提条件のはたらきは加速器だけではない。スターバックスの事例で見たように、**前提条件に独自の価値観を込められたとき、それは思考のオリジナリティの源泉となり得る。**このような前提条件は、「信念」という名で呼ぶことができる。

「あの人はなぜあんなにも速く考えられるんだろう」「どうしてあんな発想ができるのだろう」と思う人がいるとき、それは必ずしも地頭だけによるものではない。**いままで数多の問題を考え、蓄積してきたからこそ、それだけ多く前提条件を自分の中でストックし、使いこなせているからに他ならない。**

要諦③……「So what？（そこから何が言える？）」の問いで思考の射程を伸ばす

そもそも人は何かを考えようとするとき、「さぁ考えるぞ」と気合を入れるだけでは頭の中は真っ白なままのことが多い。思考を回すために必要なのは、「問いを立てる」ことにある。

図2-10 So what?の問いを重ね、情報が持つポテンシャルを引き出す

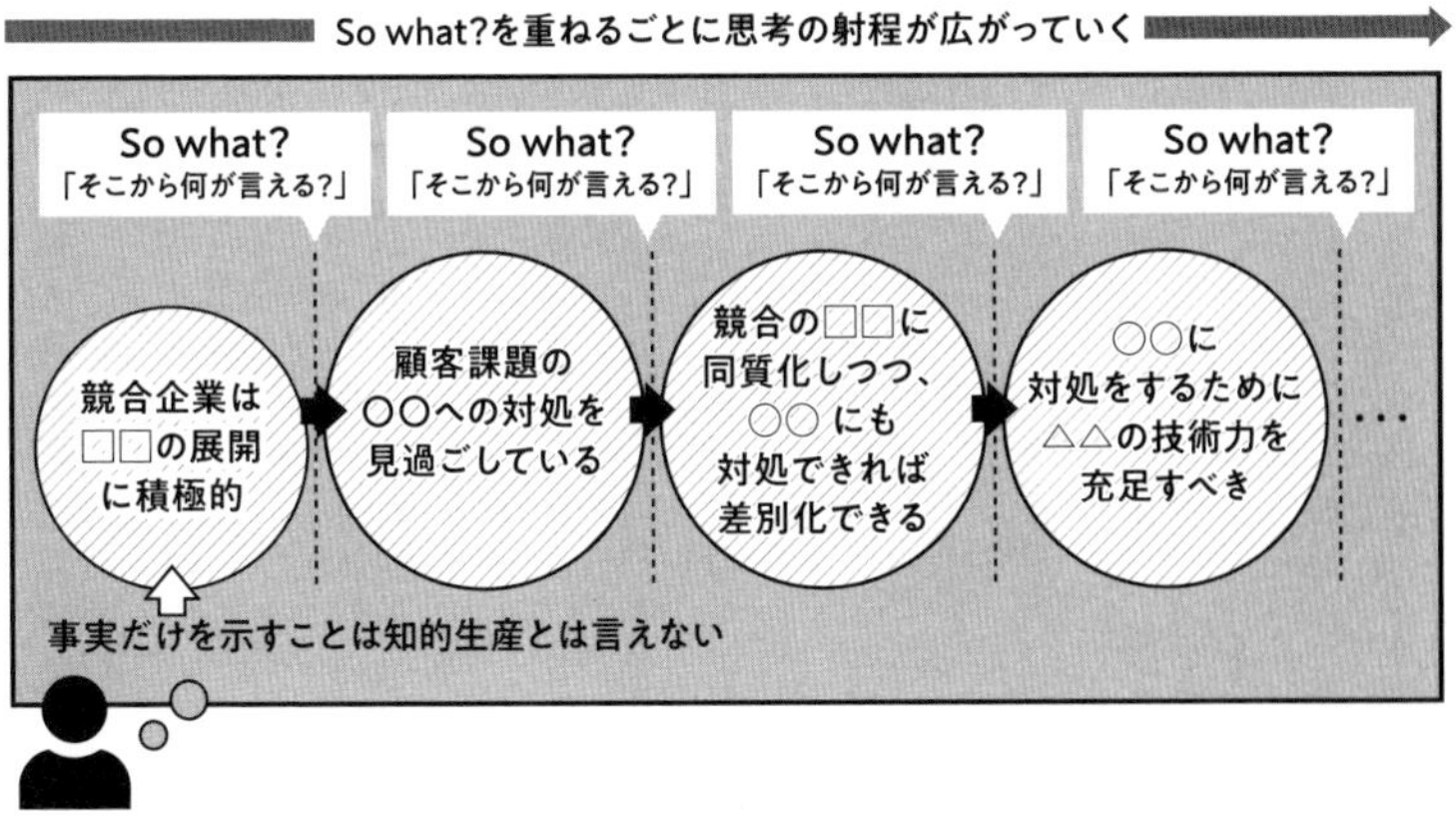
So what?を重ねるごとに思考の射程が広がっていく
So what?

「そこから何が言える?」

So what?

「そこから何が言える?」

So what?

「そこから何が言える?」

So what?

「そこから何が言える?」

競合企業は□□の展開に積極的
顧客課題の○○への対処を見過ごしている
競合の□□に同質化しつつ、○○にも対処できれば差別化できる
○○に対処をするために△△の技術力を充足すべき
…

事実だけを示すことは知的生産とは言えない

演繹的思考を駆り立てるための問い、それが「So what？（そこから何が言える？）」だ。観察した個別事象や前提条件に対して「So what？」と問い、そこから意味合いを引き出す。その意味合いを新たな足場として使い、さらに「So what？」と重ねてより前へと思考を展開させていく。その度に思考の射程は遠くへと伸び、当初はとても及ばなかった考えに到達し、「与えられたもの」から「与えられていないもの」が導かれる（図2-10）。

スターバックスの事例を思い出そう。そこでは、

- 現代人の都会生活は閉鎖的である（So what？）
- 現代人に必要なのは「サードプレイス」だ（So what？）
- それには店舗デザインやバリスタの育成などを刷新し（So what？）

● スターバックス独自の感動体験を届けていこう

このように、「So what ?」を問い連ねることによってストーリーが展開されていた。

経験が浅いコンサルタントでよくあるのが、ファクト情報（たとえば、○○業界の競合シェアは15％です、といった情報）だけを報告し、上位者から「…で？」という冷たい反応を受けるパターンだ。これはまさしく、「So what ?」の問いかけが足りず、演繹的思考を自分で展開しきれていないためだ。ファクト情報はもはや誰でもアクセスできる情報化時代である。知的生産のプロフェッショナルとして、ファクトから示唆を引き出すことに僕らは徹底してこだわろう。

「一を聞いて十を知る」人の頭の中はどうなっているか

世の中には、「一を聞いて十を知る」と言われる人がいる。あなたの周りにも、ほんのわずかなことを言われただけで、「それってこうで、こうなって、こういうことですね」とどんどん理解を展開していくような人がいるのではないだろうか。

この能力をただの才能だとしてあきらめるのは早計だ。これはむしろ、**つねに「で、この先はどうなるか?」と自問し、考えを前へ前へと進める「前のめりの思考」の習慣化**が大きい。

前のめり思考が習慣化されている人たちは、ひとつのことを聞くとそこに留まることに満足せず、「それでどうなるか？　だとしたらどうなるか?」という問いかけがつねに頭の中で回っている。あるひとつのことを聞いたときに、自分の既存の知識や経験を前のめりで組み合わせて、自分でどんどん理解を広げていく。

そこにあるのは才能ではなく、姿勢の違いだ。一を聞いて後ろにもたれかかったままでは、考えはそこに留まるばかりだ。一を聞いた瞬間に、前へ、前へと思考を傾けていくこと。それが、「一を聞いて十を知る」人の頭の中で起こっていることだ。

姿勢を正すことに才能はいらない。それは、意識づけと習慣化の問題であり、そのための労力さえ厭わなければ誰だって「一を聞いて十を知る」人になることができるのだ。

演繹的ストーリーの発展形
――直線的ロジックから循環ロジックへ

ここまで、演繹的思考によってストーリーを紡いでいくための方法を見てきた。一方で、これまで見てきたような直線的なロジックだけで、物事のすべてが収まるわけではない。

ここでは、「ネットワーク効果」を例に考えてみよう（図2-11）。これは、ある製品やサービスのユーザーが増えるほど、その製品やサービスが持つ価値もまた増加する、という現象だ。たとえば、スマホとアプリストアに現れるネットワーク効果では、

- スマホの利用者が増えると、
- その市場を狙って多くの開発者がアプリを提供するため、
- スマホはより便利になり、
- それがより多くのスマホの利用者を呼び込み、
- それがより多くの開発者を呼び込み…

図2-11 循環的な論理構造を捉えられるようになると思考の水準が一段階高まる

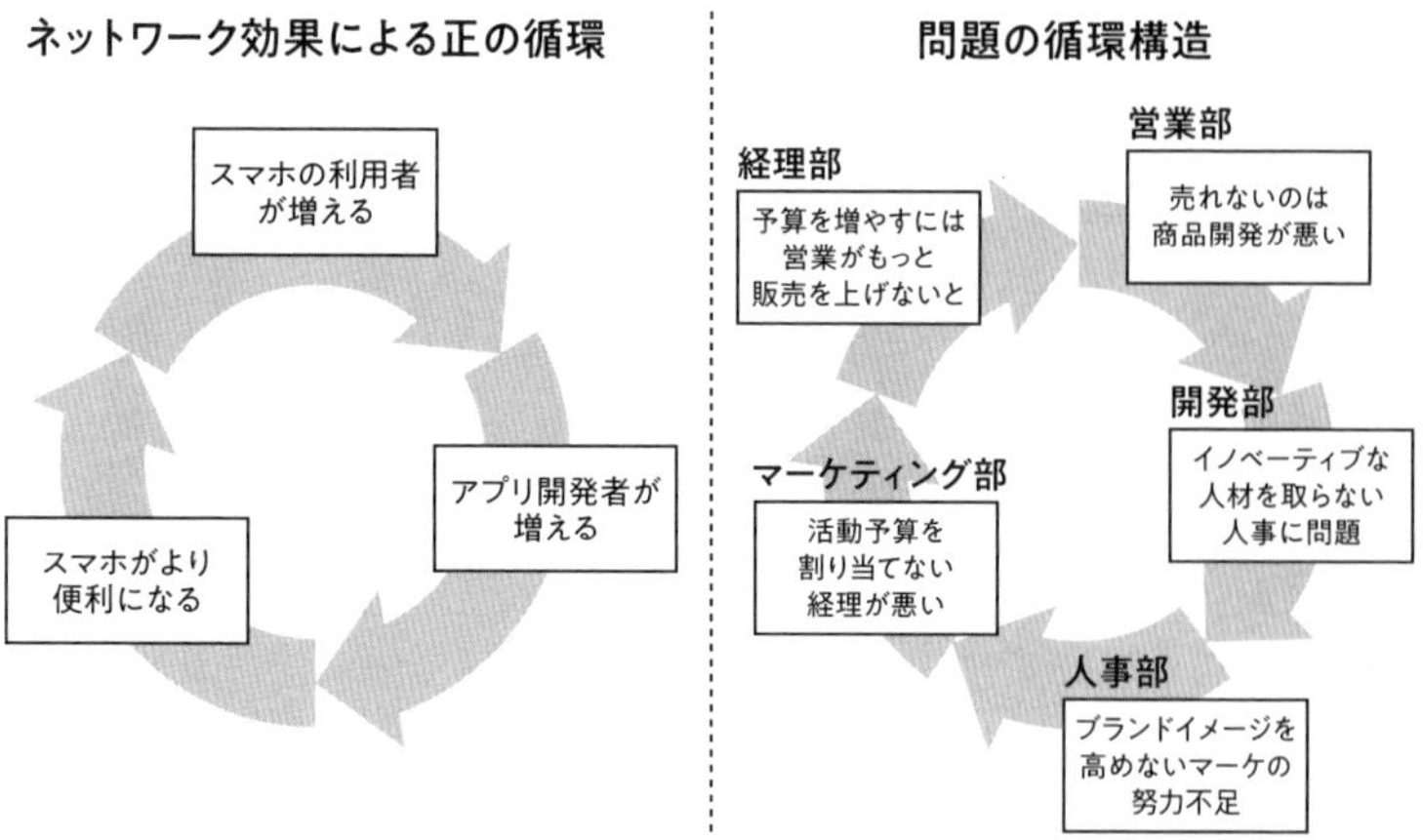
ネットワーク効果による正の循環
スマホの利用者が増える
アプリ開発者が増える
スマホがより便利になる
問題の循環構造
営業部
売れないのは商品開発が悪い
開発部
イノベーティブな人材を取らない人事に問題
人事部
ブランドイメージを高めないマーケの努力不足
マーケティング部
活動予算を割り当てない経理が悪い
経理部
予算を増やすには営業がもっと販売を上げないと

というように、「スマホ利用者増⇅開発者増⇅便利さ向上」の自律強化の循環が生まれる。

こうした循環が生まれれば、何も手をつけずとも競争力が加速度的に高まるというすさまじい状態に持ち込むことができる。ここに、循環ロジックで考えることの威力がある。

また、循環は、問題の構造を捉える際のリアリティをも示してくれる。次のような会話を見てみよう。

営業部「どうも売れ行きがよくない、いまひとつの商品を出す商品開発部が悪いんだ」

商品開発部「よい商品を開発するにもイノベーティブな人材が採れないとダメなんだよ。うちの人事部に問題がある」

人事部「そもそも、うちの会社のブランドイメージじゃそんな優秀な人材は集まらない。マーケティング部門の努力不足じゃないのか」

マーケティング部「企業のブランディングにも費用が必要だ。経理部がもっと資金を回してくれないと」

経理部「いまの営業売上や利益ではマーケティング部の資金を増やすことは無理だ。営業部がもっと売り込んでもらわないと」

もはやなすりつけ合いの様相だが、これが現実の問題であることは少なくない。この企業に対して直線的に「業績低下の原因は製品力の低さにあります」と助言したとしたら、どうなるか。「物事はそう単純じゃない、この人は何もわかっていない」と思われることだろう。こうした循環構造を持つ問題に対しては、直線的なアプローチでは対処ができない。

これを解決するためには、まずは問題を循環構造として俯瞰できなければならない。そのうえで、整体師が身体全体を見ながらポイントとなる関節や筋を整えるように、それぞれの箇所でデリケートな調整をしていきながら悪循環を正の循環へと変えていくことが必要だ。

「正統派テンプレの世界」と「論理的《ロジカル》意外性《サプライズ》の世界」

——脱コモディティ化に向けた世界観の切り換え

さて、ここまでで演繹法の正攻法は伝えきった。しかし、これまでのロジカルシンキングのアップデートを目指す僕らは、ここからさらに踏み込んで、思考のコモディティ化を脱するための可能性を探求しよう。

先ほど、前提条件のストックを「公式」として持つことの有用性を伝えた。一方で、世の中に流通しているような「公式」は、それなりに経験を積んだビジネスパーソンであれば等しく身についているもので、コモディティ化した「テンプレ」にもなりかねない。「顧客セグメントを絞り込み、自社のコアコンピタンスが活きるポジションに選択と集中をかけることで、競合他社に対する持続的競争優位を発揮します」という**世の中のテンプレにはめただけの語り口は誰もが言えることであって、それを語ったところで何も新しい価値はない。**

このような、**発想としては正統で間違いではないが、どこかで聞いたことのあるテンプレ**

的な思考の展開がなされる世界観を「正統派テンプレの世界」と呼ぼう。テンプレを使えばたしかにスピーディだし、世の中に認められた正統派の考えだから「まぁそうだよね」と反論も受けにくい。

しかし、この世界観で決定的に欠けているのは、「面白い!」と思わせる**意外性**《サプライズ》だ。意外性とは、"普段の意識の外"にあるということ。普通では考えられないからこそ、意外性は差別化の源泉になる。正統派テンプレの世界ではこの意外性がないからこそ、価値の核心が決定的に欠けている(図2-12)。

この意外性とはどのようなものか、「勇者の物語」を題材に、その感覚をつかんでみよう。「正統派テンプレの世界」において、勇者の物語は次のように展開されることがお決まりだ。

お姫様がさらわれる↓勇者が魔王を倒すことを決心する↓旅に出て仲間を集め成長する↓仲間と共に魔王を倒しお姫様を救う

テンプレどおりの月並みな展開で、これだと物語的な価値は乏しい(とはいえビジネスではこれと同じような展開が繰り返されている)。こうしたテンプレの「勇者の物語」に対して、RPGゲームLive A Live(ライブ・ア・ライブ)では、次のようなストーリー展開によって意外性を演出した。

図2-12　正統派テンプレを当てはめることに価値はなし、論理的意外性《ロジカルサプライズ》の世界観に踏み込むこと

正統派テンプレの世界観

オーソドックスで間違いではないが
どこでも見聞きする

論理的意外性《ロジカルサプライズ》の世界観

論理性がありながら
驚きを与える意外性も共存している

お姫様がさらわれる↓勇者が魔王を倒すことを決心する↓旅に出て仲間を集め成長する↓**勇者に劣等感を覚え嫉妬した仲間が裏切る**↓仲間が勇者に闘いを挑み命を落とす↓それを見た姫が同情し仲間を追って自害する↓仲間と愛する姫を失った勇者が世界に絶望し自身が魔王となる↓（ゲーム内で物語はさらに続く）

一読してすぐに正統派テンプレから外れていて、「えっ」と思わせる意外性が感じられるだろう。一方で、ストーリーにはそう展開されることの理由づけがなされており、論理性もまたそこに同伴している。だからこそ、続きを知りたい、結論がどうなったか知りたいという気にさせられる。そうした人を惹きつける意外性、その差別化された

図2-13 「So what's new?」の問いで
意外性のある示唆を引き出すことを意識する

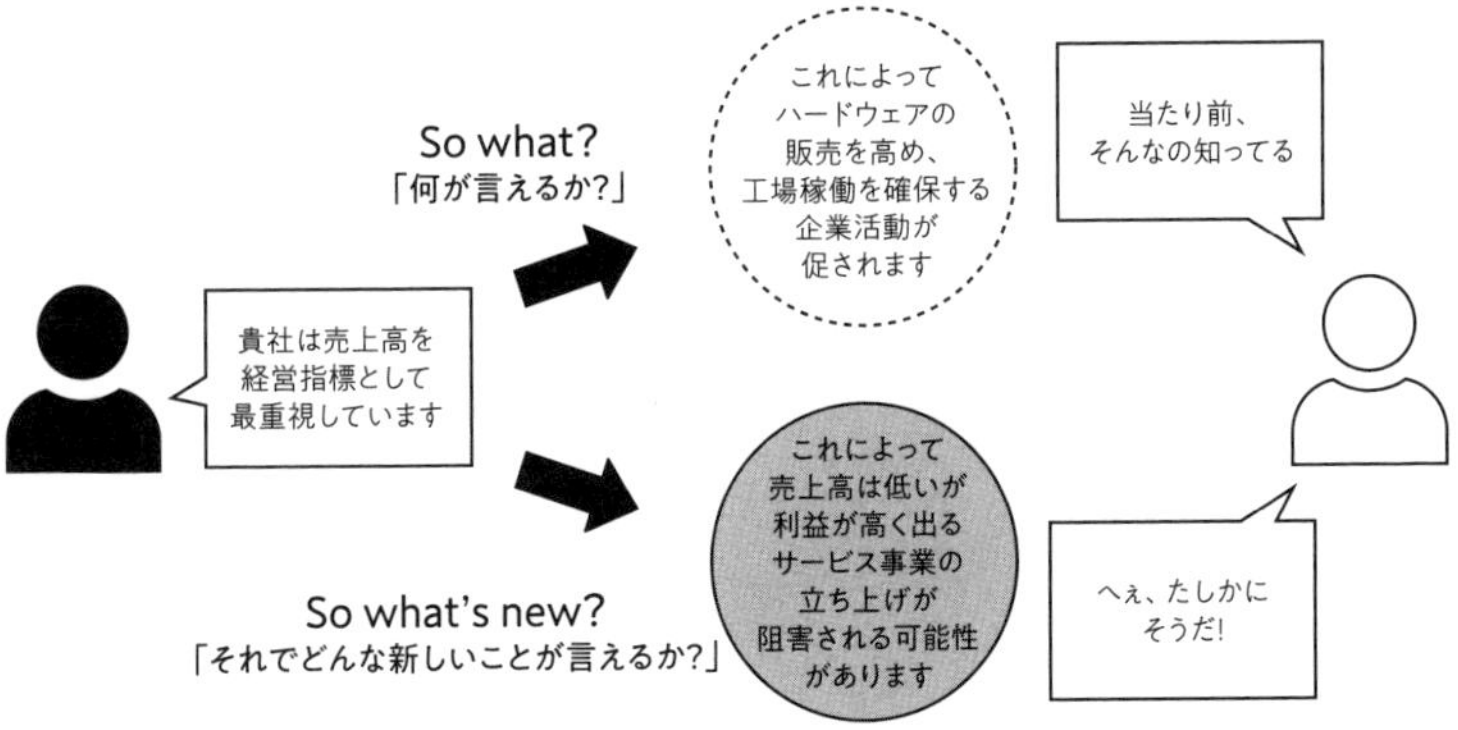

ストーリーこそが、物語の価値といえるものだ。

「正統派テンプレの世界」に対して、このように論理性と意外性のトレード・オンを実現させる（両立させる）思考を展開する世界観を**「論理的意外性《ロジカルサプライズ》の世界」**と呼ぼう。真に価値のある知的成果を創出しようとするとき、僕らに必要なのは「正統派テンプレの世界」がもたらす安心・簡便さの誘惑を脱して、「論理的意外性の世界」に自分の思考を住まわせることだ。

So what's new?
——それでどんな新しいことが言えるか？

では、その「論理的意外性の世界」にはどのようにして踏み込めばよいのか？

キーワードは「So what's new？（それでどんな新しいことが言えるか？）」だ。これは、演繹のストーリーを引き出す「So what？」に「What's new？（何が新しいか？）」を重ね合わせた問いだ。単に論理的な情報を引き出すだけでなく、引き出された情報の意外性をも問うということだ（図2－13）。

とあるクライアント経営層に対して、業界の外部環境を整理して伝えようとしたときのこと。そのとき、チームでメガトレンドや業界・競合情報を2週間かけて収集し、50枚ものスライドからなるストーリーを組み立てた。情報としてはきわめて包括的にまとまっている。しかし、クライアントからの反応は次のようなものだった。

「内容に間違いはないし、よく整理されていますが、何が新しいのですか？」

「So what？」によるストーリー展開に間違いはなかった。しかし「What's new？」の期待に応える新情報に乏しかったのだ。厳しい捉え方をすれば、「もう知ってることだから、この情報に価値はない」と宣言されたようなものだ。

このことによって気づかされたのは、「So what？によって論理的に展開できるがために、時間さえかければ誰でも同じような展開にたどり着ける」（だから意外性に欠ける）という思考上の問題点がひとつ。加えて、「論理的な整合性をとることにチームのパワーを使いすぎて、意外性の発見に十分なリソースをかけられなかった」というマネジメント上の問題点がもうひとつだ。

「So what ?」だけでは足りない、そこに偏ってはいけない。僕らはそこに意外性を重ねた「So what's new ?」をこそ問わなければならない。

不確実性の時代にこそ強いアンチフラジリティという思考スタイル

反脆弱性《アンチフラジリティ》という、アメリカの思想家ナシム・ニコラス・タレブが提唱した考え方がある。たとえば、身体の免疫システムが病原体に侵入されることでより強くなるように、反脆弱性とは、不確実性、無秩序さ、負荷、ストレスといったマイナス要素を、むしろプラスの糧として利用できる性質のことをいう。そして、意外性を見出すことと、この反脆弱性の性質は、密接に関連している。

このことを理解するために、ここで簡単なテストをやってみよう。お題は、「果物の名前を15個挙げよ」というものだ。指折りながら頭の中で唱えるなり、紙に書き出すなりして、果物の名前を15個挙げてみてほしい。

図2-14 負荷・ストレスを意外性のある発想の糧にする アンチフラジリティという思考

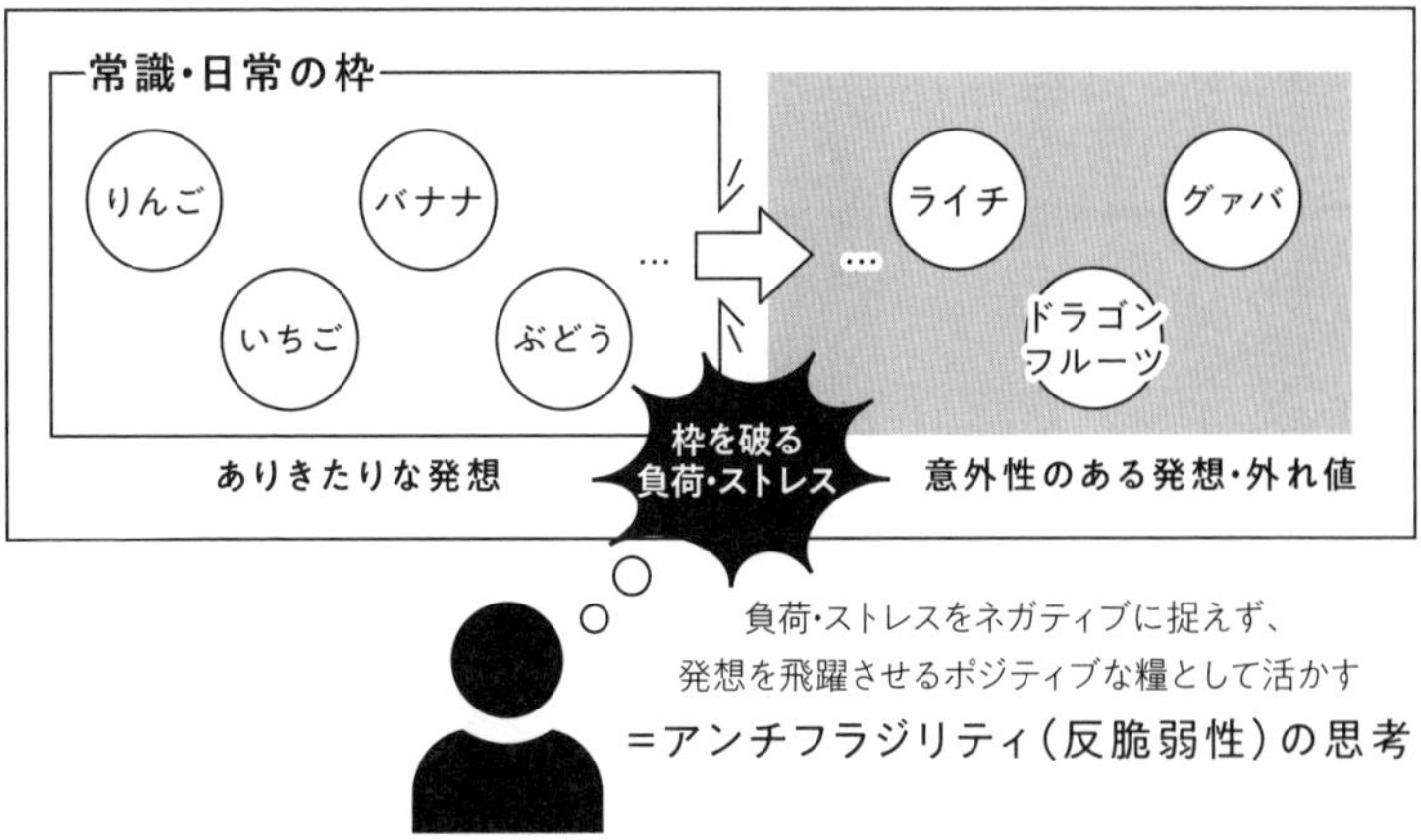
常識・日常の枠
りんご
バナナ
いちご
ぶどう
…
…
ライチ
グァバ
ドラゴンフルーツ
ありきたりな発想
枠を破る
負荷・ストレス
意外性のある発想・外れ値
負荷・ストレスをネガティブに捉えず、
発想を飛躍させるポジティブな糧として活かす
=アンチフラジリティ（反脆弱性）の思考

……さて、15個挙げられただろうか。後になるにつれ、「他に何があったかな……」と思いつくのが負荷となり、そこからだんだん物珍しい果物（ライチ、グァバ、ドラゴンフルーツ……）が出てきたのではないだろうか。

僕らの思考は、非常識で稀な出来事よりも、常識的な日常生活に対して最適化されている。その枠を超えて「他に何かあったかな」と考えることは思考にとって負荷になる。逆をいえば、その**思考の負荷を乗り越えた先に、常識内の最適値から抜け出した〝外れ値〟としての意外性が出てくる**（図2-14）。

戦略のストーリーづくりもこれと同じだ。まずはラフなストーリーを一度つくる。それからそこを起点にして、「So what's new？」の問いを投げかけ、意外性を加えるべく、試行錯誤を繰り返してストーリーを磨いていく。

このときの心構えはフェイルファスト（Fail Fast）、すなわち実行より前のストーリー策定の段階で「早めに多くの失敗をしておく」ことにある。

子どもが遊びの中でがちゃがちゃとおもちゃを組み替えるように、小さな実験や変更を繰り返し行うことでより強く、より適応力のある状態にする操作を、タレブは「**いじくり回し**《ティンカリング》（tinkering）」と呼んだ。不確実性の時代にこそ強いアンチフラジリティな思考スタイルを、僕らはぜひ心がけたい。

分析（アナリシス）ではなく、総合（シンセシス）によって「戦略ストーリー」を描く

演繹的思考のもっとも戦略的な扱い方が、楠木建先生が『ストーリーとしての競争戦略』（東洋経済新報社）の中であざやかに実演して見せた「戦略ストーリー」だ。楠木先生の言葉を借りれば、戦略とは企業のポジショニングや組織能力の「静止画」ではなく、成果に至る流れ・動きを「動画」のストーリーとして組み立てたものだ。

戦略ストーリーの優れた実例として、楠木先生は「マブチモーター」をケースに取り上げている

図2-15 **要素をつなぎ合わせ、意外性のある戦略ストーリーに"総合"すること**

マブチモーターの戦略ストーリー

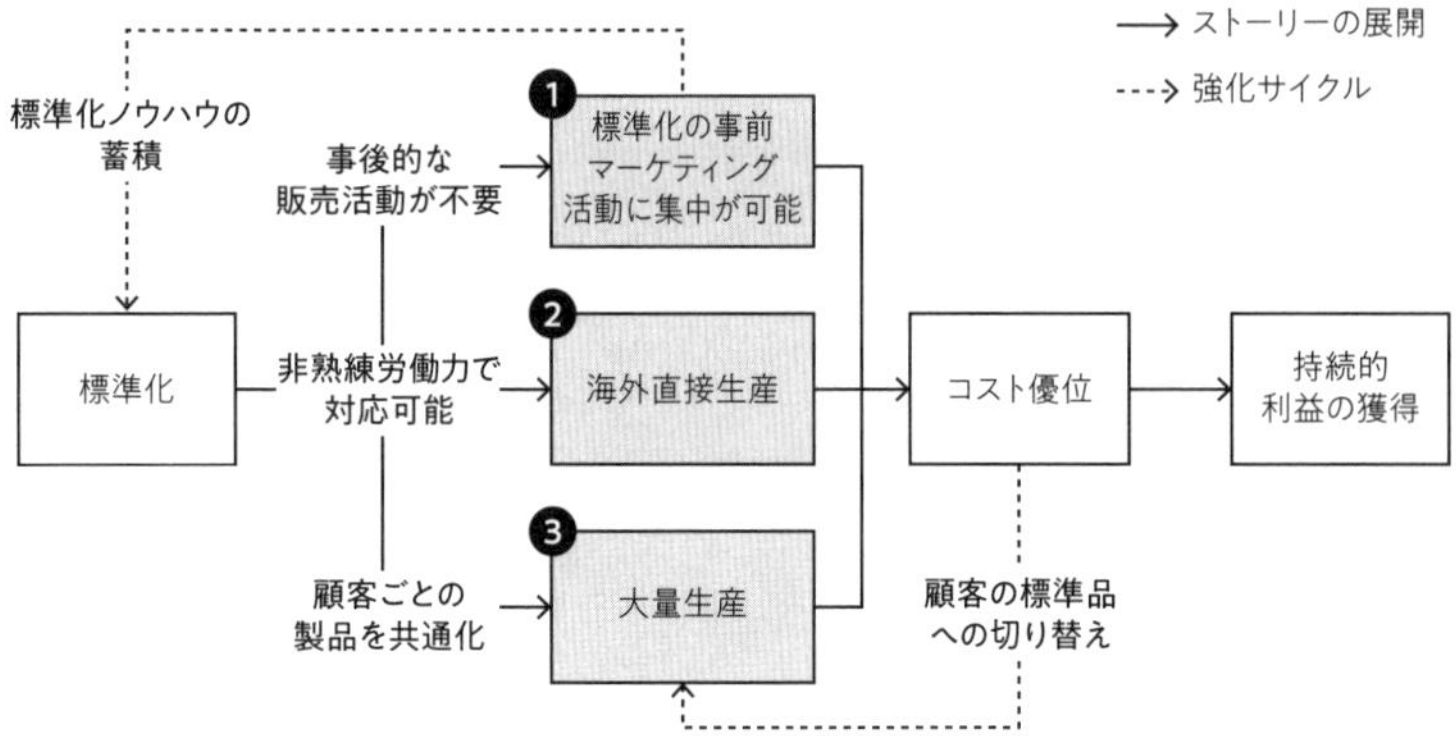
→ストーリーの展開
--→強化サイクル
標準化ノウハウの蓄積
事後的な販売活動が不要
非熟練労働力で対応可能
顧客ごとの製品を共通化
標準化
❶標準化の事前マーケティング活動に集中が可能
❷海外直接生産
❸大量生産
コスト優位
持続的利益の獲得
顧客の標準品への切り替え

楠木建『ストーリーとしての競争戦略』をもとに筆者作成

（図2－15）。この戦略ストーリーに論理的意外性を持たせている要素として、僕の見方では、次の3つの要点を挙げることができる。「にもかかわらず」から出てくる内容に論理的意外性が宿ることに注目しよう。

❶カスタマイズ製品ではなく標準化を推し進めたにもかかわらず、顧客ニーズがちゃんと満たせる

標準化によって開発後の事後的な顧客への売り込みを不要とすることで、事前での顧客ニーズを満たすための調整にリソースを割くことができる。これによって蓄積されたノウハウが、さらに優れた標準化を実現させる自律強化の循環を生む。

❷技術水準に劣る海外生産であるにもかかわらず、品質が担保できる

標準化したことで同じ製品を繰り返しつくればよくなり、海外の非熟練労働力であっても品質が担保でき、結果として安価な生産コストを実現している。

❸標準化によって独自性が失われがちにもかかわらず、正の循環によって独自の優位性を生み出している

標準化→大量生産→コスト競争力アップ→顧客が標準製品へ切り替え→大量生産→……、という正の循環によって、自社のコスト競争力が高まり続ける仕組みが生まれている。

戦略ストーリーを描くにあたり、書籍やネット、あるいは人から聞いた話が、部分的なパーツとして使えるかもしれない。しかし、それらを独自の一本のストーリーとしてつなぎ合わせるのは、自分の頭の中をおいて他にない。そこで必要なのは要素を論理的に分解する「分析《アナリシス》」ではなく、創造的につなぎ合わせていく「総合《シンセシス》」の力だ。

それは、まるでひとつの物語を紡ぐような、芸術的な試みだと言っていい。「戦略とはアートである」と言われる所以は、ここにある。

論理的意外性をつくりだす「6つのストーリー展開パターン」

ここまでの話を一度まとめよう。思考のコモディティ化を脱するために、演繹的思考では次のような方策をとることができるとわかった。

- 起点となる情報のポテンシャルを引き出し、新たな示唆を抽出すること
- 客観性に偏らず主観・信念をストーリーに織り込み、オリジナリティの源泉とすること
- 論理的意外性を狙い、"So what's new？"の問いに向き合うこと
- 反脆弱《アンチフラジリティ》的な思考スタイルをとり、負荷・ストレスを新たな発想の糧にしながら「いじくり回し《ティンカリング》」によって論理的意外性をつくり込むこと
- その極限の表現として、「戦略ストーリー」があること

そして、意外性をつくり出すための最後の踏み込みとして、僕自身がよく試すストーリー展開のパターンを紹介しよう（図2-16）。

図2-16 論理的意外性をつくりだす 6つのストーリー展開パターン

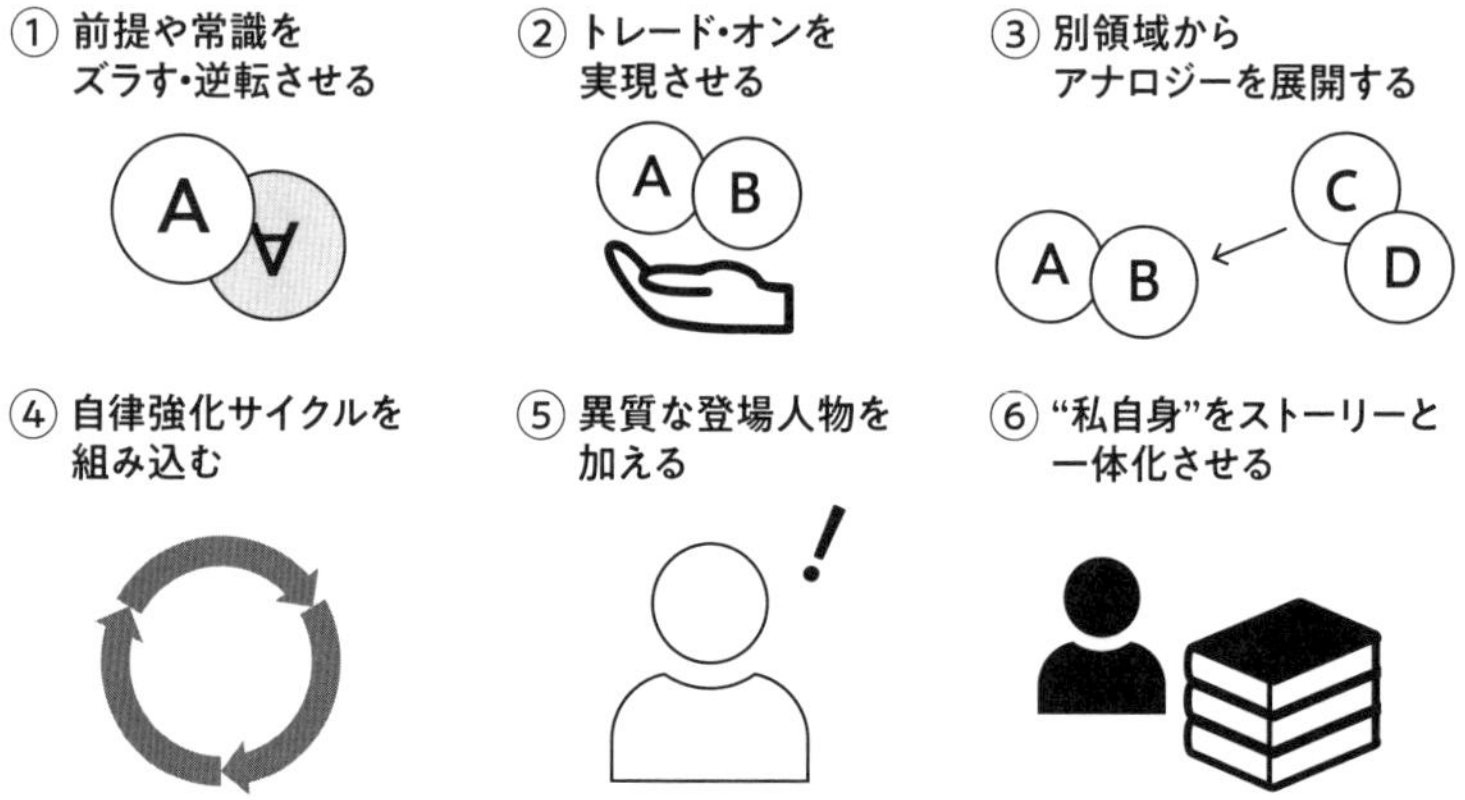
① 前提や常識をズラす・逆転させる
A
∀
② トレード・オンを実現させる
A
B
③ 別領域からアナロジーを展開する
C
D
A
B
④ 自律強化サイクルを組み込む
⑤ 異質な登場人物を加える
!
⑥ “私自身”をストーリーと一体化させる

① 前提や常識をズラす・逆転させる

演繹的思考は、前提条件をもとにして示唆を導く。その前提条件が常識的なものであると、それに引きずられて結論も月並みなものになってしまう。このことを逆手に取り、前提条件そのものを常識からズラしたり、あるいは真逆にひっくり返したりすることで意外性を導くことができる場合がある。

ビジネスにおいても、常識を逆転させて成功した例には事欠かない。

- Amazon書籍販売：本は書店で実際に見て買うのが常識
  ➡オンラインの顧客体験を刷新し（Amazon評価やレコメンドなど）常識を逆転

● ＩＫＥＡ：家具は出来上がったものを購入することが常識
⬇組み立て前の状態で販売、商品価格を下げながらＤＩＹニーズにも対応
● Airbnb：外泊ではホテルや旅館など商用施設に泊まることが常識
⬇ウェブプラットフォームを活用し個人の家を宿泊先として提供

常識は自分が気づかないうちに頭の中で作用しているため、まずは意識的にその常識を書き出すことをやってみるといい。「本を買うためには本屋やオンラインストアに行く必要がある」「レストランで食事をするには注文し、料理が届くまで待つ必要がある」「ゴミは捨てるもので、価値がない」「ファッションアイテムは新品が良い」「旅行は休暇時にしか行けない」など書き出し、「ズラしたり、逆転できないか？」という視点で改めて眺めてみると、常識は一挙に意外性の宝庫へと変わり得る。

②トレード・オンを実現させる

ビジネスにおいては、「品質を上げたいがコストが上がる」「コストを下げたいが品質も落ちてしまう」といった「一得一失」の関係にあふれている。こうした関係は**トレード・オフ（trade-off）**と呼ばれ、そのバランスをうまくとることは、マネジメント手腕が問われるところだ。

一方で、このような「一得一失」のトレード・オフに対して、「一挙両得」を実現しようとするのが**トレード・オン（trade-on）**という考え方だ。いわば、「品質を上げながらコストも下げる」という常識破りの成果を狙おうとすることだ。

ビジネスの例でいえば、デジタルプラットフォームの技術を活かしたNetflixは、「いくらでも映画・アニメが見放題」＋「なのに費用は定額」というトレード・オンを可能にした。これは、「借りれば借りるほど高くなる」という従来のレンタルビジネスから見ればあり得ないものだ。

「戦略とは捨てることである」という言い方があるが、この常識に真っ向から立ち向かい「両方とも拾う」ことを目指すのがトレード・オンだ。常識的には「一得一失」の対立があるときに、「トレード・オンを実現できないか」と問うことは、意外性を発見する手がかりになる。

③別領域からアナロジーを展開する

アナロジーとは、「知りたいこと」について「既に知っていること」から新たな気づきを横展開させる考え方だ。図式的にいえば、アナロジーは「A：B＝C：D」という形で表される。A：Bという「既に知っていること」の内容を、C：Dという「知らないこと」の内容に対応づけるということだ。

たとえば、パキパキ折れる板チョコから発想を生んだオルファカッターナイフの替刃をこれに当てはめてみると、次のような具合になる。

A（板チョコ）：B（割れるチョコ）＝C（カッターナイフ）：D（折れる替刃）

様々な業界・業種にわたってプロジェクト経験を積んできたコンサルタントにとって、アナロジーは得意技のひとつだ。医療業界で得られた予防医療の考え方を予兆保全といった生産性改善に当てはめてみるなど、すでに知っていることを他に横展開することが意外性の源泉になり得る。

④自律強化サイクルを組み込む

これは、ストーリーを一本道の単線で終わらせず、ストーリーが循環しながら自律的に強化される構造を組み込む考え方だ。マブチモーターの標準品によるコスト競争力構築も、まさしくこの自律強化サイクルを組み込んだケースだ。他にも、

- ユーザーが増えるほどコンテンツも増え、さらにユーザーを呼び込むYouTube
- 検索利用数が増えるほどに検索精度が向上しさらに利用者を呼び込むGoogle
- 登録者が増えることでネットワーキング機会が増えさらに登録者を呼び込むLinkedIn

など、優れた事業にはこの自律強化サイクルが組み込まれていることが多い。
このような「放っておいても勝手に強くなる（拡大する）状態」というのは、「自分で手間暇をかけないと仕事は大きくならない」という常識的な価値観に反するものだ。そしてそれは、世の中に「Winner-takes-all（勝者総取り）」の状況が発生する秘密でもある。

⑤ 異質な登場人物を加える

これは、「一般的なストーリーでは普通は想定されない異質な要素を組み込む」という考え方だ。この章にはロジカルシンキングとは一見関係のない反脆弱性〈アンチフラジリティ〉の考え方を組み込んでいるが、これもまさしく「異質な登場人物」の例だ。

ビジネスにおいては、富士フイルムの化粧品事業「アスタリフト」が好例だ。カメラフィルム事業を中心としてきた富士フイルムの事業ポートフォリオに「化粧品」という〝異質な登場人物〟が加わるのは意外そのものだが、その内実をよく見てみると、写真フィルムの主原料であるコラーゲンの加工技術やフィルムの劣化を防ぐ抗酸化技術はアンチエイジングに応用できるものであり、論理的にもきわめて整合的なものであった。まさしく、論理的意外性を体現した事業だ。

⑥〝私自身〟をストーリーと一体化させる

究極の異質な登場人物、それは「私自身」だ。すなわち、自分の個性や価値観そのものをストーリーに組み込み意外性の源泉とするものだ。自分の価値観、個性、信念、意思を含めることは従来の「ロジカルシンキング」の範疇では取り扱えないものだった。いやそれどころか、「客観的じゃない」として退けられたかもしれない。しかしハワード・シュルツの「サードプレイス」の価値観なしにはいまのスターバックスはなかったように、あるいはスティーブ・ジョブズを欠いてはiPhoneの物語は生まれ得なかったように、ストーリーの意外性と論理性はその極限として〝私自身〟を源泉とする。

Case Solution

この章の総括として、これまでの考え方を使ってAmazonの戦略ストーリーを読み解いてみよう。まず、AmazonがＢ２Ｃで展開されている事業の戦略ストーリーについて考えてみよう。

AmazonがＢ２Ｃ事業として持っているのは、

- オンラインショップ（Amazon.com）
- デジタルコンテンツ（Prime Video、Amazon Music、Kindle）
- デジタルデバイス（Kindle端末、Amazon Echo、Fire TV）

の3つだった。

結論からいえば、このB2C事業におけるAmazonの戦略的意図の中心は、「より多くのユーザーを集客し、Amazon経済圏内で定着化／ロックインさせる」ということだと考えられる。

なぜそうといえるのか。

ひとつには、次のようなストーリーが描かれるからだ。演繹的思考で展開してみよう。

- より多くの集客ができれば、オンライン小売としてのAmazonの購買力が高まり、（So what？）
- より低価格で商品を仕入れ、よりお値打ちでユーザーに提供することが可能になる（So what？）
- さらに、この低価格な商品がまたさらに多くのユーザーを集客し、（So what？）
- Amazonの購買力がより高まるという正の循環を形成できる

このように、集客によって勝手に強くなり、さらに勝手にユーザーが集まるというストーリーが生まれる。
それだけではない。次のような別線でのストーリーもある。

- ユーザーの集客が増えると（So what？）
- ユーザーの購入データを蓄積することができる（So what？）
- こうしたユーザーデータを「この商品を買った人はこんな商品も買っています」といったレコメンド機能などの強化に活かすことで、（So what？）
- オンラインプラットフォームの利便性をますます高めることができる（So what？）
- そうすると集客もさらに強化され、正の循環が形成される

そして、数々のデジタルコンテンツやデジタルデバイスは、こうしたユーザーをつなぎ留める（他に流出しないようロックインする）ための要素として機能する。たとえば、

- ユーザーがKindleの読書デバイスを使いKindle Unlimited（書籍読み放題サブスクリプションサービス）を利用していたり、Prime Videoでお気に入りの映画やアニメを見ていれば、（So what？）
- そうそうAmazonから離れようとは思わなくなる（So what？）

● そうすることで、Amazonは集めたユーザーを「Amazon経済圏」の中で定着化させ、盤石な収益を得られるようになる

図2-17の上半分で示したこの一連のつながりが、B2C事業におけるAmazonの戦略ストーリーだと考えられる。

次に、Amazonはなぜ意外ともいえるB2B事業にも展開することができたのだろうか？　その背景には、どういった戦略的意図があったのだろうか？

企業向けオンラインマーケットプレイスであるAmazon Businessは、まだわかりやすい。一般ユーザー向けに提供していたオンライン小売機能をビジネス向けにも提供した形だ。しかし、企業向けクラウドコンピューティングサービスであるAmazon Web Services（AWS）は、一見して「オンラインショップ」という業態からかけ離れている。なぜ、Amazonはこの領域に進出し得たのか？

このことも、B2C事業の戦略的意図と密接に関連していそうだ。再び、演繹的思考で考えてみよう。

図2-17 個々の事業は、戦略ストーリーとしてつなげて考えることで活きてくる

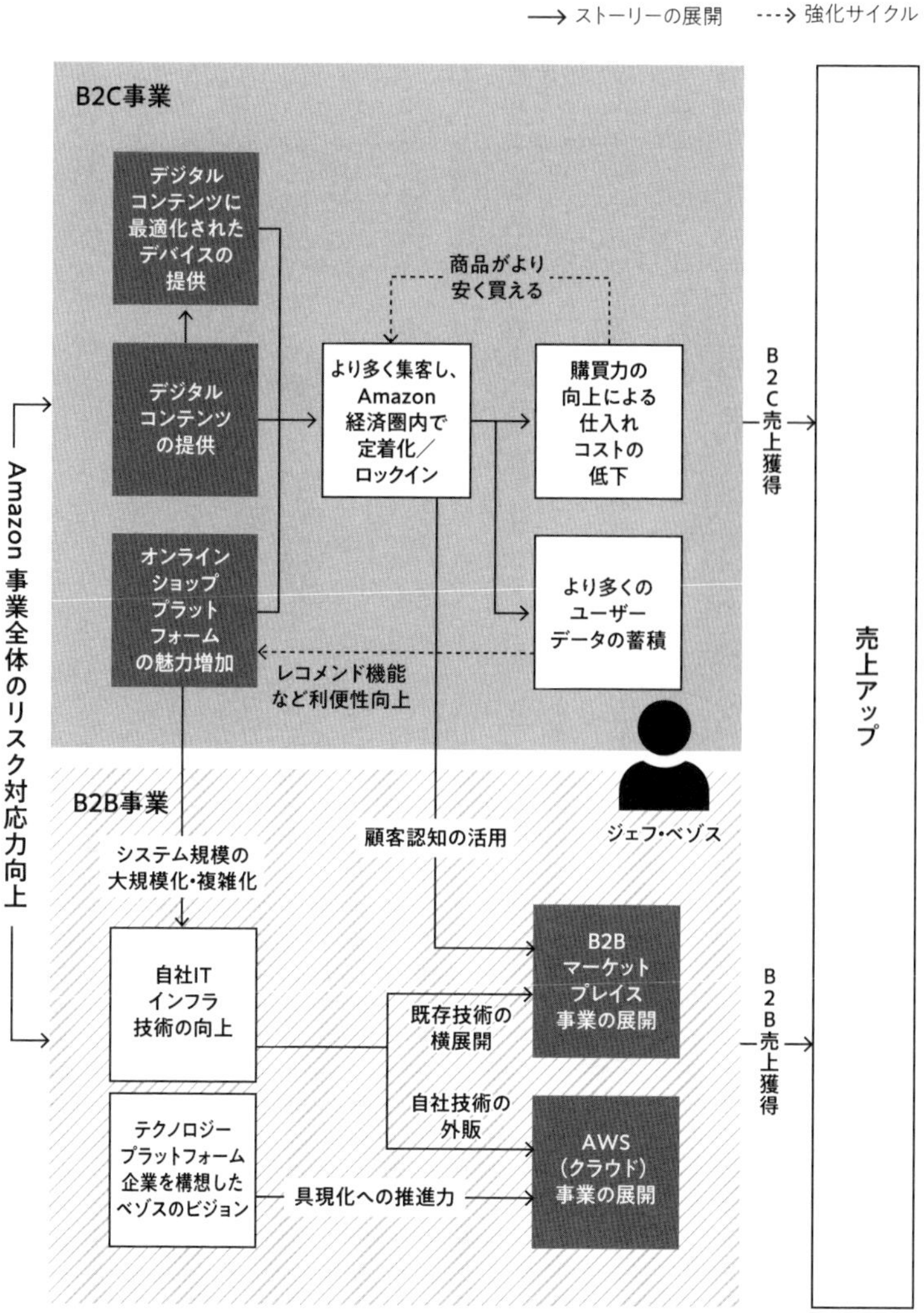
→ ストーリーの展開
---> 強化サイクル
B2C事業
デジタルコンテンツに最適化されたデバイスの提供
デジタルコンテンツの提供
オンラインショッププラットフォームの魅力増加
商品がより安く買える
より多く集客し、Amazon経済圏内で定着化／ロックイン
購買力の向上による仕入れコストの低下
より多くのユーザーデータの蓄積
レコメンド機能など利便性向上
B2C売上獲得
売上アップ
Amazon 事業全体のリスク対応力向上
ジェフ・ベゾス
B2B事業
システム規模の大規模化・複雑化
顧客認知の活用
自社ITインフラ技術の向上
B2Bマーケットプレイス事業の展開
既存技術の横展開
自社技術の外販
テクノロジープラットフォーム企業を構想したベゾスのビジョン
具現化への推進力
AWS（クラウド）事業の展開
B2B売上獲得

● B2C事業で集客を進めるうちに、Amazonのオンラインプラットフォームを支えるITインフラもまた柔軟に規模拡大をさせていく必要がある（So what？）
● そこで、Amazonは社内ITインフラを柔軟に管理するためにクラウドコンピューティング技術を磨くことが必然になった（So what？）
● そして、多くの企業がITインフラ管理に苦労するなか、自社で開発したクラウド技術が他の企業にも役立つことに気づき、これを外部に提供することで新たな収益源を創出した

と、このようなストーリーが想像できる。

だが、AmazonをAWSに踏み込ませた要素はこれだけではない。普通なら、「オンラインショップ屋がクラウドサービスなんて」と考えても不思議ではない。しかし、Amazonの創業者ジェフ・ベゾスはそうは考えなかった。ベゾスは、Amazonを単なる小売企業に留まらず、総合的なテクノロジープラットフォームに成長させるというビジョンを持っていた。そこには、

● Amazonはテクノロジープラットフォームの企業である（So what's new？）
● よって、Amazonはクラウドコンピューティング事業に進出すべきだ

というベゾス独自の主観性、あるいは信念が活き、オンラインショップ＋クラウドコンピューティングサービスという、前例のない企業へとAmazonを転身させたのだ。それはまったく意外なものに見えるが、その背景を思えば論理的でもある。

そして、B2CとB2Bの両事業を持つことで、Amazonの経営基盤はきわめて盤石なものになる。一般消費者とビジネス向け事業では、事業変動の相関が低い。いわば、「片方がうまくいかなくても、もう片方がAmazonを支えられる」という、リスク対応力が底上げされるわけだ。

個々の事業は単体で見れば「点」であっても、それらのポテンシャルを〈引き出し〉、戦略ストーリーの「面」として紡ぐことで、事業全体が持つ真の実力が活きてくる。そしてそこには客観的な事実だけでなく、独自の信念が込められているからこそ、他社にないユニークな姿が現れる。演繹的思考を使った論理的意外性のある戦略ストーリーの描かれ方を、このCaseからの大事な学びとしよう。

第3章

論証の第二方法

〈結論〉に引き上げる「帰納的思考」

演繹的思考が情報のポテンシャルを外に広げる「展開の運動」だとすれば、第二の方法である帰納的思考は数多の情報をその中心部へと凝縮させる「結晶化の運動」だ。それは単に客観的な事実を機械的にまとめることを超えて、自分の〝主観的〟視点によって独自の示唆へと昇華させることでもある。自分の「伝えたいこと」を抽出しその正しさを支える根拠の組み立て方を、帰納的思考を通して見ていこう。

Case

業務のＤＸ、どのソリューションを選定すべきか

ＩＴ戦略部に所属する高松さんの会社では、現在ＤＸ（デジタル・トランスフォーメーション）を加速させており、この流れの中で商品開発業務のデジタル化を推進するためのソリューション導入を計画している。

これまで、高松さんはソリューション提供会社をＸ社、Ｙ社、Ｚ社の３社にまで絞ってきた。そして、どの提供会社を第一候補とすべきかを上司である森川部長に報告する必要がある。

森川部長は改革には前向きであるものの、業務変革が及ぼすリスクに対しても感度が高く、慎重に進めたいとも思っている。その背景には、改革が失敗してこれまで長年自社が磨き上げてきた業務遂行能力をめちゃくちゃにしてしまわないかという不安が、心の中にあるためだ。

これまで3社の提案を聞き、高松さんの手元には以下のような情報がまとめられている。

［各提供会社の情報］

①サービス品質については、アフターサービスが充実しているY社がよい
②導入スピードについてはY社が1年の期間がかかり、X社とZ社は7か月で完了
③運用コストはY社がX社に対して10％高く、Z社がX社に対して20％安い
④セキュリティのリスクは、Z社以外は十分低い
⑤製品については、機能とカスタマイズ性が充実しているX社とY社が魅力的
⑥クラッシュリスクは、Y社のシステム構成がもっとも頑強でリスクが低く、X社とZ社は同程度の水準
⑦導入コストは、Y社がX社に対して15％高くZ社とX社は同程度

森川部長は非常に多忙であり、「報告内容は3分に収まる内容で簡潔にまとめるように」と、いつも部内に伝えている。高松さんは、どのように報告内容を整理し、それを森川部長にどう伝えるべきだろうか？

「同じもの、違うものを区分けする」という思考の原理

僕らは日々、膨大で時々刻々と変化する情報に埋もれながら判断を行うことを求められている。ビッグデータはVolume（情報の量）、Variety（情報の多種多様さ）、Velocity（情報が流れる速さ）の３Vとして特徴づけられるが、これは何もスーパーコンピュータに限らず、人もまた同じ状況に直面している。

このような膨大な情報を処理し、判断を可能にするための思考の原理がある。それは、**情報のカタマリから「同じもの」と「違うもの」を区分けする**ということだ。

飲み物の例で考えてみよう。世の中には膨大な数の種類の飲み物があり、そのままでは全体像を捉えることが難しい。一方で、「アルコール／ノンアルコール」「炭酸有り／炭酸無し」という区分けの仕切りを入れてやると、わずか４つの区分にすべての飲み物が収まっていく（図３－01）。これが、「同じもの」と「違うもの」を区分けすることの威力だ。

図3-01 「同じもの」と「違うもの」に区分けすることは人が理解するときの基本原理

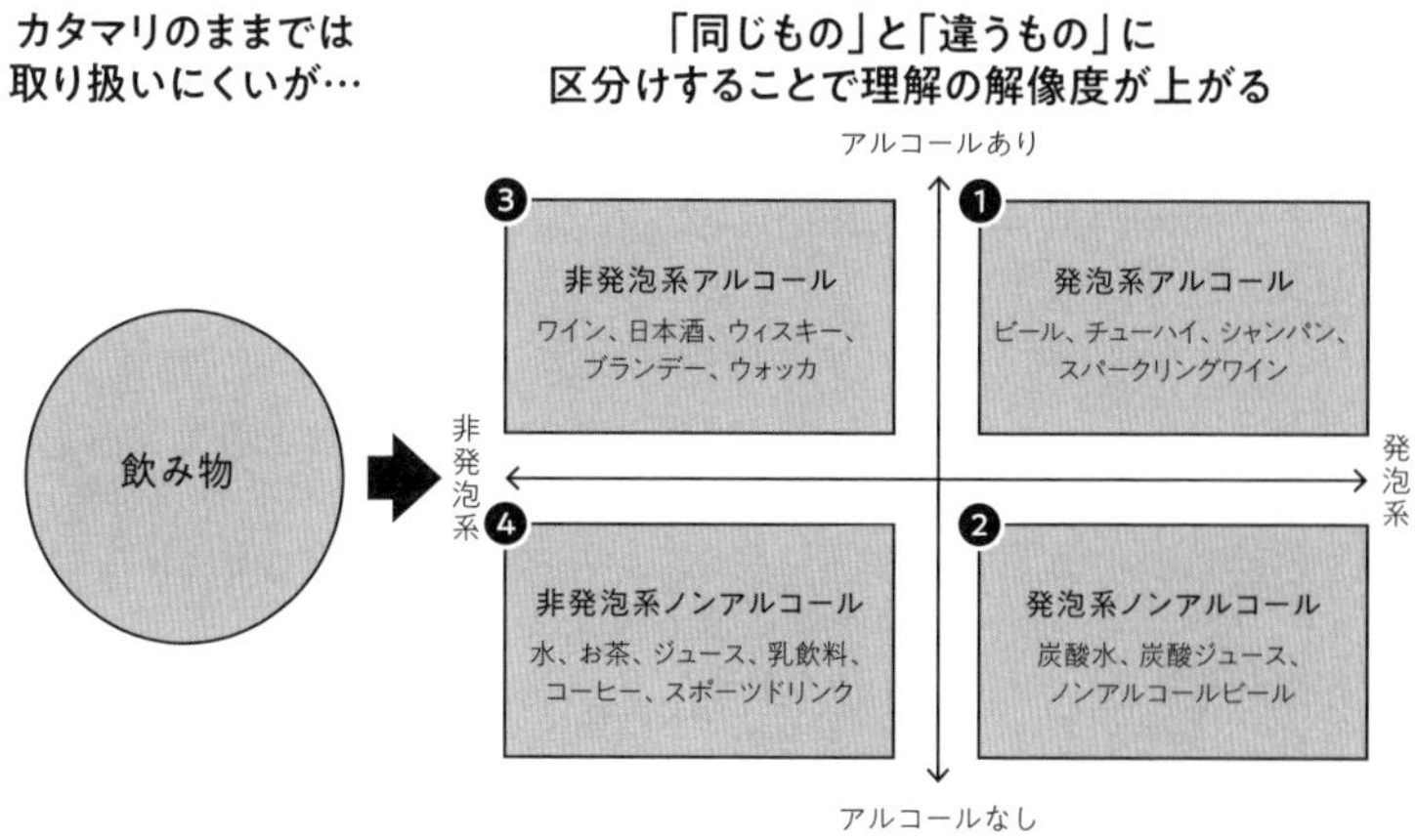
カタマリのままでは
取り扱いにくいが…
「同じもの」と「違うもの」に
区分けすることで理解の解像度が上がる
飲み物
アルコールあり
アルコールなし
非発泡系
発泡系
❶ 発泡系アルコール
ビール、チューハイ、シャンパン、スパークリングワイン
❷ 発泡系ノンアルコール
炭酸水、炭酸ジュース、ノンアルコールビール
❸ 非発泡系アルコール
ワイン、日本酒、ウィスキー、ブランデー、ウォッカ
❹ 非発泡系ノンアルコール
水、お茶、ジュース、乳飲料、コーヒー、スポーツドリンク

グルーピング
——同じものでも「切り口」によって展開が変わる

「同じもの」と「違うもの」を区分することは、ロジカルシンキングにおいては**グルーピング**と呼ばれる。このとき、グルーピングの分け方に唯一の正解があるわけではない。区分の仕方を変えることによって、同じ対象でもまったく見え方が違ってくる。

たとえば、「スーパーで売っているもの」といった単純なものでも、図3-02のような複数のパターンでグルーピングができる。

図3-02 同じものであっても切り口で見え方が変わり、その後のアプローチも変わる

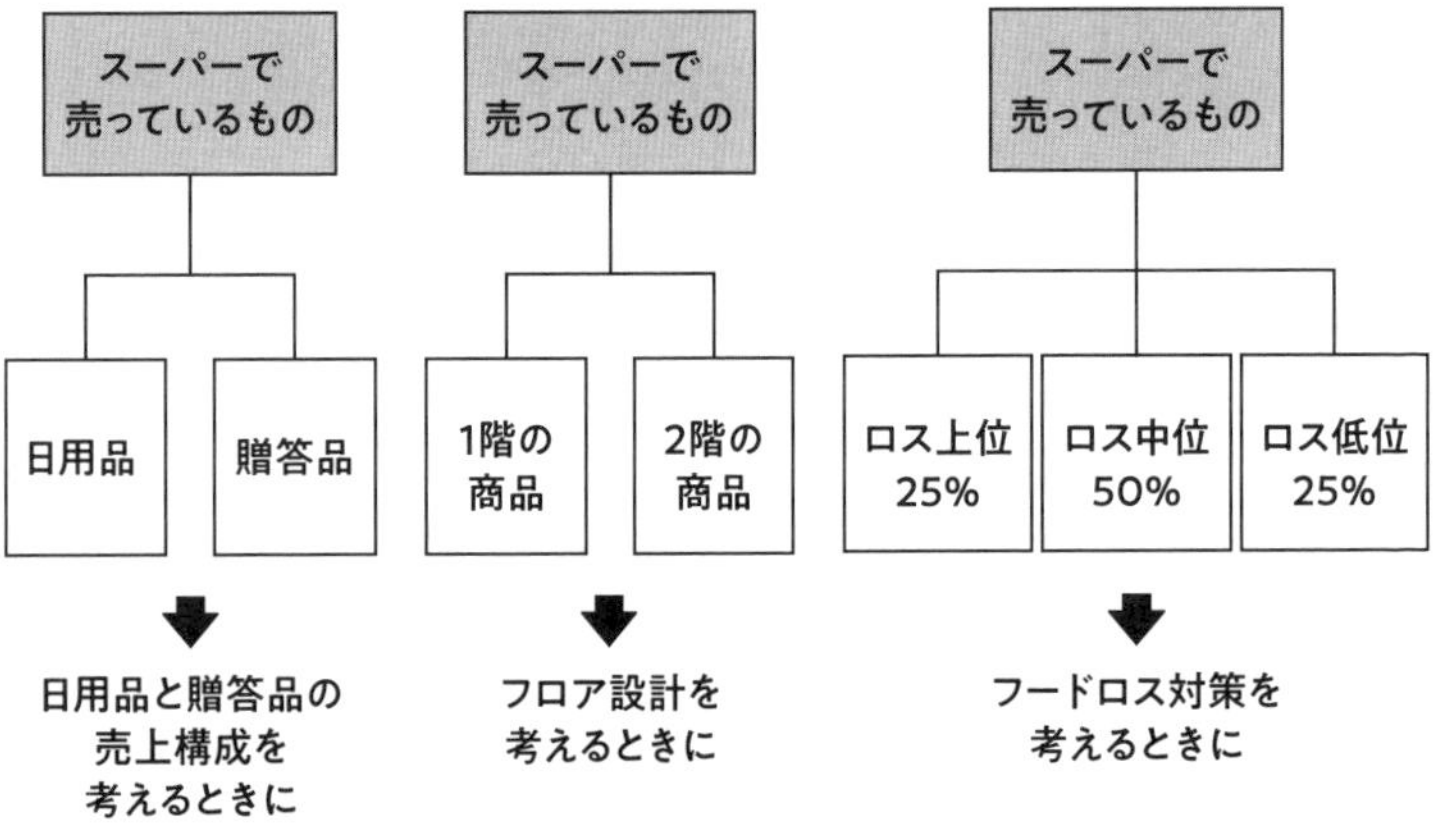
スーパーで売っているもの
日用品
贈答品
日用品と贈答品の売上構成を考えるときに
スーパーで売っているもの
1階の商品
2階の商品
フロア設計を考えるときに
スーパーで売っているもの
ロス上位25%
ロス中位50%
ロス低位25%
フードロス対策を考えるときに

情報の切り出し方によって、それに続く思考の流れも変わってくる。先の例でいえば、「売り場」での切り口はフロアプランニングにつながるし、「フードロス」の切り口ではロス対策につながる。コンサルタントはこうした区分けの視点を「切り口」と呼び、複雑な情報のカタマリをいかにすっきりと、シャープに、斬新な見え方で切り出せるかを大事にしている。

自分の「切り口のストック」を持ち、組み合わせる

だからコンサルタントは、思考の幅を広げるための様々な切り口をストックとして持っている。僕が普段からよく使う切り口を図3−03に挙げておこう。

図3-03 切り口のストックを自分の中に持っておくことで切り分けの瞬発力を高める

- 定性
- 定量

- デジタル
- アナログ

- 変えるべきもの
- 変えるべきでないもの

- リアル
- バーチャル

- モノ
- サービス

- 質
- 量
- 種類

- 需要側
- プラットフォーム
- 供給側

- 短期
- 中期
- 長期

- 直接
- 間接

- 自動
- 手動

- 流動
- 固定

- 有形
- 無形

- 外部
- 内部

- 受動的
- 能動的

- 季節
- 非季節

- 導入
- 展開
- 結末

- 定常
- 非定常

- 静的
- 動的

- 機能
- 非機能

- 物理的
- 心理的

- パブリック
- プライベート

- ローカル
- グローバル

- 対面
- 非対面

- 日常
- 非日常

- インプット
- プロセス
- アウトプット

- 集中型
- 分散型

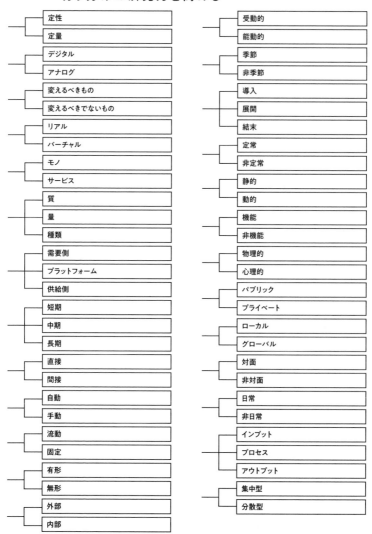

自分の「切り口ストック」を持っておけば、何かの出来事を整理しようとするときにいちいちゼロから切り口を探らなくてもよくなり、整理のスピードが格段に上がる。僕が実際に考えるときも、頭の中にあるストックから切り口をがちゃがちゃと取り出し・切り替えながら、「あれか、これか」といちばん当てはまりがよいものを探している。グルーピングには固定された正解があるわけではなく、その状況にもっとも合った切り口で切り込めるかが腕の見せ所だ。

グルーピングの発展形としての「帰納法」

この「グルーピング」の考え方を発展させていくと、**帰納法《きのうほう》**という論証の第二の方法に至る。英語でいえば**インダクション**（induction）だ。演繹法のディダクション（deduction）とセットにして「インダクション－ディダクション」で覚えておくといい。キーワードを覚えておけば、その一単語を思い出すだけで、芋づる式にそこに関連する考え方を引き出せるようになる。

帰納法のもっとも基本的な考え方を、次の例を通じて見てみよう（図3－04）。

図3-04 個別事例を結論に引き上げることが帰納法の考え方の基本

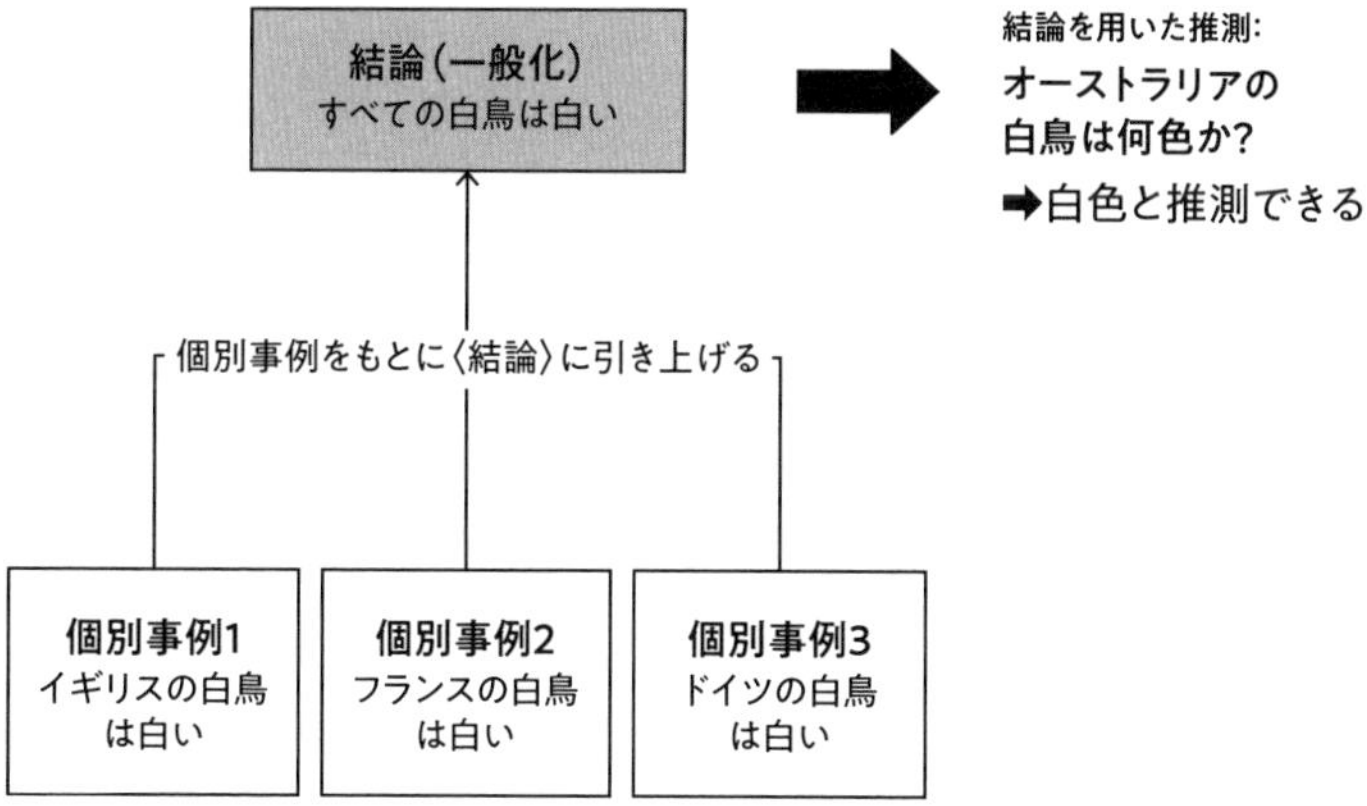
結論（一般化）
すべての白鳥は白い
結論を用いた推測：
オーストラリアの白鳥は何色か？
➡白色と推測できる
個別事例をもとに〈結論〉に引き上げる
個別事例1
イギリスの白鳥は白い
個別事例2
フランスの白鳥は白い
個別事例3
ドイツの白鳥は白い

- **イギリスの白鳥は白い**（事例）
- **フランスの白鳥も白い**（事例）
- **ドイツの白鳥も白い**（事例）

⬇よってすべての白鳥は白い（結論）

ここでは個別の事例として各国の白鳥が白色であることを取り上げ、「すべての白鳥は白い」と結論を導き出している。個々に見聞きした事例の共通点を取り出し、結論として納《まと》めて帰《かえ》すというのが帰納法の考え方だ。ここに、グルーピングの考え方が活きている。

さらに、ここで導き出された「すべての白鳥は白い」という結論を使えば、「オーストラリアにいる白鳥は何色か？」という問いにも「白色」と予測して答えることができるようになる。**帰納法とはこのように、具体的な事象・事例を結論としてまとめ上げる（一般化する）方法だ。**

「知は力なり」――経験の積み重ねがロジックを強くする

もう一段階、理解を深めていえば、**帰納法とは「経験」によってロジックを強くする方法ともいえる。**個別具体的な事例やデータを集め（経験し）、そこに共通性を見出してグルーピングすることで、より一般性の高い結論（あるいは法則）に引き上げる、それが帰納法だ。

たとえば先ほどの白鳥の例。ヨーロッパの地域だけでなく、中国や日本、アメリカでも白鳥が白いとわかれば、「すべての白鳥は白い」という結論はより確かなものになる（図3-05）。

17世紀イギリスの哲学者フランシス・ベーコンはこの帰納法を、人類の思考を開くノヴム・オルガヌム（ラテン語で「新道具」）と呼び、次の言葉を我々に遺した。

「知は力なり」

帰納法とはまさしく「知」を集める（経験する）ことで、普遍的な法則（＝自然を支配する「力」）を得る方法だ。現代においてもその威力はなおも衰えていない。より多くのサンプルを集めることで

図3-05 帰納法は経験の蓄積によって結論の確からしさをより高める

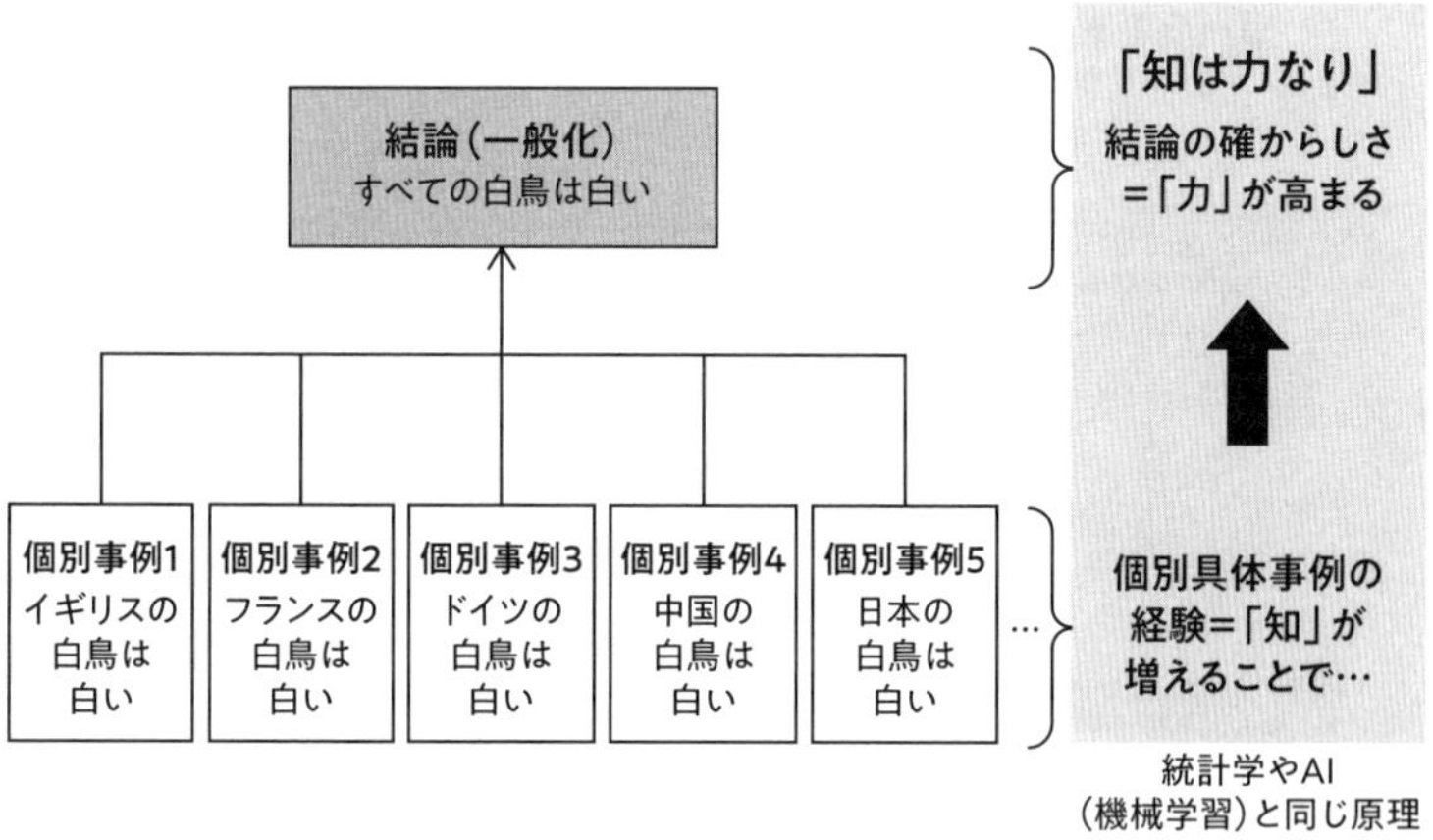
結論（一般化）
すべての白鳥は白い
個別事例1 イギリスの白鳥は白い
個別事例2 フランスの白鳥は白い
個別事例3 ドイツの白鳥は白い
個別事例4 中国の白鳥は白い
個別事例5 日本の白鳥は白い
…
「知は力なり」
結論の確からしさ＝「力」が高まる
個別具体事例の経験＝「知」が増えることで…
統計学やAI（機械学習）と同じ原理

予測力を強める統計学や、機械学習を積むことで能力を強化させるＡＩも、その原理は帰納法にある。

帰納的思考とは、「ひとことの本質にまとめる」こと

その自然さえも支配する強力な帰納法を、自然科学や統計学を離れた世界でも使わない手はない。そのためには、帰納法をもう少しやわらかく捉えてみよう。「個々の観測事例から一般法則を引き出す」というフォーマルな考え方を解きほぐし、「様々な情報から〝ひとことの本質〟を引き上げる」と捉えること。これを**帰納的思考**と呼ぼう。

図3-06 帰納的思考とは「ひとことの本質にまとめる」こと

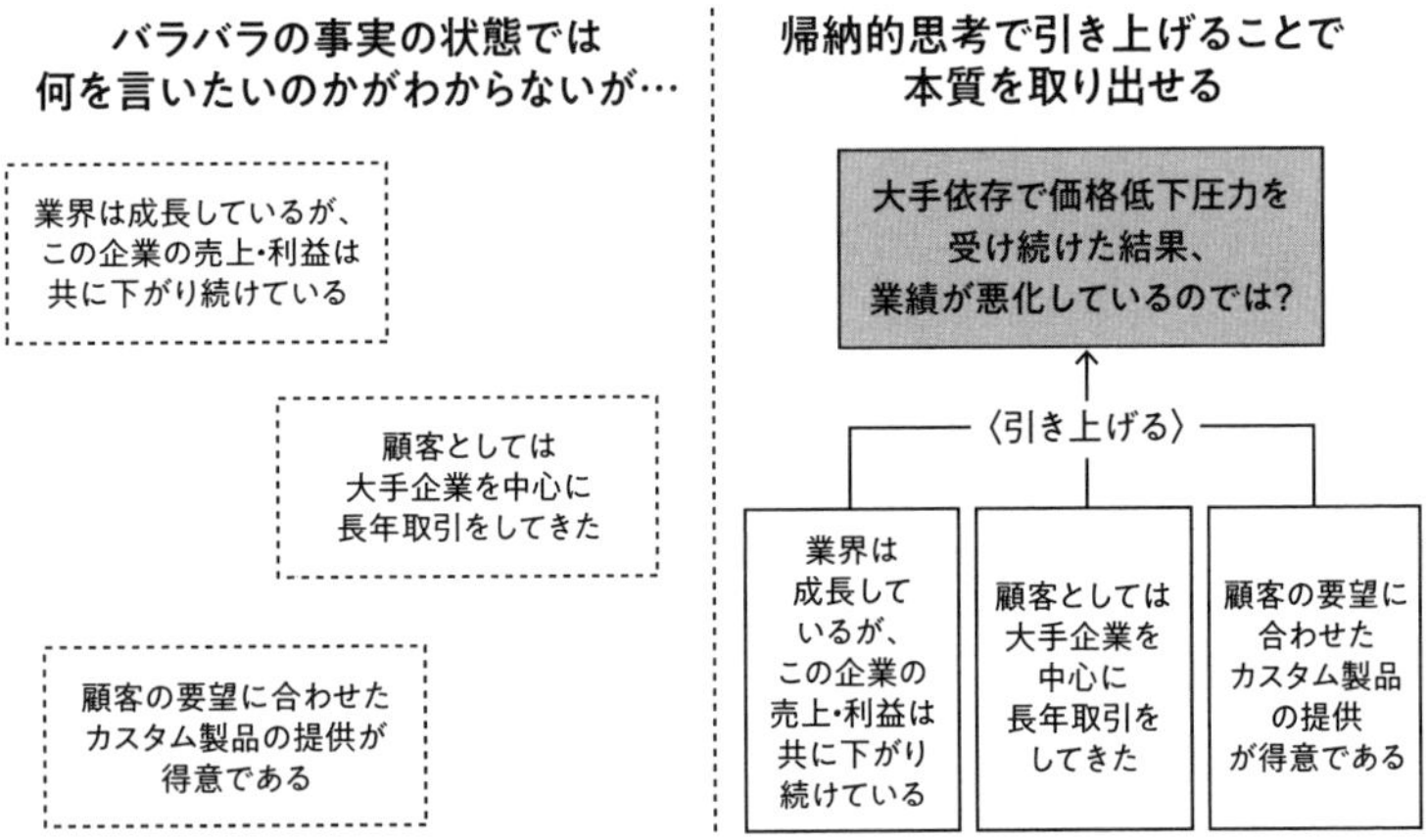
バラバラの事実の状態では
何を言いたいのかがわからないが…
業界は成長しているが、この企業の売上・利益は共に下がり続けている
顧客としては大手企業を中心に長年取引をしてきた
顧客の要望に合わせたカスタム製品の提供が得意である
帰納的思考で引き上げることで
本質を取り出せる
大手依存で価格低下圧力を受け続けた結果、業績が悪化しているのでは?
〈引き上げる〉
業界は成長しているが、この企業の売上・利益は共に下がり続けている
顧客としては大手企業を中心に長年取引をしてきた
顧客の要望に合わせたカスタム製品の提供が得意である

ビジネスの例で見てみよう（図3－06）。コンサルタントが事業変革を考えるとき、まずはその企業の現状を把握するための〝診断〟を行う。財務諸表を分析したり、既存の事業計画書を読み解いたり、関係者へのインタビューを行ったりなど、様々なアプローチで診断を行い、その中から解決すべき問題を特定しようとする。

このとき、以下の情報が診断を通じて抽出されたとしよう。

- 業界は成長しているが、この企業の売上・利益は共に下がり続けている
- 顧客としては大手企業を中心に長年取引をしてきた
- 顧客の要望に合わせたカスタム製品の提供が得意である

これらの情報を並べてクライアントに伝えたところで「そんなことは自分たちのことだから知っている」となるだけだ。重要なのは、ここから帰納的思考を使い、「〃ひとことの本質〃に引き上げる」こと。すると、次のような示唆を言い当てることができる。

- **この企業はカスタム製品に注力する中で他の顧客に横展開できないまま、大手企業からの価格低下圧力を受け続けた結果、業績が悪化している。いわば「大手依存」が、この企業が直面している本質的問題なのではないか**
- **とすれば、「大手依存から脱却すべく、非大手顧客に対してどのような製品をいかに展開していくか」がこの企業に取り組むべき課題だ**

経営コンサルタントにとっては個別事象の数々をまとめ上げ、クライアントが気づき得なかった意味合いを取り出せるかが腕の見せ所だ。これも、「与えられたもの」から「与えられていないもの」の一例であり、コンサルに限らず知的営為に携わるすべての人々にとって重要な考え方になる。

図3-07 集めてから整理するのではなく、整理してから集める

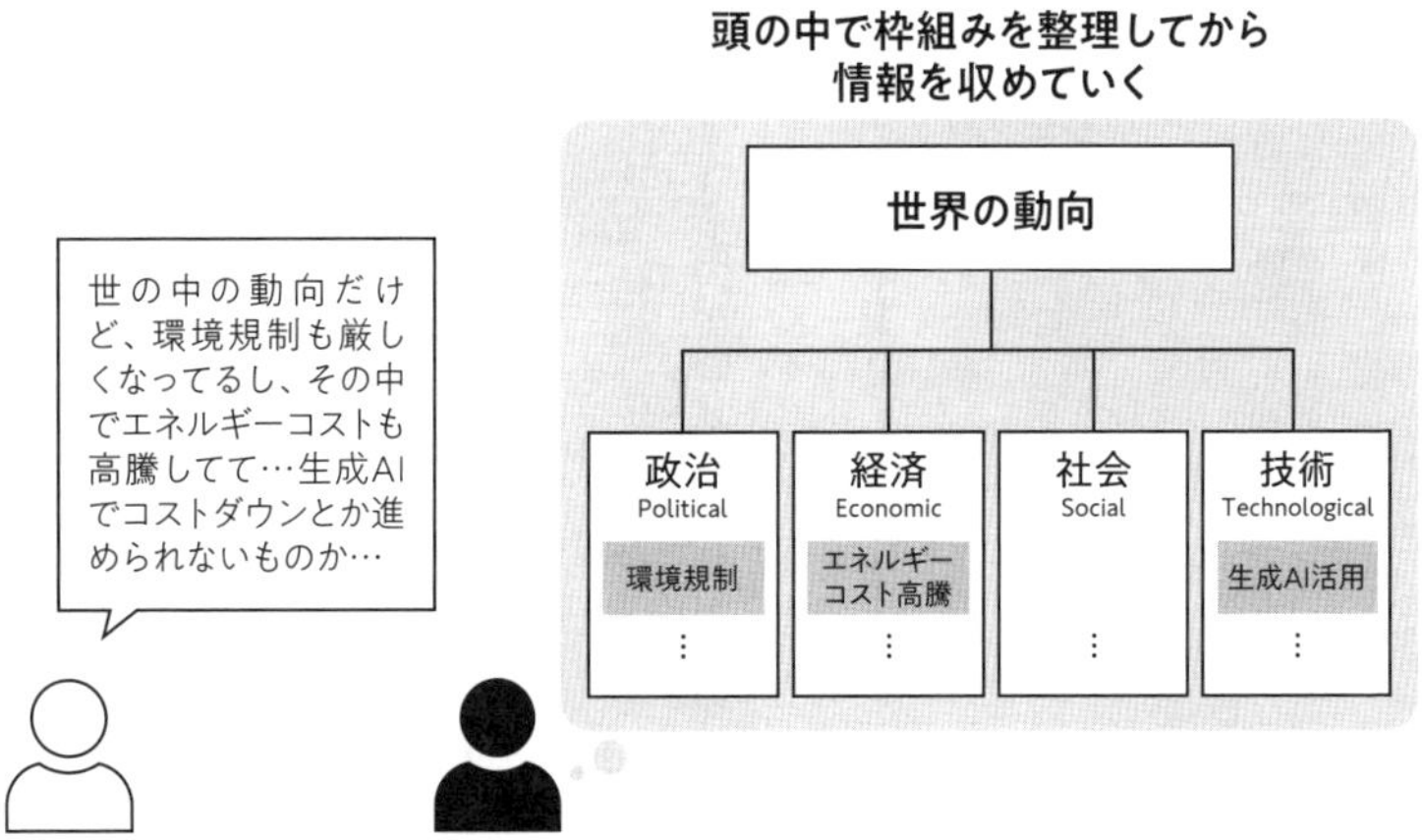
頭の中で枠組みを整理してから
情報を収めていく
世の中の動向だけど、環境規制も厳しくなってるし、その中でエネルギーコストも高騰してて…生成AIでコストダウンとか進められないものか…
世界の動向
政治
Political
環境規制
経済
Economic
エネルギーコスト高騰
社会
Social
技術
Technological
生成AI活用

集めてから整理するのではなく、整理してから集める

帰納的思考は事実から積み上げるボトムアップ的な思考の側面を持つ。そこで陥りがちな罠が、「情報を集めてから整理する」ということだ。このスタンスで作業に臨むと、いらない情報まで時間をかけて集めてしまったり、情報の海に埋もれて整理に時間がかかったりして、知的生産の成果として示唆が出せないということになってしまう。これでは時間の浪費だ。

あるべきスタンスはこの逆である。つまり、「集めてから整理する」のではなく、「整理してか

ら集める」ということだ。**情報を集める前に、事前に情報を収めるための構造（枠組み）を設計しておくことが、その後の知的生産性の向上に大きく影響する。**情報を収集する際はあらかじめつくっておいた「枠組み」に必要な情報を「放り込む」感覚で行うことになる（図3−07）。

熟練したコンサルタントは、市場調査やクライアントインタビュー、さらには自分自身のプレゼンテーションを行う際にも、このような構造を頭の中に描きながら進める。その境地が、僕らが目指したい姿だ。

事象ではなく示唆にこだわる、あるいはlookとseeの違い

コンサルティングファームでは、こうしてまとめ上げられた意味合いを**「示唆（インサイト）」**と呼ぶ。個別の事象（与えられたもの）は皆の目の前に見えており、それを「見る（look）」とするなら、優れたコンサルタントは事象の奥にある本質（与えられていないもの）を「観る（see）」ことができる。それは誰しもがすぐできるものではなく、だからこそインサイトという特別な呼び名が与えられる。

図3-08 同じ「与えられたもの」からでも、力量によって取り出せるものが違う

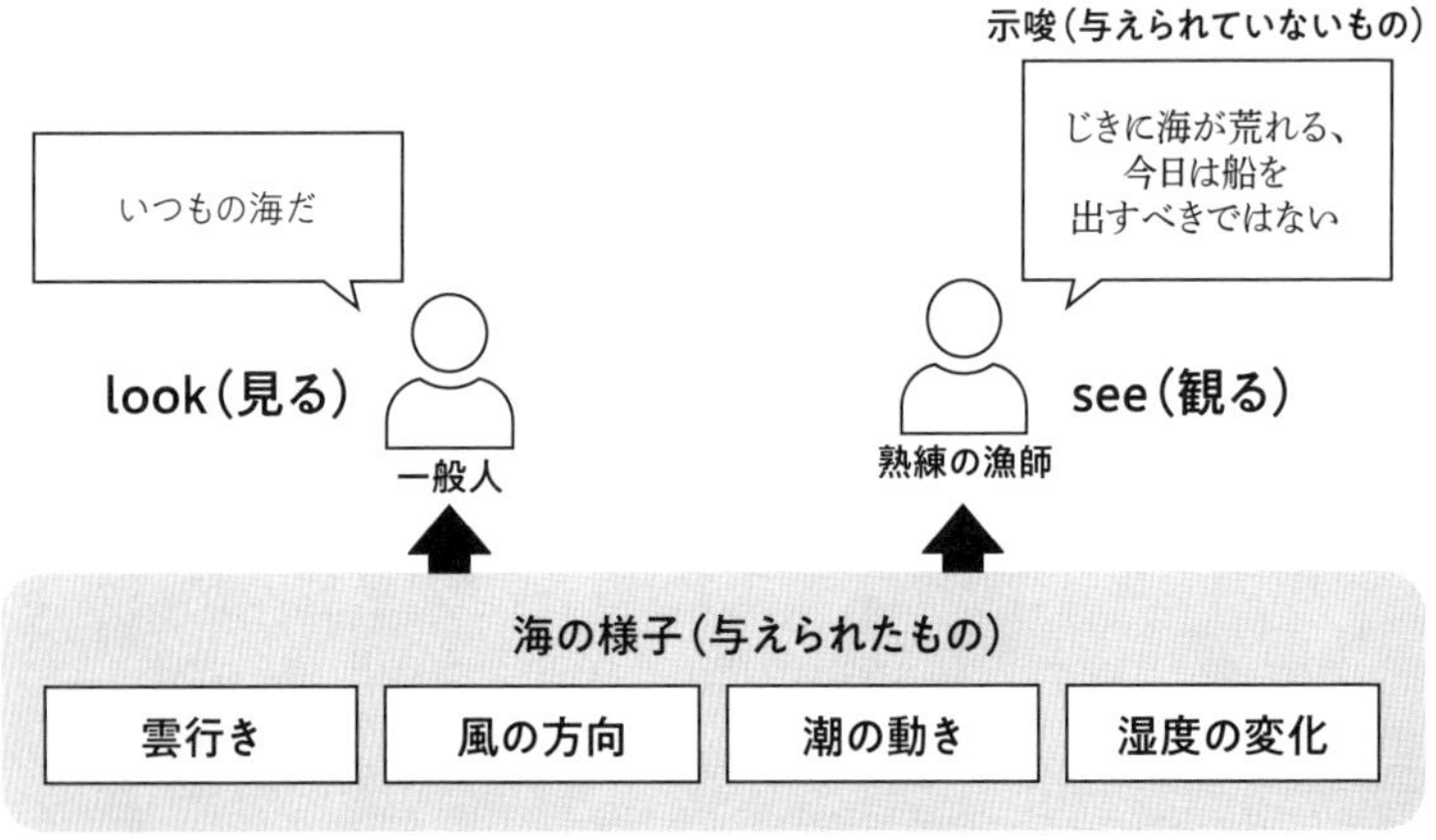
示唆（与えられていないもの）
じきに海が荒れる、今日は船を出すべきではない
いつもの海だ
look（見る）
一般人
see（観る）
熟練の漁師
海の様子（与えられたもの）
雲行き
風の方向
潮の動き
湿度の変化

たとえ話をしよう。一般の人が海を眺めるとき、もちろん波や空を目で見ることはできる。しかし優れた漁師であれば、「じきに海が荒れる、今日は船を出すべきではない」と、目の前にない示唆を「観る」ことができる。同じ与えられたものからでも、まったく違った「与えられていないもの」が観えるのだ（図3－08）。

コンサルタントであってもそれは同じだ。経営計画、財務諸表、工場の現場、担当者の声などの情報に接し、若手のスタッフでは情報整理で手いっぱいのところを、手練れのコンサルタントが「売上重視の経営管理制度がビジネスモデルの変革を阻害していますね」とインサイトを簡潔に伝える。同じ情報に接しているはずでも、取り出せる意味合いに圧倒的な差がついてしまう。

なぜこのようなことが起こるのか？　手練れのコンサルタントは個別の事象を知ることだけでは満足せず、「何が言えるのか？」とつねに自問し、帰納法的思考によってインサイトを取り出すことを意識し続けているからだ。与えられたものを「見る」だけで満足してはいけない。「示唆は何か？」とつねに自分に問いかけ、与えられていないものを「観る」ことにこだわろう。

帰納的に本質をまとめ上げる「So what？」の問い

この帰納的思考を、より実践的に使うための方法についてみていこう。キーワードは「問い」と「So what？（そこから何が言えるか？）」だ。明らかにしたい「問い」を持った状態で、手持ちの情報に対して「So what？」と問いかけ、そこから言えることを取り出していく。

簡単な例で感覚をつかんでみよう。Aさんとの会話から次のようなことがわかったとしよう。

- Aさんはカレーが好き
- Aさんはキムチ鍋が好き

図3-09　「問い」の設定の仕方で、導かれる示唆は変わる

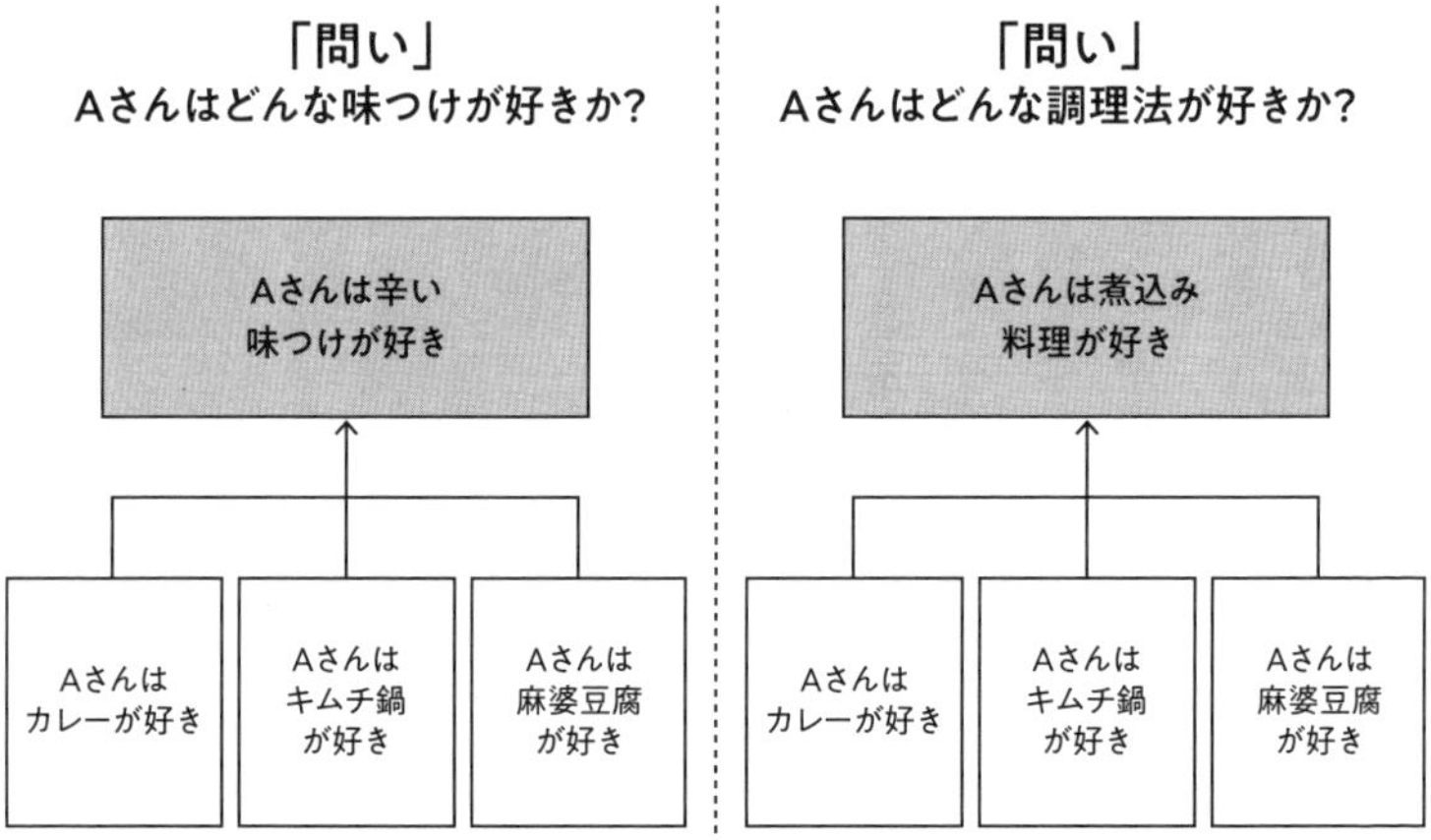
「問い」
Aさんはどんな味つけが好きか？
Aさんは辛い
味つけが好き
Aさんは
カレーが好き
Aさんは
キムチ鍋
が好き
Aさんは
麻婆豆腐
が好き
「問い」
Aさんはどんな調理法が好きか？
Aさんは煮込み
料理が好き
Aさんは
カレーが好き
Aさんは
キムチ鍋
が好き
Aさんは
麻婆豆腐
が好き

- Aさんは麻婆豆腐が好き

これらの情報に対して問いを想定し、示唆を取り出してみる。たとえば、「Aさんはどんな味つけが好きか？」という問いを立て、これらの情報に対してSo what？と問いかければ、「Aさんは辛い味つけが好き」という示唆が得られる。

他にも「Aさんはどんな調理法が好きか？」という問いを立ててSo what？を考えれば、「Aさんは煮込み料理が好き」ということが言える。どのような問いを持つかで、同じ情報でも異なる示唆が取り出されるということだ（図3－09）。

経験が浅いコンサルタントがよくやってしまう失敗が、個別の情報をよく調理もせず（示唆も取り出さず）そのまま出してしまうことだ。よほど素材がよいものでない限り、それだけでは食えた

ものではない。「So what？で示唆を取り出さないとなんだか気持ち悪い」くらいの感覚が持てるようになるまで、So what？の問いかけを自分の習慣としよう。

フレームワークのレンズを通して複眼的に本質に迫る

サイコロが見る角度によって違う数を示すように、物事の見え方は決して一通りではない。さまざまな視点を持って物事を見る側面を変えることで、より本質的に対象を捉えることができるようになる。

このように物事を多角的に捉えるのに役立つのがフレームワークだ。フレームワークが示すそれぞれの項目が、対象を違った側面で見るためのレンズになる（図3－10）。

シンプルな例を挙げると、組織人材を見る際の枠組みとして「Skill（能力）／Will（動機）」がある。それぞれのレンズを通して見ることで、「Aさんは能力が飛び抜けているわけではないが、この仕事に対するモチベーションは高い。今回は一度任せてみよう」という見方ができる。

図3-10 **フレームワークの切り口をレンズとして使うことで、複眼的に物事を観察できるようになる**

外部環境分析	PEST	政治・経済・社会・技術
	5Forces	買い手の交渉力・売り手の交渉力・同業内競争の脅威・新規参入の脅威・代替品の脅威
	3C	市場・競合・自社
内部環境分析	バリューチェーン	製品開発・調達・製造・物流・マーケティング・販売・アフターサービス
	ビジネスレイヤー	デバイス・通信・ITインフラ・アナリティクス・アプリケーション・サービス
	財務指標	収益性・成長性・生産性・安定性
戦略策定	STP	セグメンテーション・ポジショニング・ターゲティング
	4P	製品・価格・販売チャネル・プロモーション
	価値基準モデル	製品の優位性・業務の卓越性・顧客との親密性
	ビジネスモデルキャンバス	価値・顧客との関係性・チャネル・顧客セグメント・主要活動・リソース・パートナー・コスト構造・収益

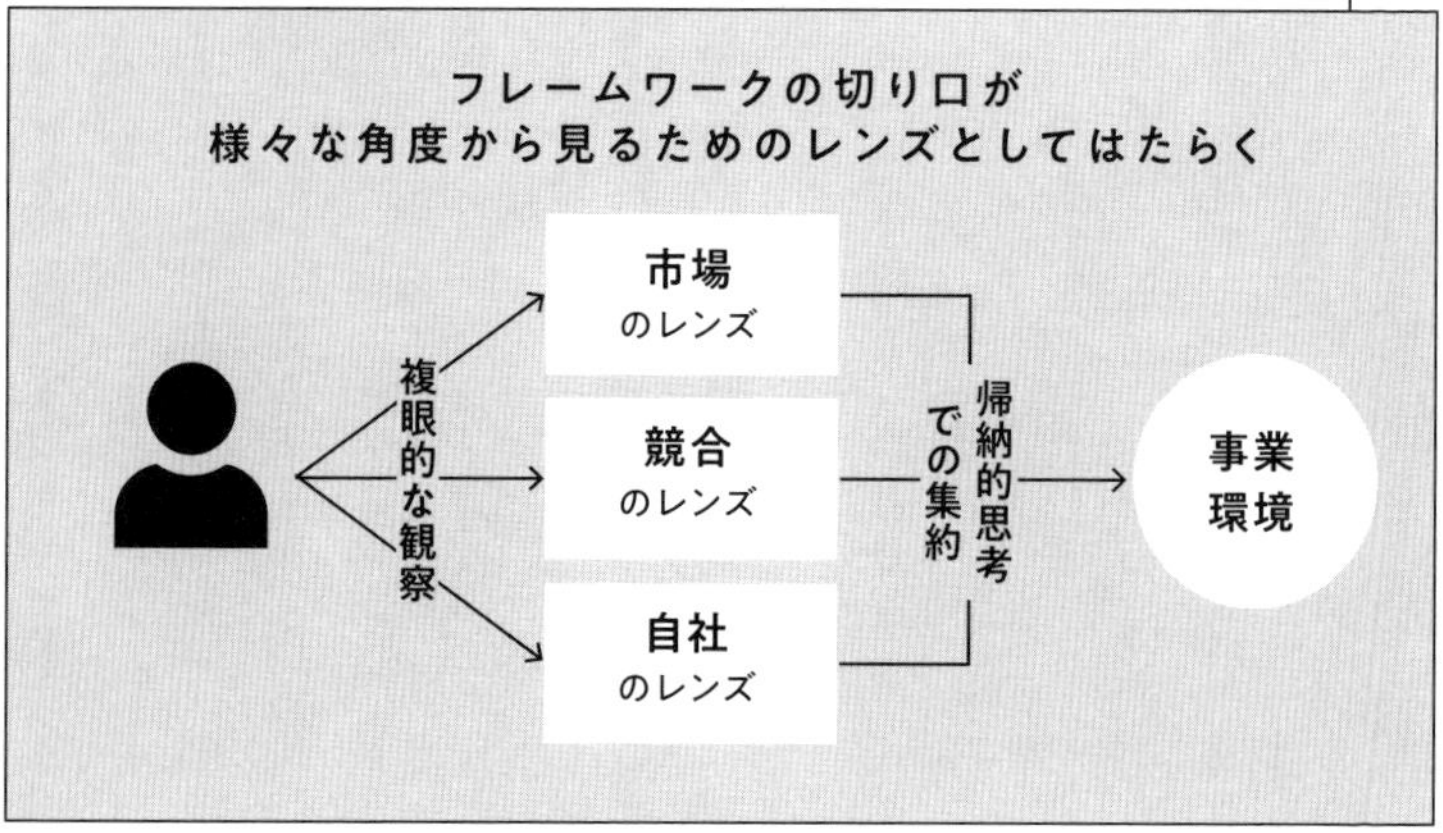

フレームワークの切り口が
様々な角度から見るためのレンズとしてはたらく
複眼的な観察
市場
のレンズ
競合
のレンズ
自社
のレンズ
帰納的思考での集約
事業
環境

他にも、市場トレンドであればＰＥＳＴ（Political 政治、Economic 経済、Social 社会、Technological 技術）の４つの視点で眺めると理解の解像度が上がり、「創る—作る—売る」というフレームワークを使えば企業活動の開発から製造、販売までの側面を見ていける。モノづくりの現場であればMan（作業者の能力）、Machine（設備の能力）、Method（生産方式の効率性）、Material（原材料の質）という４Ｍの視点から分析していくことができる。

ただし、ひとつ留意点を伝えておきたい。それは、フレームワークを振りかざして「４Ｐで戦略を考えました」と得意顔で示すのは避けたほうがいい、ということだ。

これらのフレームワークは定評があるものばかりだが、「はじめに」の研修のエピソードにもあったように、受け手にとって「そんなものはすでに知っている」と思われることも少なくない。フレームワークそれ自体では情報の差別化はできない、その切り口からいかにオリジナルな示唆を取り出せるかが知的生産の勝負だということを心にとめておこう。

帰納的思考で「法則」を取り出し、経験をレバレッジさせる

何気ない出来事であっても、示唆を取り出そうとする思考の構えがあれば、そこから貴重な法則を得ることができる。個別の出来事をいったん法則化してしまえば、そこからさまざまな状況へと横展開させることができる。経験のレバレッジだ。

僕自身、日常の些細なことから示唆を取り出すことを面白く思いながら、頭の体操がてらに「法則取り出しゲーム」をやることがある。たとえば次のようなことだ。

- 子どもがブランコをこぐとき、要所で一瞬だけ力を入れればブランコは大きく振れる
- ➡［法則］仕事でも力を入れるべき要所を見極め、そのポイントに力を注げば大きなインパクトを与えられる
- 川の源流が汚れていると、下の流れまでも全部よどんでしまう

⬇［法則］組織やチームの上に立つリーダーの能力・熱意・人格が、その下にいる多くのメンバーに影響を及ぼす

- 一度気流に乗れば、ハンググライダーは動力がなくても遠くまで飛ぶことができる
⬇［法則］プロジェクトの立ち上げ時点でうまくメンバーの動きを方向づけられれば、チームとして自走していくことができる

具体的なものが持っている具体性に縛られず、このように抽象化・昇華させる見方ができるようになると、ごく当たり前な日常が学びの宝庫になる。まさに、「知は力なり」だ。

ブラックスワンにご用心

——固執せず新たな可能性にオープンになること

ここで、帰納的思考法に関する注意をひとつしておこう。「ブラックスワンにご用心」という話だ。

帰納法の考え方について、白鳥を例に出したことを思い出そう。

あの国でもこの国でも白鳥はみんな白かったということで、「すべての白鳥は白い」とされた時代があった。しかし、17世紀にオーストラリアで黒い白鳥（ブラックスワン）が発見されたことにより、この結論は誤りだとわかった。これまで何千何万と同じものを見て当然だと思っていたことが、ただひとつの事象から覆されたのだ。

こうしたことから、「ブラックスワン」という言葉は「当初の予測から外れたこれまでの考え方を覆すような出来事」という意味合いで使われるようになった。

これは、僕らの知的態度にとって重要な話だ。様々な経験から示唆を引き出し、その正しさを何度検証したとしても、それを覆すブラックスワンが飛来してくる可能性はゼロではない。僕自身も、海外展開の市場調査をしていてきわめて有望な国を特定した際に、ただひとつの規制が新たに導入されたことで市場参入が断ち切られる経験をしたことがある。

だから僕らは、帰納的思考によって洞察を引き出す中でも、それを覆すようなブラックスワンが飛んでくる可能性はつねにあり得るものだと思うようにしよう。自分の考えに固執せず新しい可能性にオープンでいることは、しなやかな知性のひとつの証明でもあり得る。

帰納的思考が解決してくれるお困りシーン

これまで伝えてきた帰納的思考法を実践的に活用するために、ビジネスにおいてどう役立たせればよいかを具体的なシーンを通して見てみよう。

[シーン①]「結局、何が言いたいの?」——個別事象を示唆に引き上げる

上司に対して報告をした末に、「いろいろ話してくれたけど。結局、何が言いたいの?」という反応を受けたことはないだろうか。このようなシーンでも、帰納的思考をはたらかせることができれば、「つまるところは」と、ひとことの本質に引き上げて改善をはかっていける。

たとえばあなたが自社製品に関する市場調査の報告をしていて、マーケットトレンド、地域の販売データ、競合の動向、顧客の生の声など、多くの情報を提示したとしよう。これらの個別の情報をただ並べるだけでは、聞き手は「結局、何が言いたいの?」と感じるに違いない。

こうしたときには情報を集めっぱなしにせず、「ちゃんと示唆を考えているか?」「どのような意味合いを取り出せるか?」というSo what?の問いをつねにセルフチェックしておくこと。そうす

図3-11 個別情報はバラバラのままで放置せず、示唆に引き上げることにこだわる

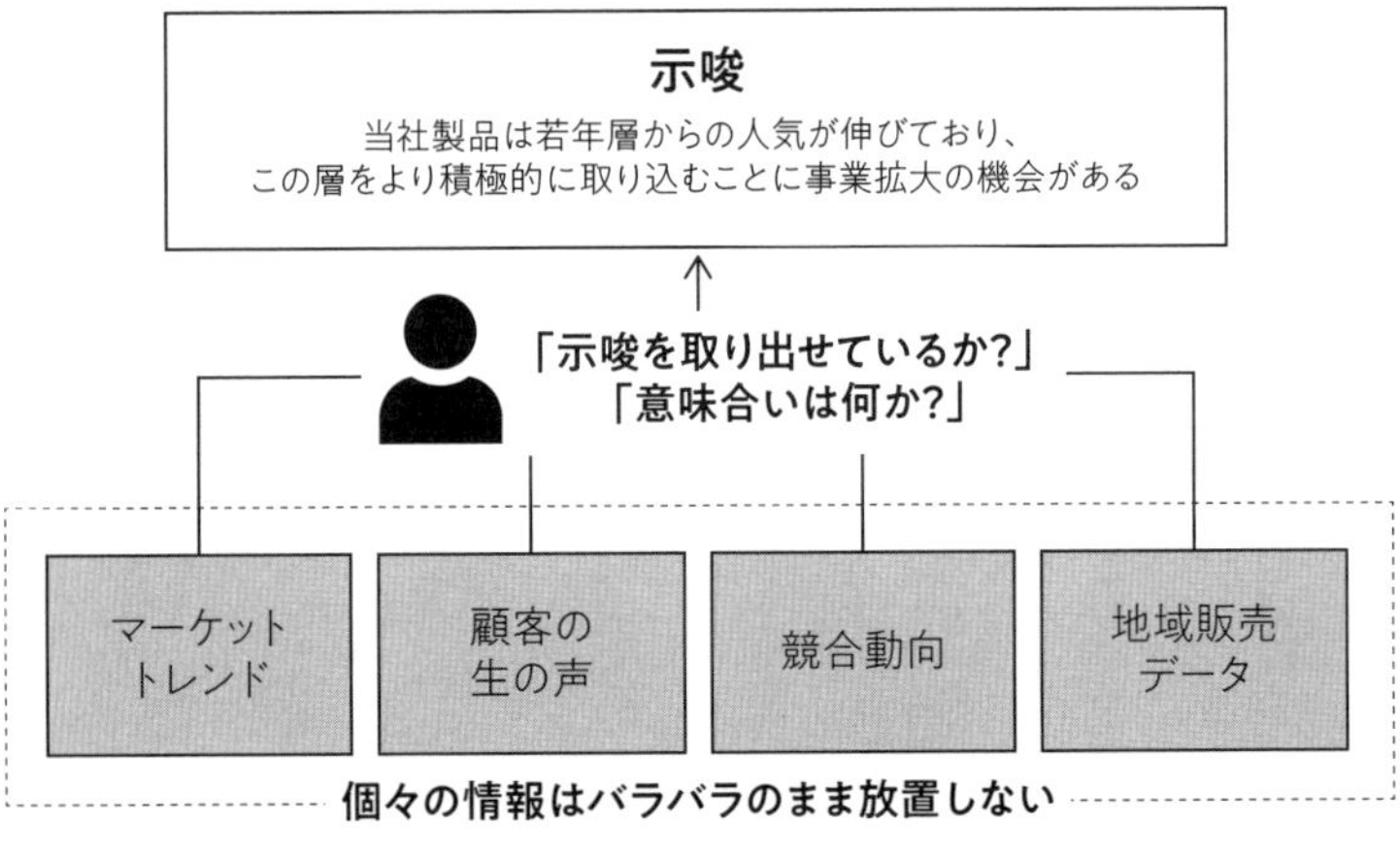
示唆
当社製品は若年層からの人気が伸びており、
この層をより積極的に取り込むことに事業拡大の機会がある
「示唆を取り出せているか?」
「意味合いは何か?」
マーケット
トレンド
顧客の
生の声
競合動向
地域販売
データ
個々の情報はバラバラのまま放置しない

れば、数多くの情報から「当社製品は若年層からの人気が伸びており、この層をより積極的に取り込むことに事業拡大の機会がある」というひとことの洞察へと引き上げてやることができる。「結局、何が言いたいの？」ということに対する打ち返しができるわけだ（図3－11）。

［シーン②］「それって本当？」――仮説検証で正しさを示す

帰納的思考法のもうひとつの使い方として、仮説検証に使える、ということがある。こちらが提示したSo what？（示唆）に対して、Why so？（理由は？）と問われたときへの返しだ。

たとえば新製品の市場導入に際して、「この新製品は30代の働く女性に人気が出る」という仮説を立てたとしよう。その仮説を検証するために、

図3-12 仮説を裏づける検証の構造をつくり、Why so?の問いに耐えられるかをテストする

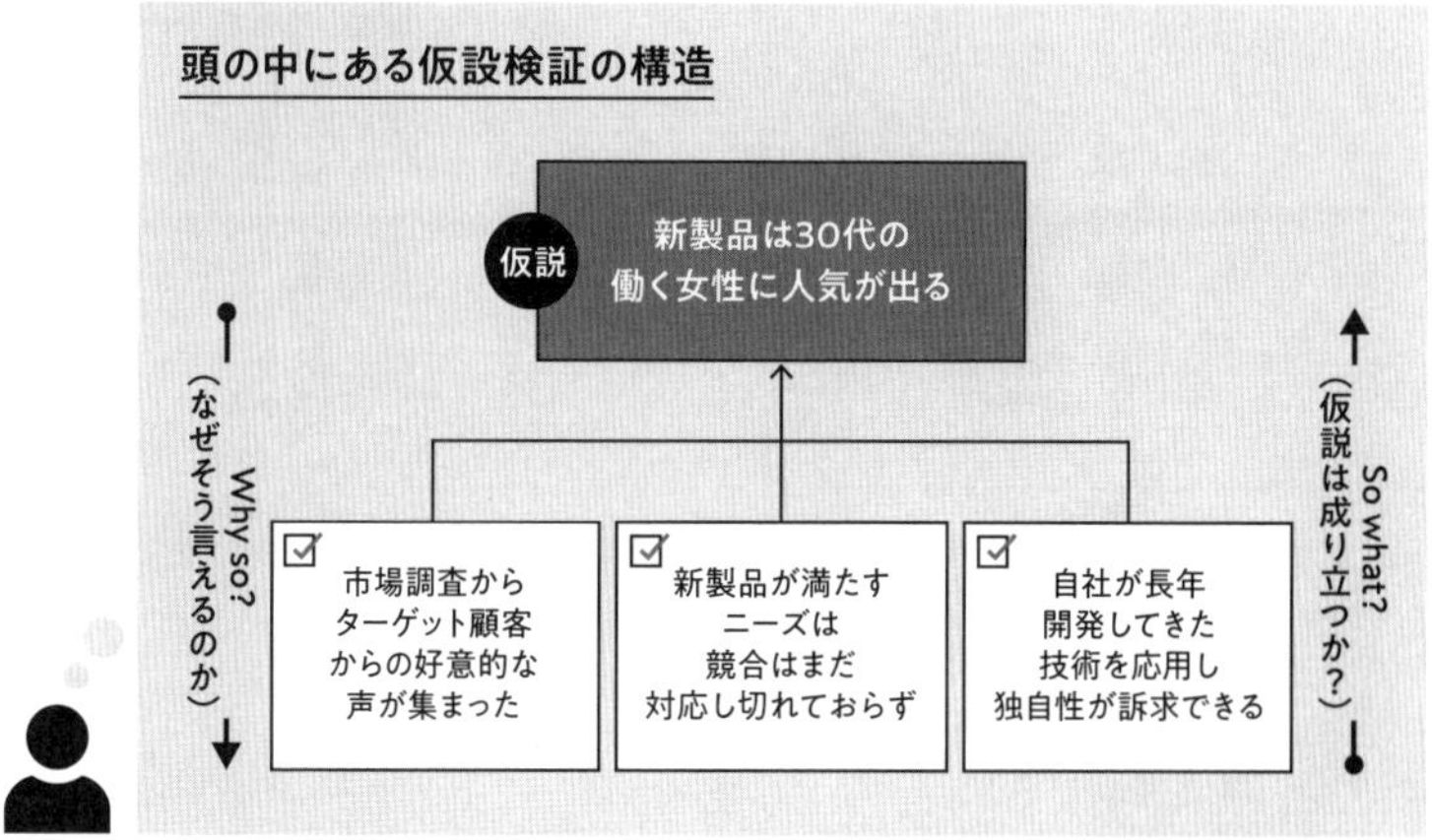

頭の中にある仮設検証の構造
仮説
新製品は30代の働く女性に人気が出る
Why so?（なぜそう言えるのか）
So what?（仮説は成り立つか?）
市場調査からターゲット顧客からの好意的な声が集まった
新製品が満たすニーズは競合はまだ対応し切れておらず
自社が長年開発してきた技術を応用し独自性が訴求できる

30代の働く女性をターゲットにした市場調査を行い、彼女たちの好みやニーズ、購買行動のデータを集めていく。さらに、競合他社製品のどういった部分が彼女たちのニーズを満たせていないのか、なぜ自社製品ならそれを満たせるのか、といった情報も集めていく。

そうした仮説の支えとなる理由を整え、それらを「So what？」することによって「この新製品は30代の働く女性に人気が出る」という仮説が確証できる。そうすれば、「なぜそう言える？」と問われた際にも、「なぜなら……」と伝えることができるようになる。示唆と理由による二項一対の構えだ（図3－12）。

図3-13 既存の仮説を否定する反証は、仮説をより強く進化させる糧になる

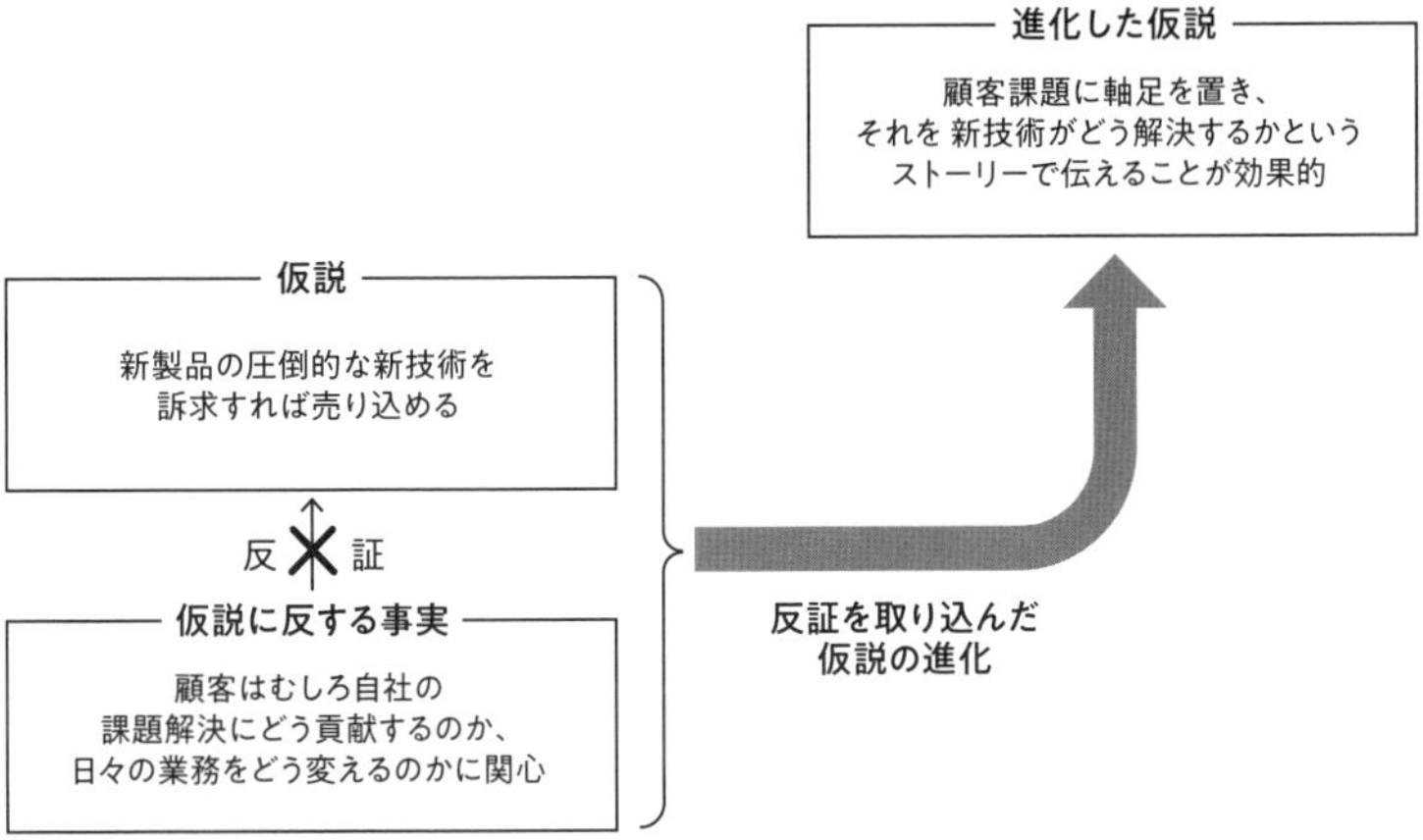
進化した仮説
顧客課題に軸足を置き、
それを 新技術がどう解決するかという
ストーリーで伝えることが効果的
仮説
新製品の圧倒的な新技術を
訴求すれば売り込める
反
証
仮説に反する事実
顧客はむしろ自社の
課題解決にどう貢献するのか、
日々の業務をどう変えるのかに関心
反証を取り込んだ
仮説の進化

［シーン③］「当初の仮説が間違っていた」——反証によって仮説を進化させる

　自分の都合にいい情報ばかりを集めがちな人間の習性は「確証バイアス」と呼ばれるが、仮説検証はプラスの情報だけを集めることを意味しない。仮説を立て、その検証を行う過程で、仮説に反する情報が出てくることもままある。特に、意図的に仮説に反する情報を集めることを仮説の「反証」と呼び、そうした反証の結果を取り込むことで仮説のスキをなくしていくことができる。

　たとえば営業アプローチを考える際、「今回の製品は圧倒的な新技術が売りだ、だから製品の技術的な特徴を詳細に説明することで顧客の関心を引き、契約に結びつけられるだろう」という仮説を持って実際に顧客訪問を行ったとしよう。しかし実際のところ、顧客は技術的な詳細にはあまり

関心を示さず、むしろ製品が自社の課題解決にどう貢献するのか、日々の業務をどう変えるのかに関心があった。当初の仮説が間違っていた、というわけだ。

こうした仮説を反証する情報が出た際にも「So what ?」と問いかけ、仮説を進化させていくほうへと思考を向ける。

この例でいえば、反証の結果を取り込むことで、「顧客課題に軸足を置き、それを新技術がどう解決するかというストーリーで伝える」というアプローチへと進化させることができる。この一点の織り込みによって、その後アプローチする何十社への営業の確度を一気に底上げすることができる（図3－13）。

多段階の帰納的思考で構造化する

問題が大きく複雑になればなるほど、論理の構造もまた広がりを見せる。たとえば、「新規事業Aは有望か？」という問いを考える際には、そのままでは問題のカタマリが大きすぎる。そういうときには、問題の大きさに圧倒されず、「自分が手に負える」レベル感にまで問題を複数の段階に分けてやればいい。

図3-14 大きな問いは、構造を多段階に分解すれば解きやすくなる

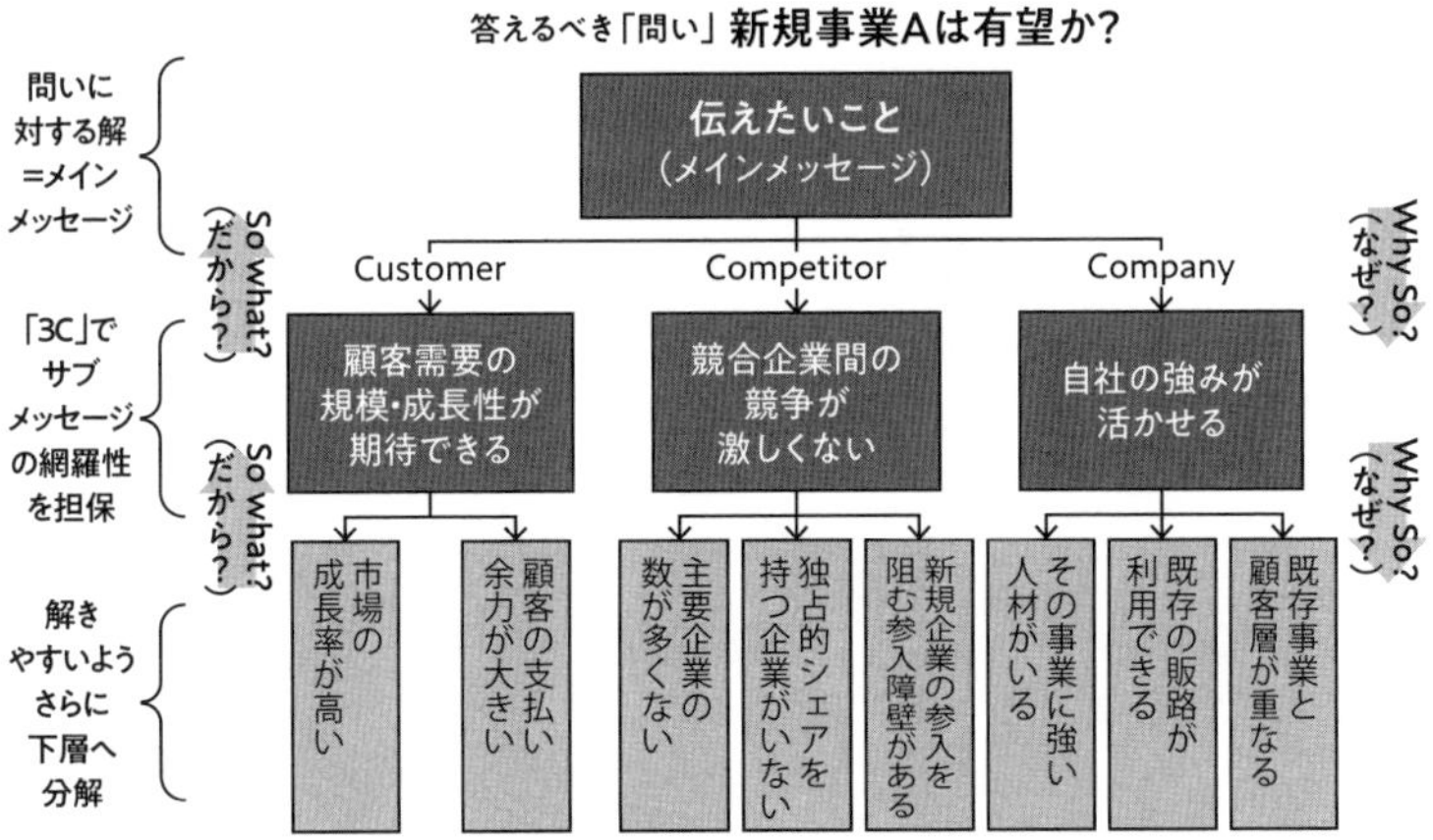
答えるべき「問い」 新規事業Aは有望か？
問いに対する解＝メインメッセージ
「3C」でサブメッセージの網羅性を担保
解きやすいようさらに下層へ分解
So what?（だから？）
Why So?（なぜ？）
伝えたいこと（メインメッセージ）
Customer
Competitor
Company
顧客需要の規模・成長性が期待できる
競合企業間の競争が激しくない
自社の強みが活かせる
市場の成長率が高い
顧客の支払い余力が大きい
主要企業の数が多くない
独占的シェアを持つ企業がいない
新規企業の参入を阻む参入障壁がある
その事業に強い人材がいる
既存の販路が利用できる
既存事業と顧客層が重なる

「新規事業Aは有望か？」という問題を分ける際には、3C（Customer 顧客、Competitor 競合、Company 自社）の切り口で分けてやることができる。そうすると事業の有望性は次のことを示せばいいことが見えてくる。

- **顧客需要の規模・成長性が期待できる**（Customer）
- **競合企業間の競争が激しくない**（Competitor）
- **自社の強みが活かせる**（Company）

全体の大きな問題に対する答えは**メインメッセージ**と呼ばれるのに対して、こうした部分の問題に対する答えは**サブメッセージ**と呼ばれる。

次いで、これらを示すために、さらに構造を分

解していく。たとえば「競合企業間の競争が激しくない」ということを示すには、次のようなことを明らかにすればいい。

- 主要企業の数が多くない
- 独占的シェアを持つ企業がいない
- 新規企業の参入を阻む参入障壁がある

このように問題を分解してピラミッドの下から事実を明らかにしていけば、そこから複数回のSo what？を重ねることで最終的な答えを導き出すことができる。こうして帰納的思考法を多段階で行うことで、大きな問題に対するアプローチも可能になる。

サブメッセージで留まらず、問いに対するメインメッセージまで引き上げる

こうした多段階の構造をつくろうとするときにありがちな失敗が、示唆の抽出がサブメッセージの段階に留まり、本来の問いに答えることを見失ってしまうということだ。先ほどの例で、懸命に

図3-15 **サブメッセージを出しただけでは、まだ問題は解決されていない**

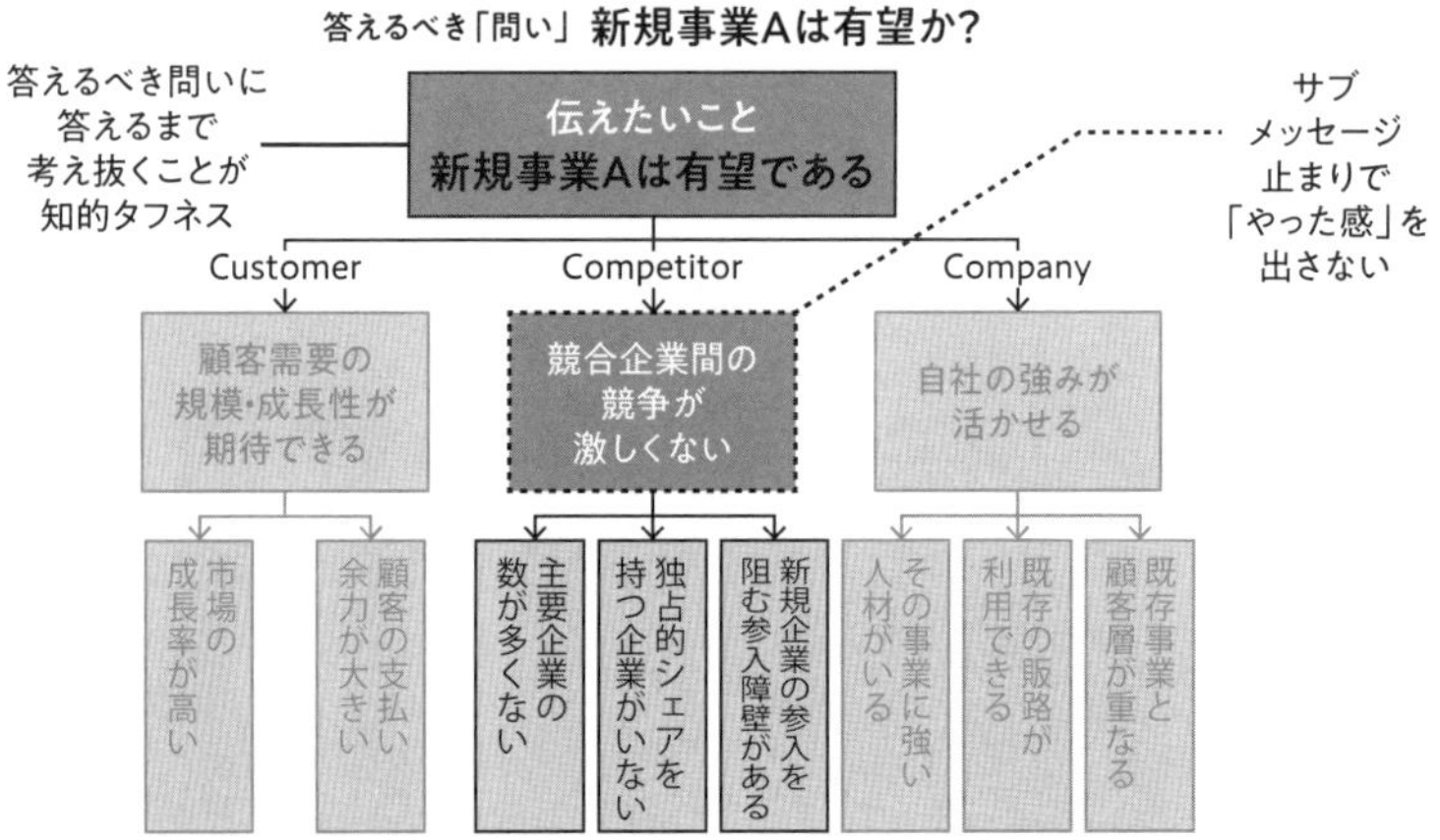
答えるべき「問い」 新規事業Aは有望か?
答えるべき問いに答えるまで考え抜くことが知的タフネス
伝えたいこと
新規事業Aは有望である
サブメッセージ止まりで「やった感」を出さない
Customer
Competitor
Company
顧客需要の規模・成長性が期待できる
競合企業間の競争が激しくない
自社の強みが活かせる
市場の成長率が高い
顧客の支払い余力が大きい
主要企業の数が多くない
独占的シェアを持つ企業がいない
新規企業の参入を阻む参入障壁がある
その事業に強い人材がいる
既存の販路が利用できる
既存事業と顧客層が重なる

競合企業の調査をし、「競合企業間の競争が激しくない」ことを示せたとしても、それだけでは「新規事業Aは有望か？」という最終の問いには答えられていない。

サブメッセージを出したことで自分としては「やった感」を得て、そこで満足して考えるのをやめがちになるが、構造が多段階になっている場合、「So what?」を繰り返し問い、最終的なメインメッセージに至るまで示唆を考え抜くことを忘れてはいけない。各サブメッセージはあくまで大きな問いへの答えに対する部分的手段であり、それら手段を束ねて目的とする問いにまで届かせることが重要だ。その思考の持久力こそが、知的タフネスと呼ばれるものだ。

自動車メーカーから転職してきたメンバーから、

「前職では〝なぜなぜ〟で原因を掘り下げることを徹底していたが、コンサルの思考は上向きというか、方向が逆だと感じる」という話を聞いたことがある。「なぜなぜ」によって真因の事実を深く追い詰める自動車メーカーに対して、コンサルティングファームは「So what ?」によって事実を示唆へと昇華させることに思考の向きがある。現実の外にある「与えられていないもの」を追求する姿勢の表れだ。

Case Solution

これまで伝えてきた帰納的思考を使って、高松部長にどう伝えるべきかを考えてみよう。

まずは、答えるべき問いを確認することからだ。Caseの内容から、今回の問いは「どの提供会社を第一候補とすべきか?」と確認できる。これに対する解を、メッセージとして組み立てていく。

まず、提供会社に関するたくさんの情報が与えられており、そのままではバラバラしていて考えづらい。「自分にとって考えやすい形に変える」ことはうまく考えるためにはとても大切なことで、ここではグルーピングによって情報を整理してみる。すると、メモにあった多くの情報は、次の4つの切り口を使って、図3-16のように構造的に整理することができる。

図3-16　論理×情理の論証構造を頭の中でイメージしながら端的に伝える

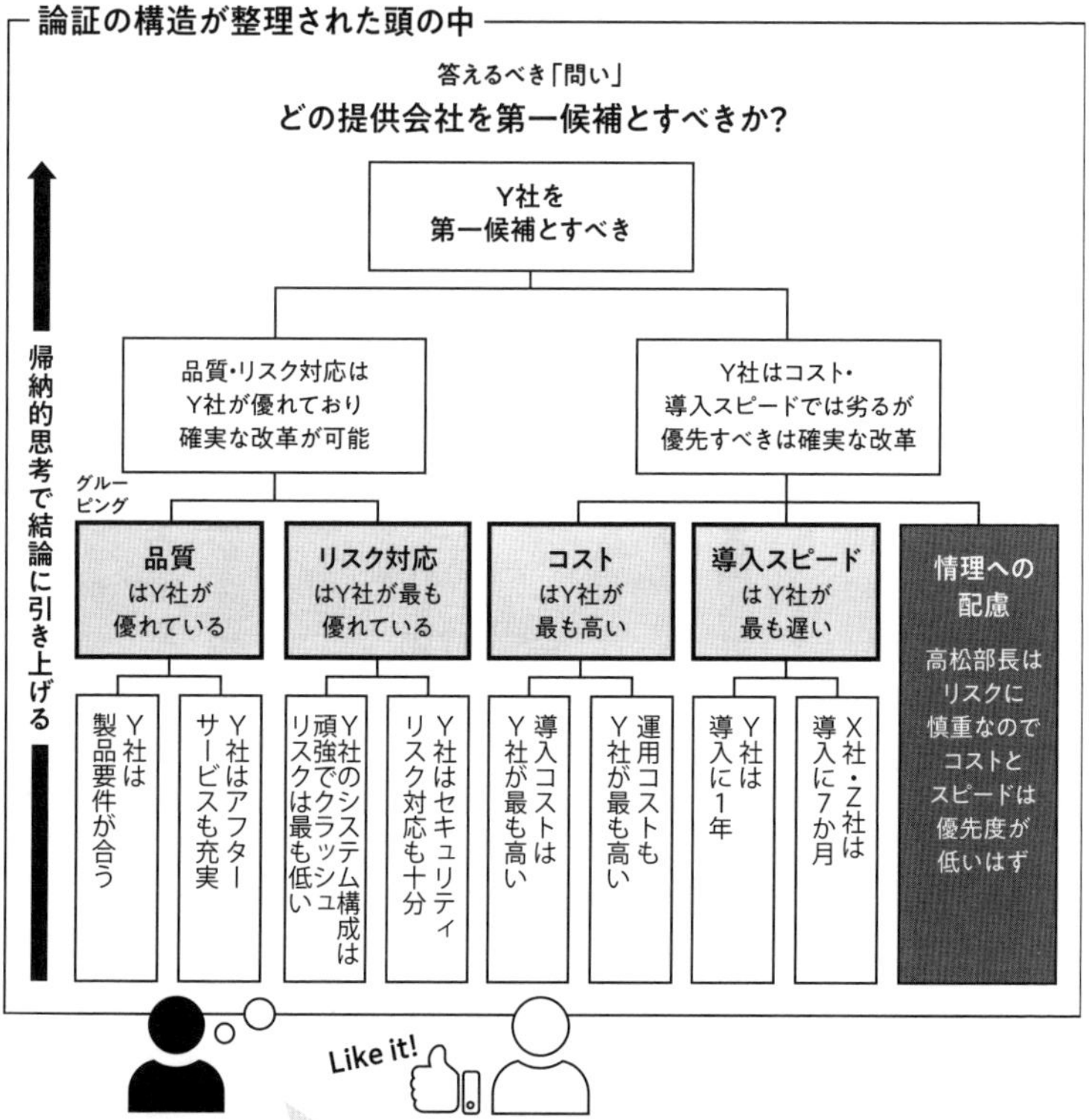
論証の構造が整理された頭の中
答えるべき「問い」
どの提供会社を第一候補とすべきか?
Y社を
第一候補とすべき
品質・リスク対応は
Y社が優れており
確実な改革が可能
Y社はコスト・
導入スピードでは劣るが
優先すべきは確実な改革
グルーピング
品質
はY社が
優れている
リスク対応
はY社が最も
優れている
コスト
はY社が
最も高い
導入スピード
はY社が
最も遅い
情理への
配慮
高松部長は
リスクに
慎重なので
コストと
スピードは
優先度が
低いはず
Y社は製品要件が合う
Y社はアフターサービスも充実
Y社のシステム構成は頑強でクラッシュリスクは最も低い
Y社はセキュリティリスク対応も十分
導入コストはY社が最も高い
運用コストもY社が最も高い
Y社は導入に1年
X社・Z社は導入に7か月
帰納的思考で結論に引き上げる
Like it!

結論としては、Y社を第一候補にすべきだと考えています。
その理由としては、

1. Y社はコストと導入スピードにおいては他社に劣るものの、
   優先すべきは確実な改革だと考えており、
2. その点で、品質面や、ご懸念されるリスク対応面でY社が優れていて、
   確実な改革への対応が期待できるためです
3. 特にリスク対応面については、Y社のシステム構成は最も頑強で、
   クラッシュリスクが低いものとなっています(=懸念に合わせたより詳細な説明)

Y社を第一候補とする形でいかがでしょうか?

①品質
②コスト
③リスク対応
④導入スピード

それに加えて重要なのは、単にファクト（事実情報）だけの整理にしてしまわないこと。論理だけでなく、情理を配慮することだ。高松部長は、業務改革へのリスクに対して日頃から懸念していた。とすると、コストや導入スピードは意思決定においては優先度が低いだろうと想像できる。

そうすると、結論としては、コストや導入スピードに劣ろうとも、改革を確実に遂行できるための品質とリスク対応に優れるY社を第一候補として推すことができる。図3-16にあるように、高松部長に伝える際には「Y社を第一候補と考えています」という結論から伝え、高松部長が特に懸念しているリスク対応面について詳細な情報を提供するといい。伝えるときには、頭の中で図にあるような論証の構造をイメージしながら、数々の情報から帰納的思考によって結論へと引き上げられていくことを意識する。

情理を配慮することは忖度とは違う。忖度には自分の意思はなく、ただ単に相手に合わせているだけであるが、情理への配慮は自分として伝えたいことがあったうえでのことだ。今回、仮にY社以外の他社を選んだ場合には、高松部長が懸念しているリスク対応に問題がないかの説明を詳細に加えよう、と思えることが情理を配慮するということだ。

このCaseを通じ、論理と情理の双方を加えた論証こそが真に腹落ちをもたらすのだと、学びとして押さえておこう。

相手によって構造をあえて「崩す」

ある製造オペレーション効率化プロジェクトでのこと。製造部部長との会議で、スタッフメンバーが次のような説明の仕方で部長に見解を伝えていた。

「対策としての結論は○○です。なぜならいまの問題の原因は□□であり、このうち手を打つことでもたらされるメリットは3つあります。だから○○を実行すべきです」

コンサルタントらしい、弁舌さわやかな語り口だ。帰納法的思考のお手本のようであり、論証の

図3-17 相手に合わせて構造をあえて崩すことも状況によって必要

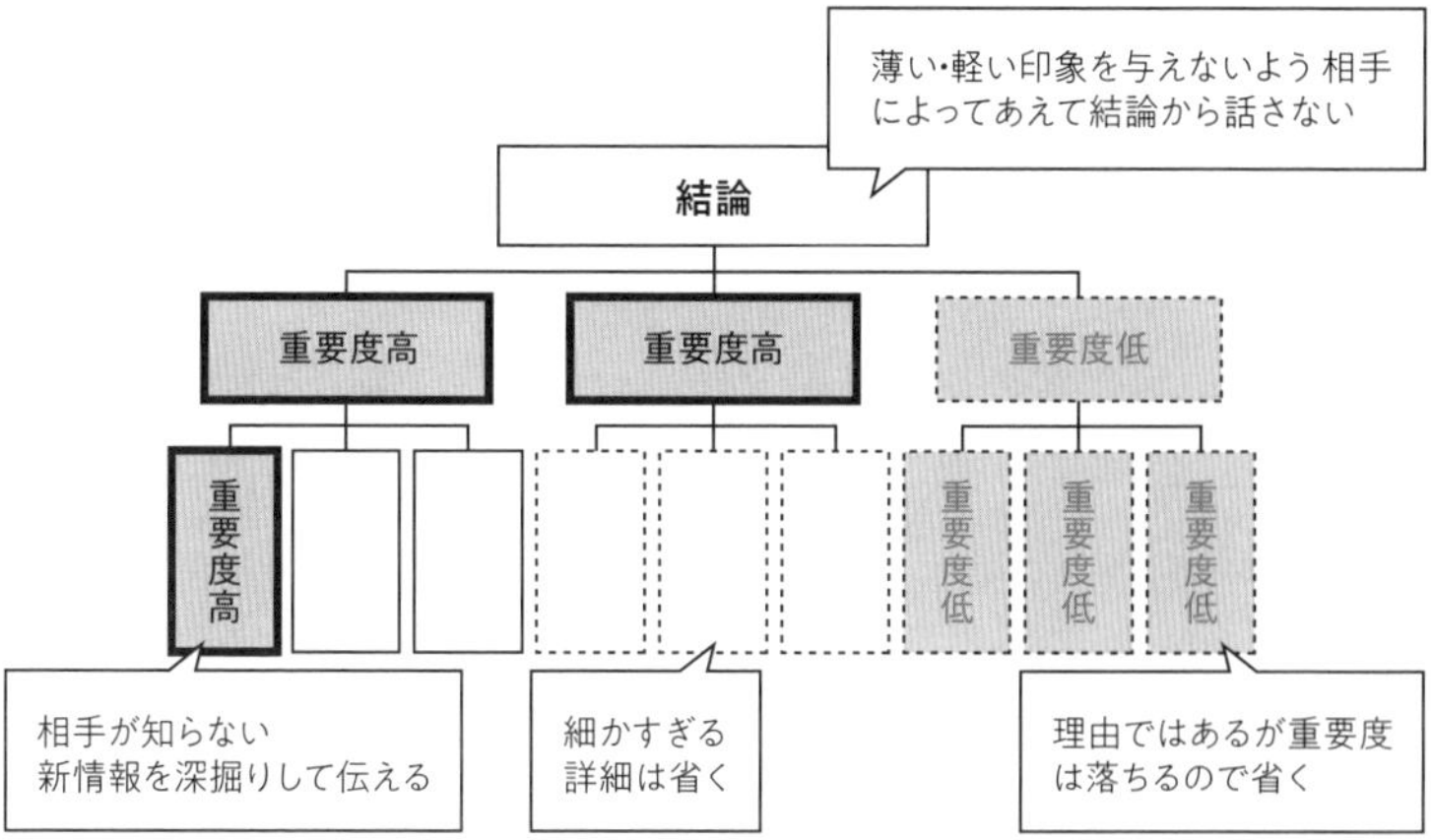

薄い・軽い印象を与えないよう 相手によってあえて結論から話さない
結論
重要度高
重要度高
重要度低
重要度高
重要度低
重要度低
重要度低
相手が知らない
新情報を深掘りして伝える
細かすぎる
詳細は省く
理由ではあるが重要度は落ちるので省く

やり方として問題は何もない。

しかし、これを聞いた部長は顔をしかめながらこう言う。「そう単純じゃないんだよ……」

話を構造的に組み立て、スパスパと物事を歯切れよく切り分けていると、「それって簡単なことなんですよ」感が強く出てしまう。そのような態度は場合によっては浅く見えてしまい、「そう単純じゃない、そう簡単に割り切れるものじゃないんだよ」「物事を表面的にしか見ていないな」と反感を買うことになる。

そうしたときには、「結論→理由→結論の再提示」といった「結論ファースト」のコミュニケーションを控え、相手に伝える際のロジックの構造をあえて崩すほうがよいことがある。これも、情理を意識することの一例だ（図3-17）。

このスタッフの例でいえば、すっきりとしたピラミッドツリーは心の中に収めながらも、「いまの状況は、○○にまず難しさがありそうですね。実際、現場の方と話したところでは……」などと一つひとつの内容を深めて伝えながら、相手との共感をつくることが必要になる。

他にも、MECEに（モレ・ダブりなく）組み立てたピラミッド構造があるからといって、それを一から全部網羅的に説明してしまう失敗もある。特に、時間がない経営者にとってそのような長々とした話は、「その話はもう知っている。それより重要なポイントは何だ」としか思われない。そのようなときもMECEな構造をあえて崩し、「煎じ詰めて言えば、○○をすべき理由の要点は2つになります」と、本質だけを取り出して伝えたほうが良い場合もある。

相手に伝える際にロジックの強度を緩めるからといって、自分の心に収めた論理構造まで緩めるわけではない。自分の中には、確かな論理構造がある。それを相手とのレリヴァンス（関係性・関心度合い）も見極めながら、「あえて構造を崩す」という手もあることを知っておこう。

よい示唆には「論理のジャンプ」がある

「構造を崩す」という話から続けて、論証の基本をあえて破ることの話を続けよう。

「あなたが言っていることには飛躍がある」という批判は珍しくない。論証がロジックの筋道を追っていくものである以上、「飛躍」は論証が不十分であることを意味する。しかし、その反作用として注意すべきなのは、あまりに飛躍のないロジックは誰もがたどり着ける〝当たり前の話〟になってしまう、ということだ。

企業データを分析して、「この事業は3年連続で売上が落ちており、特にセグメントAでの業績が低調です」と伝えたとしても、「そんなことは知っている。それがどうしたというんだ」と返されるのがオチだ。聞きたいのは「売上が3年間下がっている」という話ではなく、「大企業との取引に依存し、価格低下圧力を受け続けているのではないか」という示唆だ。

情報の受け手が欲しいのは、自分が既に知っている話ではない。「知るべきだが、まだ知らない新情報」（＝与えられていないもの）をこそ求めている。だからこそ、適度な飛躍によって情報に「新しさ」を持たせることが必要になる。逆説的だが、よい示唆には論理のジャンプがあるのだ。

ロジックの厳密性と飛躍のバランス感覚

厳密性にこだわりすぎると、話が凡庸になる。かといって飛躍（による面白さ）が行きすぎると、ただの「暴論」になり、聞き手の納得を得られなくなる。基本を破るには、このバランス感覚を巧みにとらないといけない。

このバランスを保つために2つのポイントが挙げられる。

ひとつは、**伝える内容そのものが求める厳密性を考えに入れる**ことだ。

たとえば、事業の命運を決める事業予算や人員配置を提案する際には、数字やその背景にあるロジックの正確さが肝になる。一方で、新規事業開発のような斬新なアイディアが求められる場合には、ロジックの厳密性はある程度緩めて、現状からの〝飛び感〟を出すほうがいい。

もうひとつのポイントは、**相手との間にある信頼関係**にある。

僕らが相手から了解を得ることの本質は、「互いが同じことを信じている」ということにある。信頼関係のある相手に対しては既にある信頼が伝えたいことの支えになり、過度なロジックは必要にならない。「あなたがそう言うならそうだろう」という信頼だ。そのような相手には論理のジャンプをしてでも、共に新しさを探求していくことが価値につながる。

逆に信頼関係が築けていない場合には、多少くどくとも論理的な説明で信頼のギャップを埋める必要がある。相手に合わせて最適な論理の強度をバランスをとりながら変えていくということだ。

「自分ならでは」の洞察を取り出すために「主観」を織り込む

基本を「破る」ことについて、最後の大切な話をしよう。それは「なぜ、同じ情報に接しているにもかかわらず人によって取り出せる示唆が変わるのか」という問いに関わるものだ。

実のところ、その本質的な要因は「主観」にある。「それはあなたの主観だ（思い込みだ）」というネガティブな意味ではない。主観とはその人の興味、関心、これまでの環境で得てきた経験や学びから生まれた独自のモノの見方であり、「らしさ」である。

トヨタ生産方式（Toyota Production System, TPS）の生みの親であるトヨタ自動車元副社長の大野耐一さんは、アメリカのスーパーマーケットの業務を観察することによってＴＰＳの着想を得たという。買い物客が必要とする商品を必要なときに、必要な量だけ品揃えすることを観察し、それをものづくりの方法論という示唆へと昇華させたのだ。

ここにはまさしく生産現場に向き合い、その改善を恐るべき熱意で追求し続けた大野さんの主観が活きており、他の人ではこうはいかない独自性がある（図3－18）。

いまの日本では、客観性が絶対視されすぎてはいないだろうか。オーストリアの哲学者エトムント・フッサールは、客観性とは「共同主観性」（もしくは間主観性、人々が共通して同じ認識を持っている部分）であると見抜いた。客観性とは一人ひとりの主観が重なりを多く持った部分であり、だからこそそこに差異はなく、思考のコモディティ化をもたらす。

「他との違い」や「自分ならではの価値」を出そうとするとき、自身の主観を織り込むことは欠かせない。「客観的なファクトも揃っているし、（あなたらしい独自の）主観的な解釈も加えてあっていいね」という思考の主客バランスをとることができる――それこそが本当の知性ではないだろうか。

図3-18 「自分ならでは」の示唆を取り出すための「主観」の織り込み

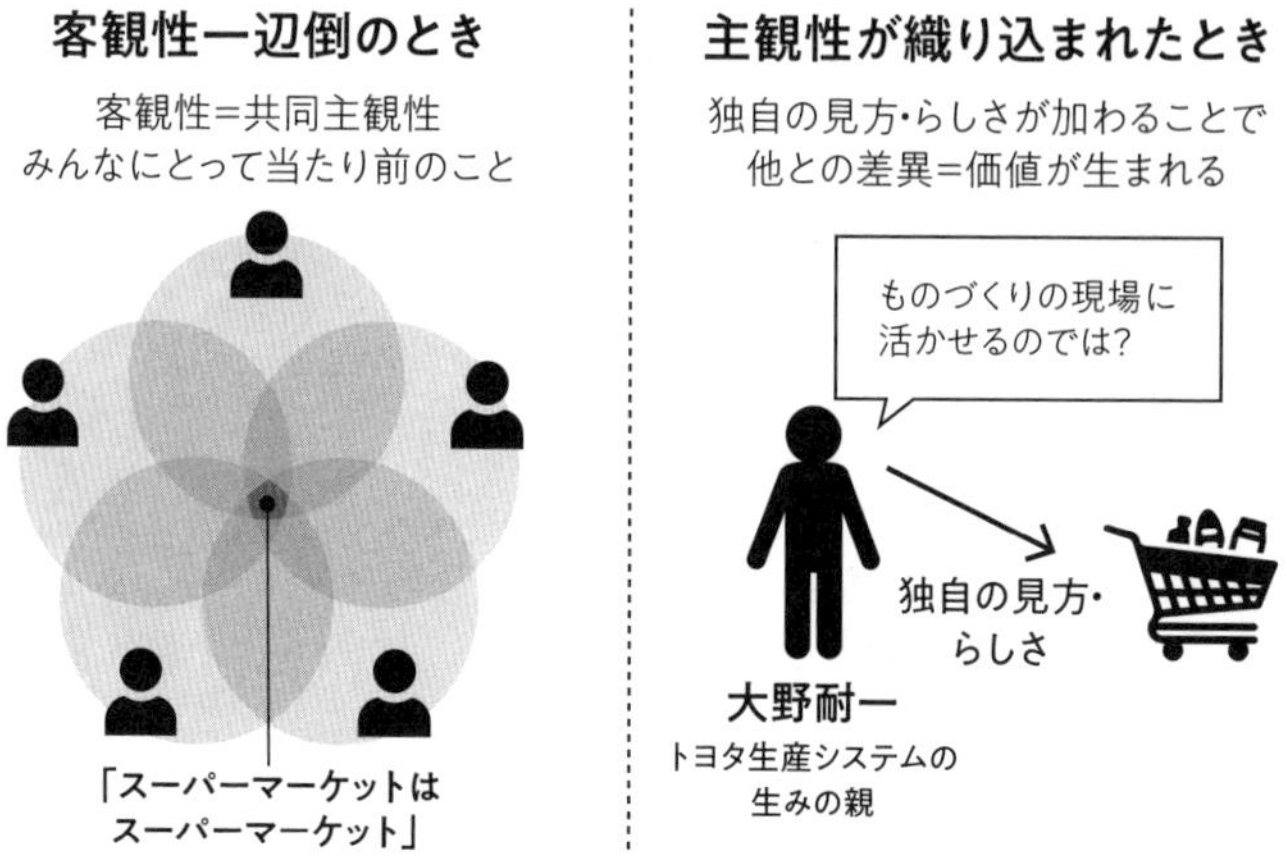
客観性一辺倒のとき
客観性=共同主観性
みんなにとって当たり前のこと
「スーパーマーケットは
スーパーマーケット」
主観性が織り込まれたとき
独自の見方・らしさが加わることで
他との差異=価値が生まれる
ものづくりの現場に
活かせるのでは?
独自の見方・
らしさ
大野耐一
トヨタ生産システムの
生みの親

示唆を導く力は日々の思考の鍛錬の中で、さらには自分という人間を磨くことによって高まる。それには時間がかかるし、易々とできるようにはならないかもしれない。

しかし、そのことをいま知ってこれから日々磨き上げる者と、知らずに何もしない者が10年後に見える世界は、海の見え方が一般人と漁師でまるで違うのと同じであることを、僕らは忘れずにおきたい。

〈反〉の部

ロジカルシンキングの“ウラ面”

ロジカルシンキングとは、
単に「正しく、わかりやすく伝える」
だけのものではない。
そもそも、その正しく、
わかりやすく伝えようとする仮説は何なのか？
その仮説は、相手に対して意外性・差別化をもたらすのか？
それを考え出すためには、
何が問われなければならないのか？
そのときの頭の使い方とは？
――これまでのロジカルシンキングが
直視を避けてきたこれらの問いに、
この〈反〉の部では正面から向き合っていく。
「論証」に対する「発見」というもう一つの思考の局面を、
ここから開拓していこう。

第4章

「発見」

〈仮説〉を生み出す方法としての「アブダクション」

過去のロジカルシンキングは、自分の説の正しさを示す「論証」の技術をよく伝えてきた。しかし、正しいと証明しようとしているその「説」はどこからやってきたものなのか？自分が主張したい「説」があってこその論証であり、「説」がなければそもそも論証は始まらない。それは種もなしに木を育てようとするようなものだ。

この章では、これまでのロジカルシンキングの弱みを補完する「発見」の領域を取り扱う。このことによって、僕らの考えることの可能性は大きく開かれることになる。

Case

固定電話事業の売上をどう増やすか

固定電話事業を主力としてきた株式会社シンロジ通信は、日本国内において固定電話および関連サービスを提供しており、家庭や中小企業を中心に広くその事業を展開してきた。しかし、近年のスマートフォンやSNSの普及により、固定電話の需要が大きく減少してきている。

シンロジ通信の大澤企画室長は、売上を回復しさらには成長させるための新しい事業コンセプトのアイディアを模索している。いままでは業務の忙しさにかまけて新しいことをなかなか考えられなかったが、今日まる一日の予定をすべて空け、新しいことを考えるための時間に充てることにした。なお、固定電話事業はシンロジ通信の祖業であり、事業の撤退や売却は選択肢にはない。

あなたが大澤企画室長であったとしたら、固定電話事業の売上を上げるためにどのような事業コンセプトのアイディアを考え出せるだろうか？

次の2つの視点を手掛かりにしながら、なるべく多くのアイディアを考えてみよう。そしてその中から、筋がよさそうな初期仮説の第一候補を選んでみよう。

① 誰に提供するか？

② 何を提供するか？

このCaseでは、論理的な手続きの厳密さよりも、意外性のある飛んだ発想を出すことを意識して考えてみてほしい。

限度を超えれば善も悪に転じる

――「論証」ワンオペの副作用

本来はよいものであっても、それが過剰になると害をもたらしてしまう。生物が必要とする水であっても、過剰に摂取してしまうと、水中毒の症状を引き起こす。このことは、「限度を超えれば善も悪に転じる」という教えとして知られる。

この教えは、「考える」という営みにも当てはまる。

これまでのロジカルシンキングが伝えてきた「論証」は、ひとつの美点には違いない。しかしその度合いが過剰になって「論証」だけのワンオペ思考になってくると、知的生産に対して次のような副作用を及ぼしてしまう。

①「何を伝えたいか」の自分の意見が持てない

情報の収集や説明されたことに対して理解はできるが、「そもそもあなたはどういう意見を持っているのか」と問われると答えられない。

②批判に偏って可能性の芽をつぶしてしまう

他人から意見が提案された際、その内容の粗探しや批判ばかりをしてしまう。その結果、組織は可能性の新たな芽が出てこなくなる荒野と化す。

③周りと同じようなことしか思いつかず、驚きがない

ファクトに基づいて厳密な論証を徹底していっても（あるいは徹底するがために）、長々と説明した割には、誰でも知っているような凡庸な結論しか出てこない。

このような副作用はまさしく、「論証」が過剰となり、善悪が反転したことによる弊害だ。これからの時代を生きる中で、僕らはこのような思考の偏りを修正し、思考が本来持っている平衡感覚を回復しなければいけない。

コンサルの構造化神話に対する「否」

コンサルタントになると最初に教わるのが「構造化」だ。「企業を取り巻く環境には外部環境と

内部環境があり、その外部環境の中には市場と競合の環境があり……」といったように、情報を階層化して関連づけていくことを意味する。図4－01のようなツリー構造をつくっていくのが基本イメージだ。

構造化は、たしかに情報を整理するためには役立つ。しかしこれも「善が過ぎれば悪となる」の法則で、構造化に偏りすぎると逆効果になってしまう。それを「3つの罠」として列挙してみよう。

- **構造化してすべてを示すと情報量が膨大になって消化しきれなくなる**（情報量の罠）
- **構造化したところで「新情報」は増えない**（新情報不在の罠）
- **にもかかわらず構造化にハマると、既知情報をこねくり回して時間を無駄にしてしまう**（時間浪費の罠）

構造化は、あまり神格化しすぎないほうがいい。MECEな（抜け漏れのない）論理構造に対して、「きれいに整理できましたね。でも、どれも知っています」となることはいくらでもある。

あるクライアントから個別に相談をいただいたときに、こんな悩みを聞くことがあった。

「マーケティングのKPI（評価指標）をツリー形式で構造化した資料が社内にあるのだが、結局これは誰が書いても同じになる教科書的な内容であって、差別化のために何をすればいいのかは教えてくれない」。いわば、〝優等生だけどつまらない〟のだ。

図4-01 構造化は絶対的な正解ではなく、そこには「罠」がある

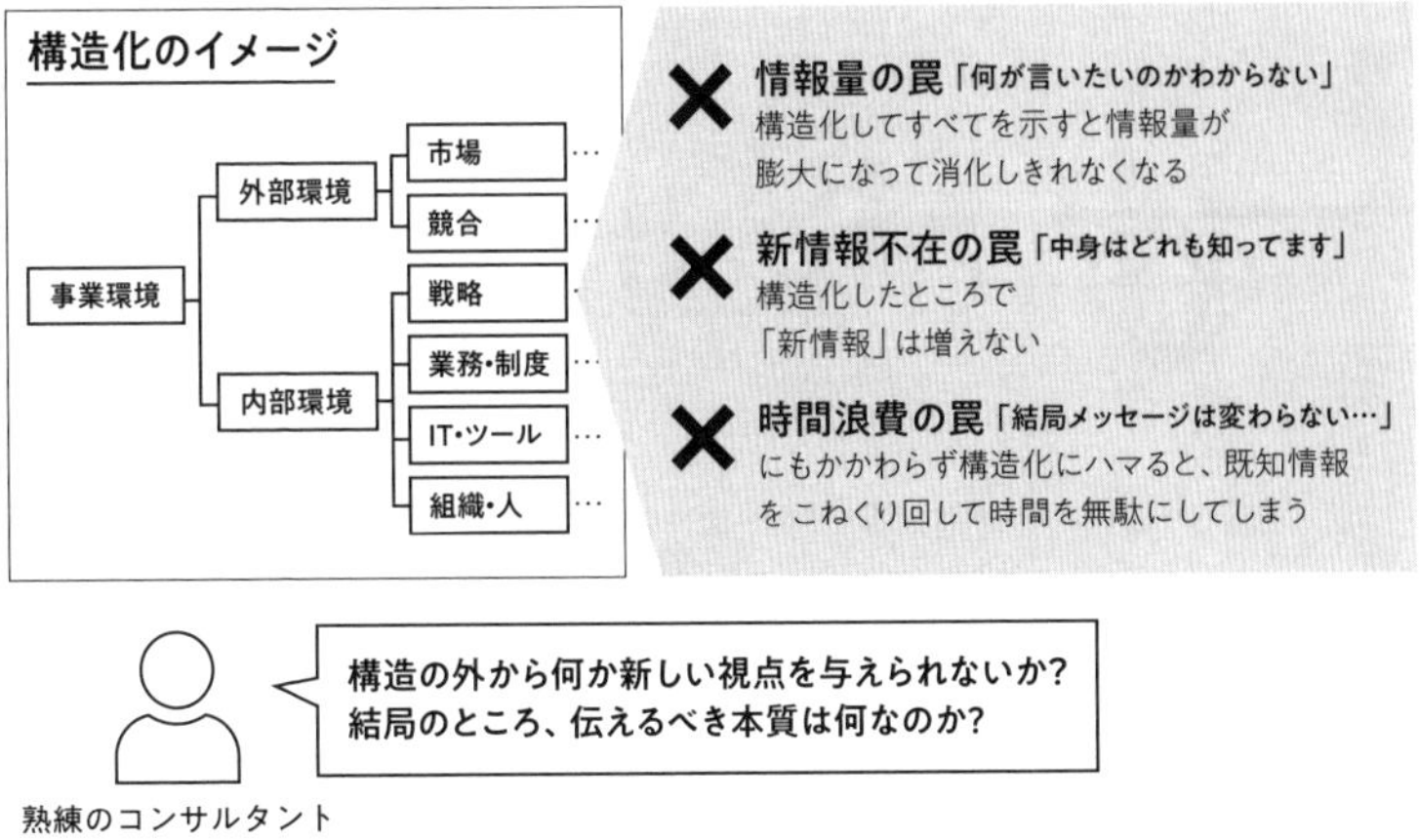
構造化のイメージ
事業環境
外部環境
内部環境
市場
競合
戦略
業務・制度
IT・ツール
組織・人
情報量の罠「何が言いたいのかわからない」
構造化してすべてを示すと情報量が膨大になって消化しきれなくなる
新情報不在の罠「中身はどれも知ってます」
構造化したところで「新情報」は増えない
時間浪費の罠「結局メッセージは変わらない…」
にもかかわらず構造化にハマると、既知情報をこねくり回して時間を無駄にしてしまう
構造の外から何か新しい視点を与えられないか?
結局のところ、伝えるべき本質は何なのか?
熟練のコンサルタント

僕の考えでは、構造化は、思考の練度によって、次のように捉え方が変わってくる。

- 初級……構造化がなかなかできない
- 中級……構造化がすべて、何でも構造化、ないと気持ち悪い
- 上級……構造化は基本だが、それだけではない。いかに構造の外側から新情報を与えるか。構造をあえて崩し、本質だけを取り出して伝えられるか

いまの世の中は、ここで示した「中級者」が最終到達点であるかのように語られるが、それはまったくの道半ばに過ぎない。

「論証」と「発見」という2つの思考モード、そして思考の選択と集中

では、道半ばの先に進むために、僕らには何が必要だろう？　その手掛かりとして、僕が講師として担当したロジカルシンキング講座の終わりに、受講生からこんな質問を投げかけられた。

「直感って信じますか？」

丸一日中、ロジック、ロジックと考え続け、「ロジックですべてが片づく」とでも言わんばかりの状態に違和感を覚えたのだろう。

これに対して、「はい、直感はあります」と、僕は答えた。「論証」に対する「発見」というもうひとつの頭のはたらきを、念頭に置いた返事だった。だから、「ただのロジカルシンキングには限界があります」とも伝えた。

改めて強調しよう。思考には2つの局面がある。「論証」と「発見」だ（図4-02）。

図4-02 思考の二大局面——論証と発見

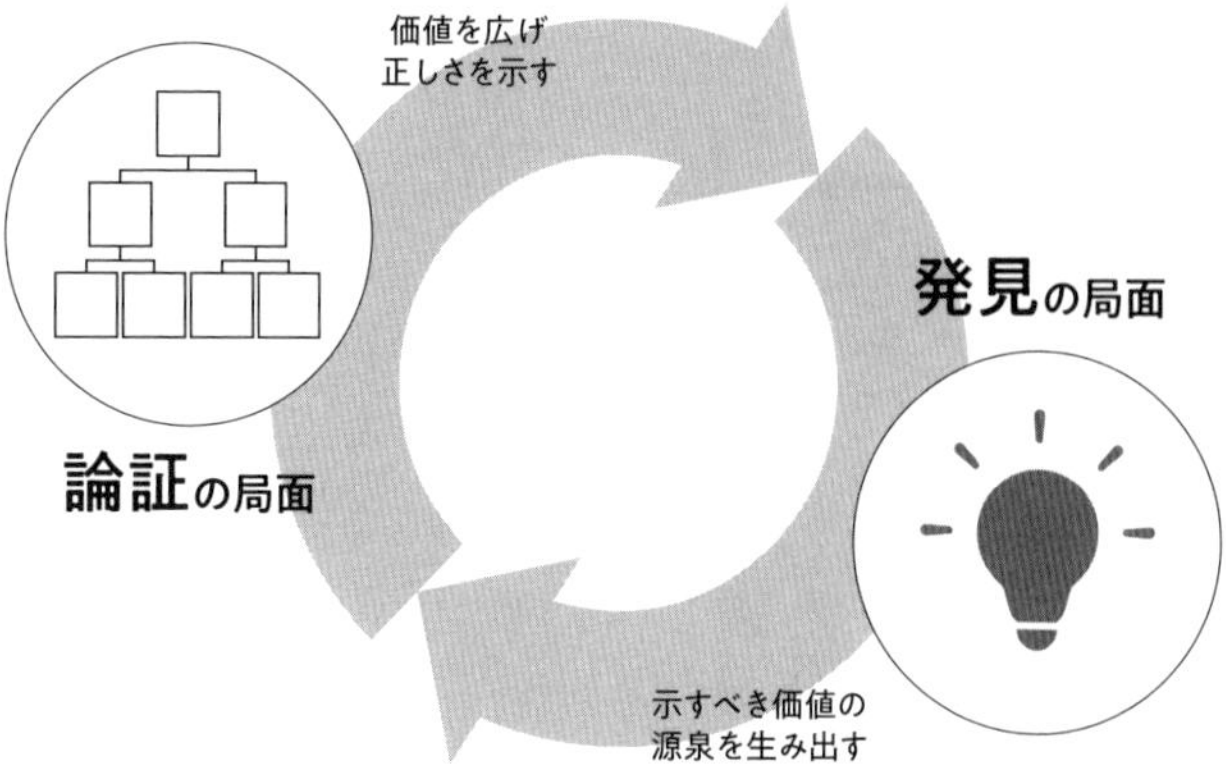
価値を広げ
正しさを示す
発見の局面
論証の局面
示すべき価値の
源泉を生み出す

「論証」は、レシピに沿って料理をつくることに似ている。

明確な手順をひとつずつ踏み、積み上げていくことで、最後には期待どおりの料理を完成させることができる。決まった手順があらかじめ定められているため、誰がそれをやっても一定の再現性があり、品質も安定する。

しかし、それが過剰になると「コモディティ思考の罠」に陥る。

これに対して、「発見」は新しいレシピそのものを生み出す。決まった手順があるというより、ふとした瞬間に、あるいは料理とはまったく関係のないことをしているときに、料理の新たなレパートリーがひらめく。

重要なのは、この「論証」と「発見」という二大局面を行き来し、状況に応じた思考のモードを選択し、集中させることにある。

僕がまだ一介のスタッフだった頃、市場調査の情報を構造化しながら整理をしていたとき、当時のシニアマネジャーから「整理は進んでるけど、頭を使ってないね」と言われたことがある。情報の整理は誰でも機械的にできることであって、そこから独自の仮説を出すことが「頭を使う」ことなのだという教えだった。

自分の思考が一方向に偏りすぎていないかを意識することが、よりよい思考成果を生み出すためには大切だ。

価値を引き出す源泉としての「発見」

発見とは価値の源泉である——このことを理解するために、かの有名なニュートン（1642〜1727年）のエピソードを引いてみよう。

その日ニュートンは、果樹園の木々に囲まれていた。木々の間に身を置きながら、思索を自然の摂理に巡らせながら座っている。風もない静かな日だった。そこであるとき、実っていた赤い果実が木の枝から離れ、ぱさりと地面に落ちた。

その瞬間、ニュートンの頭にひとつの「発見」が到来する。「リンゴを引き込む、『引力』とでも呼ぶべき力があるに違いない」と。

「引力」という考えは、ニュートン以前には存在もしなかった新概念だ。それがニュートンによって発見されたことで、物理学の世界が花開き、いまの僕らが住む文明社会に至る未来分岐ががらりと変わったとさえ言っていい。

人類にとっての「引力」がそうであったように、発見こそが価値の源泉であり、その後の展開を左右する起点だ。優れた発見のあるなしによって、そこから紡ぎ出されるストーリーの価値がまったく異なったものになる。

「頭の体操」で発見の感覚をつかむ

「発見」しようとする際の頭のはたらき方は、「論証」とはいささか感覚が異なる。

「論証」が一つひとつブロックを積み上げて城をつくることだとしたら、「発見」は前触れもなく空から丸ごとお城が落ちてくるようなものだ。たとえ話でしか伝えられないようなその頭のはたらきが、僕らにはたしかにある。「発見」は言葉で理解するものではなく、感性で捉えるものだ。
そのための題材として、心理学者の多胡輝先生が著した『頭の体操』が格好の材料になる。次の問題を考えてみてほしい。頭に答えがひらめく瞬間、その発見の感覚を呼び覚まそう。

幼稚園の父母参観に行ったところ、トイレの前にある手洗い用の六つの蛇口の内、二つに「おとな用」の札がかかり、残りの四つには「こども用」の札がかかっていた。先生に聞くと、父母参観の日だけ、このような札を出すということだが、六つの蛇口には何の違いもなく、混雑を避けるためでも衛生的な理由でもないとしたら、どうして大人用と子ども用を分けているのだろうか。

——『頭の体操ＢＥＳＴ』光文社、問21

少し本を伏せて考えてみてほしい。ここでの狙いは答えを当てることではなく、発見の感覚を呼び覚まし、捉えることにある。答えは、「大人の力で蛇口を締めると園児には開けられない場合があるから」。
自分の頭の中に何が起こっていたか、振り返ってみよう。はじめは頭の中がモヤモヤとして、問題文を何度も読み返していたかもしれない。そこからああでもない、こうでもないと考えながら、もし答えに至ったならその瞬間に頭に閃光が走るような感覚があっただろう。仮に答えを思いつかなかったとしても、解答を見た瞬間にピンとくる感覚は少なからずあっただろう。それが、積み上げ型の論証とは違う頭の感覚だ。

未知の仮説を生み出す「アブダクション」とは何か

その発見の感覚を覚えておきながら、発見を生み出すための理論的な方法に迫ってみよう。それは、アブダクションと呼ばれるものだ。

アブダクションの考え方は、科学哲学の分野で生まれた。提唱者であるチャールズ・サンダース・パースは、それまでの推論の基本とされた演繹法《えんえきほう》（Deduction《ディダクション》）と帰納法《きのうほう》（Induction《インダクション》）に対して、第三の推論の方法として**アブダクション**（**Abduction 仮説形成法**）を提唱した。演繹法や帰納法がロジックを積み重ねて答えを導くことに対して、アブダクションははじめから答え（仮説）を発想してしまうことにその特徴がある。アブダクションは、仮説思考を支える根幹となる頭の使い方だ（図4-03）。

図4-03 未知の仮説でさえも新たに生み出せることがアブダクションの最大の強み

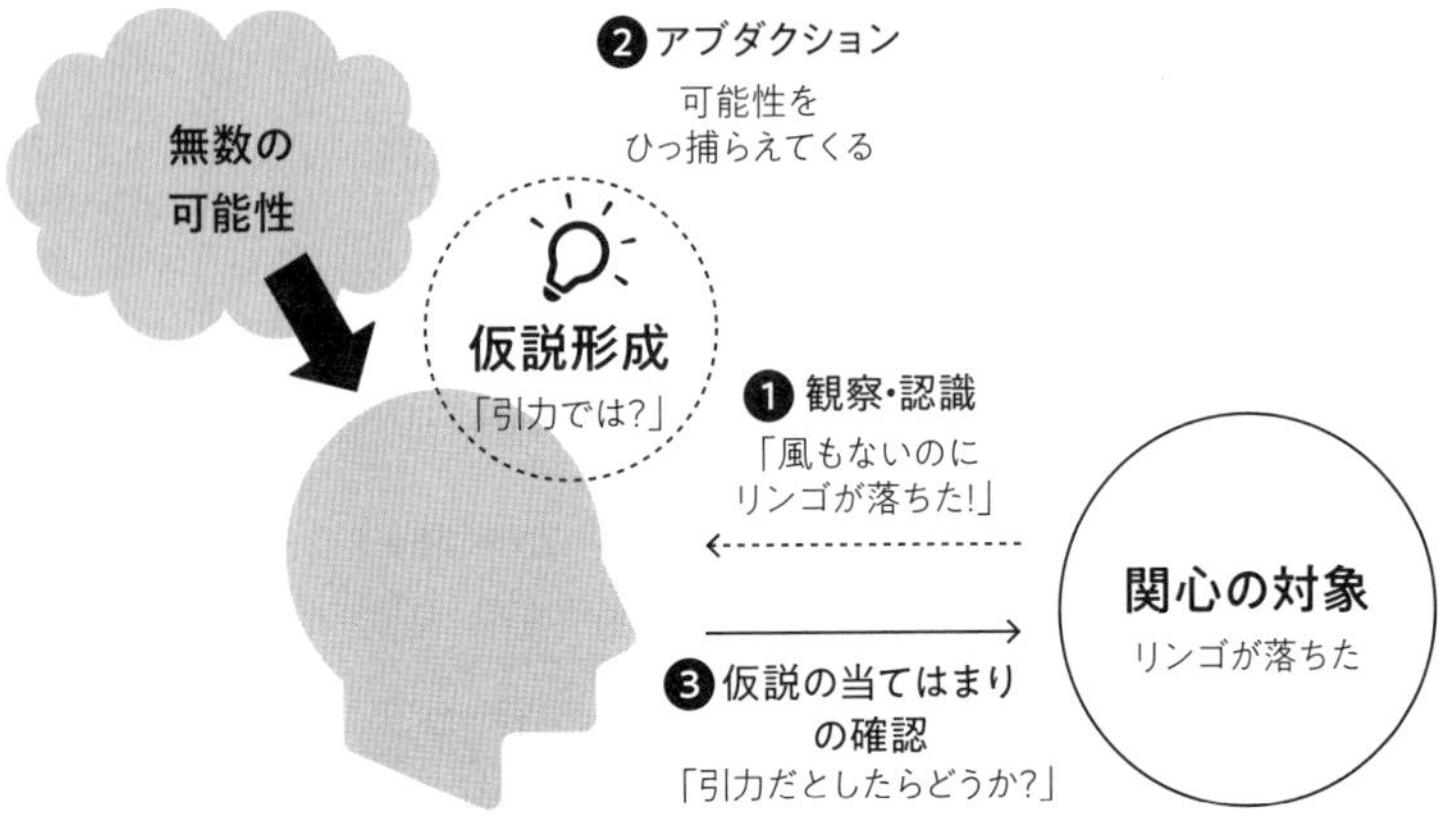

無数の可能性
❷アブダクション
可能性をひっ捕らえてくる
仮説形成
「引力では?」
❶観察・認識
「風もないのにリンゴが落ちた!」
関心の対象
リンゴが落ちた
❸仮説の当てはまりの確認
「引力だとしたらどうか?」

アブダクション（Abduction）という単語はあまり一般的ではないが、これはアブダクト（Abduct）という英語の動詞が基になっている。手元の辞書で見てみると次のことを意味する。

Abduct：誘拐する、拉致する

なかなか物騒だ。どうしてこれが発見を意味するのかといえば、未知の仮説をどこからかパッと奪ってくるようなその動きが、発見の感覚に当てはまるからだ。

ニュートンがリンゴが木から落ちるのを見て、「引力」の仮説をひっ捕らえてきたことを思い出そう。**この「引力」という仮説は、目の前で落ちるリンゴとは一見してまったくつながりがない。リンゴの皮を剥こうが、割ろうが、**

成分分析しようが、「引力」はどこからも出てはこない。

それはまるで、異世界から未知の知識をさらってきたかのようだ。だからこそ、その洞察した仮説は革新的なもの、意外性のあるもの、例外的なものであり得る。これまでのロジカルシンキングにどこか窮屈さ、風通しの悪さ、身動きのとれなさを感じる部分があったとしたら、アブダクションはそれを破る可能性の矢だ。

アブダクションの思考を動かす問い「What if?」

アブダクションの頭をはたらかせるキーワードは、「What if?（もし〜だとしたらどうか？）」という問いだ。このシンプルな問いかけが、アブダクションの感覚を呼び覚ましてくれる。

身近な例を挙げよう。久しぶりに会った恋人がどこか不機嫌な様子だが、その理由がいまひとつよくわからないとしよう。そのときこそ、「What if?」つまり「もし〜だとしたらどうか？」と自分に問う。そして、出てきた仮説を実際の状況に当てはめ、その正しさを確かめてみる。

［仮説①］もし、待ち合わせに遅れたことに怒っているのだとしたらどうか？

⬇待ち合わせ時間の5分前に着いており、これはない

［仮説②］もし、しばらく会わなかったことを不満に思っているのだとしたらどうか？

⬇昨日電話で話したときは会うことを楽しみにしていたから、これもない

［仮説③］もし、仕事で何かトラブルがあり、ストレスを抱えているのだとしたらどうか？

⬇今日仕事で重要なプレゼンがあると言っていた、そのときに問題が発生したかもしれない

ビジネスにおいても同じように活用することができる。たとえば売上が急激に落ち、その原因を探るために「What if？」を問いかけてみる。

「強力な代替品が市場に登場していたとしたらどうか？」
「顧客のニーズが変化していたとしたらどうか？」
「自社のよくない評判が市場に流布していたとしたらどうか？」
「販売チャネルが自社製品の取り扱いをやめていたとしたらどうか？」

アブダクションによる仮説出しは、真っ黒な紙のあちこちにぷつぷつと穴を空け、光が差し込む場所を探るような感覚に近い。「What if？」を何度も自分に問いかけ「ひらめき」を引き出すことは、ひとつの思考の「技」だ。

「初期仮説オプションの幅出し」をすることがアブダクションの狙い

これまでのロジカルシンキングは、アイディアを枠に当てはめて整理し、ひとつの方向へとまとめていく「収束力」を強く持っている。しかし、仮説を出す段階でこの「収束力」をはたらかせすぎてしまうと、結論へと着地させようとするあまり視野が狭まって価値のある選択肢を見落とし、代わり映えしない平凡な内容に落ち着いてしまうことになる。

そこで、局面によって論証と発見の思考モードの使い分けが重要になる。発見の段階ではいきなりひとつの方向へと思考を収束させる「一本足打法」ではなく、他にどんな選択肢があるかを問い、初期仮説のオプション（選択肢）の「幅出し」をしておくことが大切だ。

たとえば、「英語のコミュニケーション力を強化したい」という目標があったとしよう。そのと

図4-04 発見の局面では初期仮説の「幅出し」をし、初めから視野を狭めないように注意

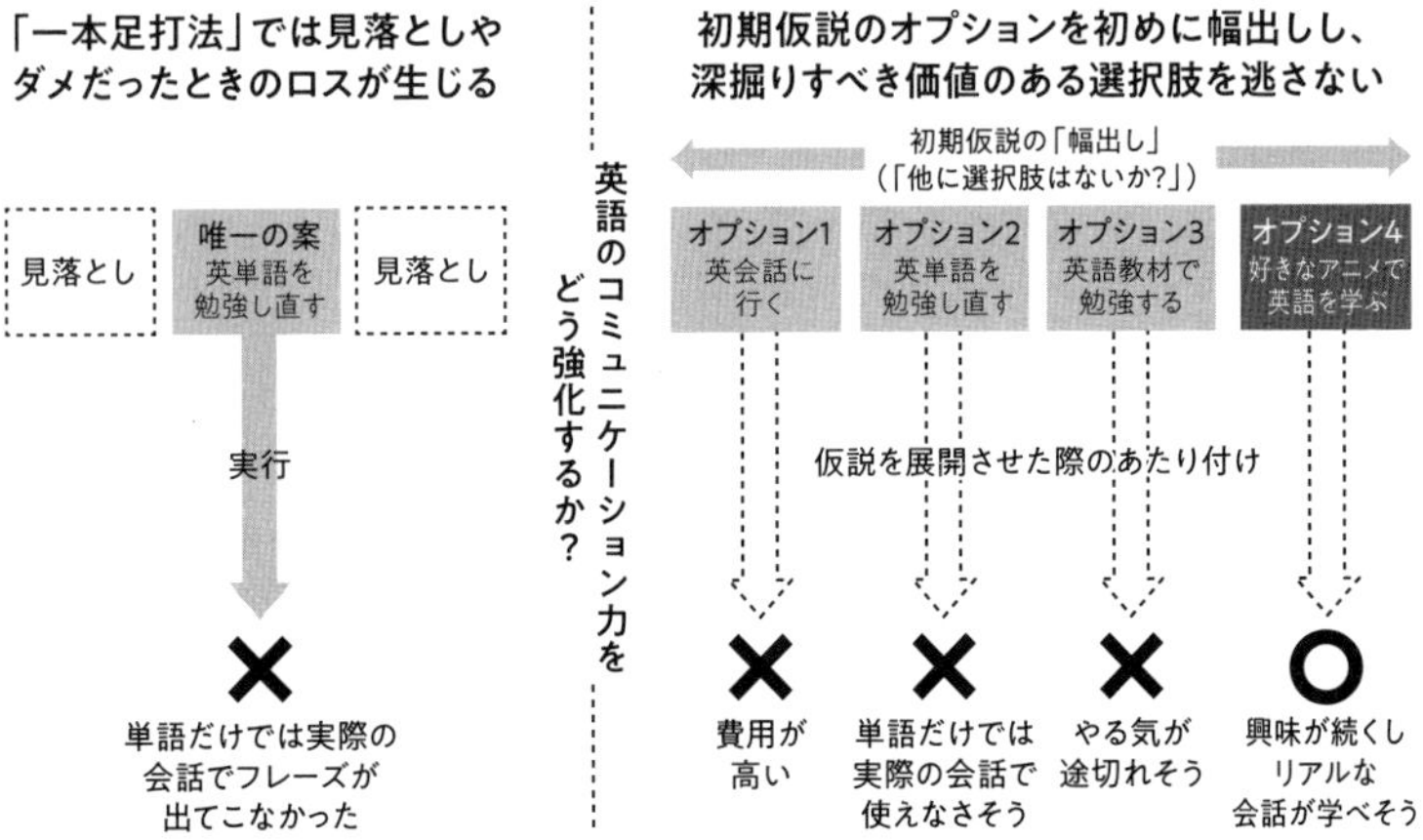
「一本足打法」では見落としやダメだったときのロスが生じる
見落とし
唯一の案 英単語を勉強し直す
見落とし
実行
単語だけでは実際の会話でフレーズが出てこなかった
英語のコミュニケーション力をどう強化するか？
初期仮説のオプションを初めに幅出しし、深掘りすべき価値のある選択肢を逃さない
初期仮説の「幅出し」（「他に選択肢はないか?」）
オプション1 英会話に行く
オプション2 英単語を勉強し直す
オプション3 英語教材で勉強する
オプション4 好きなアニメで英語を学ぶ
仮説を展開させた際のあたり付け
費用が高い
単語だけでは実際の会話で使えなさそう
やる気が途切れそう
興味が続くしリアルな会話が学べそう

きに、「学生のときにやりかけていた英単語の勉強をし直そう」というひとつの考えだけで突っ走ってしまうと、英単語を勉強しただけでは会話のフレーズが出てこず、コミュニケーション向上につながらなかった、といった徒労に陥りかねない。

それに対して、「英単語の勉強はあるが、他には？」と、走り出す前に複数の初期仮説オプションを幅出ししておき、その広がった視野の中でどの選択肢の見通しがよいかを比較していけば、より価値のある選択肢を追っていくことができるようになる。その発想の幅を広げるために、アブダクションの考え方が活きてくる（図4－04）。

初期仮説を絞り込むパースの「4つの基準」

初期仮説オプションの幅出しをした後、実際に深掘りを行う仮説を一定数絞り込んでいく。それらの仮説に優先づけを行うための基準として、パースは次のような4つの前提条件を教えている。これらによって詳細な調査や分析を行わない段階でも、仮説の良し悪しを判定できるようになる。

①妥当性（Plausibility）……既知の事実や状況に当てはまるか（どの仮説なら腹落ちするか、役立ちそうか）
②検証可能性（Verifiability）……調査などによって検証できるか（仮説の正しさをちゃんと示せそうか）
③経済性（Economy）……仮説検証にかかるリソースは小さいか（人・時間・金がかからなさそうか）
④単純性（Simplicity）……仮説を成り立たせる前提が不必要に複雑でないか（シンプルに一言で言える仮説か）

アブダクションによって仮説の幅出しをした後、これらの基準を使って有望な仮説に絞り込むことを、パースは「熟慮の段階」と呼んだ。起点となる初期仮説のポテンシャルが乏しいと、その後の展開が覚束ない。そのため、玉石混交の初期仮説群からその後の展開に値するものを選び、思考の源流から知的生産性を高めておくという意図がここにはある。

「どこから仮説が出てきたのか」よりも、「その仮説はどう役立ちそうか」

新規性のあるアイディアや仮説を提案したとき、「その仮説はどこから出てきたのか?」と批判されたことはないだろうか。このような反応は、仮説そのものではなく、仮説を生み出した思考の過程を批判している。しかし、本来の仮説構築で重要なのは、思考の過程ではなく、その有用性、つまりは、提案された仮説がどれだけ役に立つかにある。

たとえば、ある家具メーカーが市場での競争力を失いつつあるとしよう。このとき、ある若手社員が「もし私たちの家具が、生活のシーンに合わせて音楽を届けられるとしたらどうでしょうか?」という仮説を提案したとする。この仮説は、従来のビジネスモデルや市場分析から直接導き出されたものではなく、直感的なものだ。

しかしその仮説は、家具を単なる物理的なアイテムと捉えるのではなく、ユーザーの日常生活に溶け込む体験として再定義する試みとして見ることができる。この仮説を通じて、従来の家具や音楽プレーヤー、あるいはさらに他のカテゴリーの垣根を越えて、ユーザーに新しい暮らし体験を提案できるかもしれない。

それを「単なる君の思いつきじゃないか」とバッサリ切り落とすのはもったいない。仮説構築で大事なのは、思考の過程ではなく、出てきた仮説の有用性であり、その活かし方だ。

賢者の盲点——「理解できないこと」と「不合理」は違う

ここで、ひとつの思考の転換が求められる。僕らは、自分がすでに慣れ親しんだことや、知識として正しいと思っていることが普段からの判断の基準になる。逆にそこから離れた発想は、「意味がわからない」「何をバカなことを」と思いがちになる。

しかし、ここに「合理性の罠」とでも呼ぶべきものがある。合理的に考えられたものは、たしかに誰もが納得できる可能性が高い。他方で、それはひとつひとつ手順を追って考えていきさえすれば、誰でも同じ答えにたどり着いてしまえることを意味する。

楠木建先生は著書『ストーリーとしての競争戦略』で、「賢者の盲点」という考えを伝えている。**「それだけ見ると一見して非合理なのだけれども、ストーリー全体の文脈では合理性を持つ」**というものだ（図4−05）。

図4-05 部分的な合理性の"破れ"を突く「賢者の盲点」で差別化を生み出す

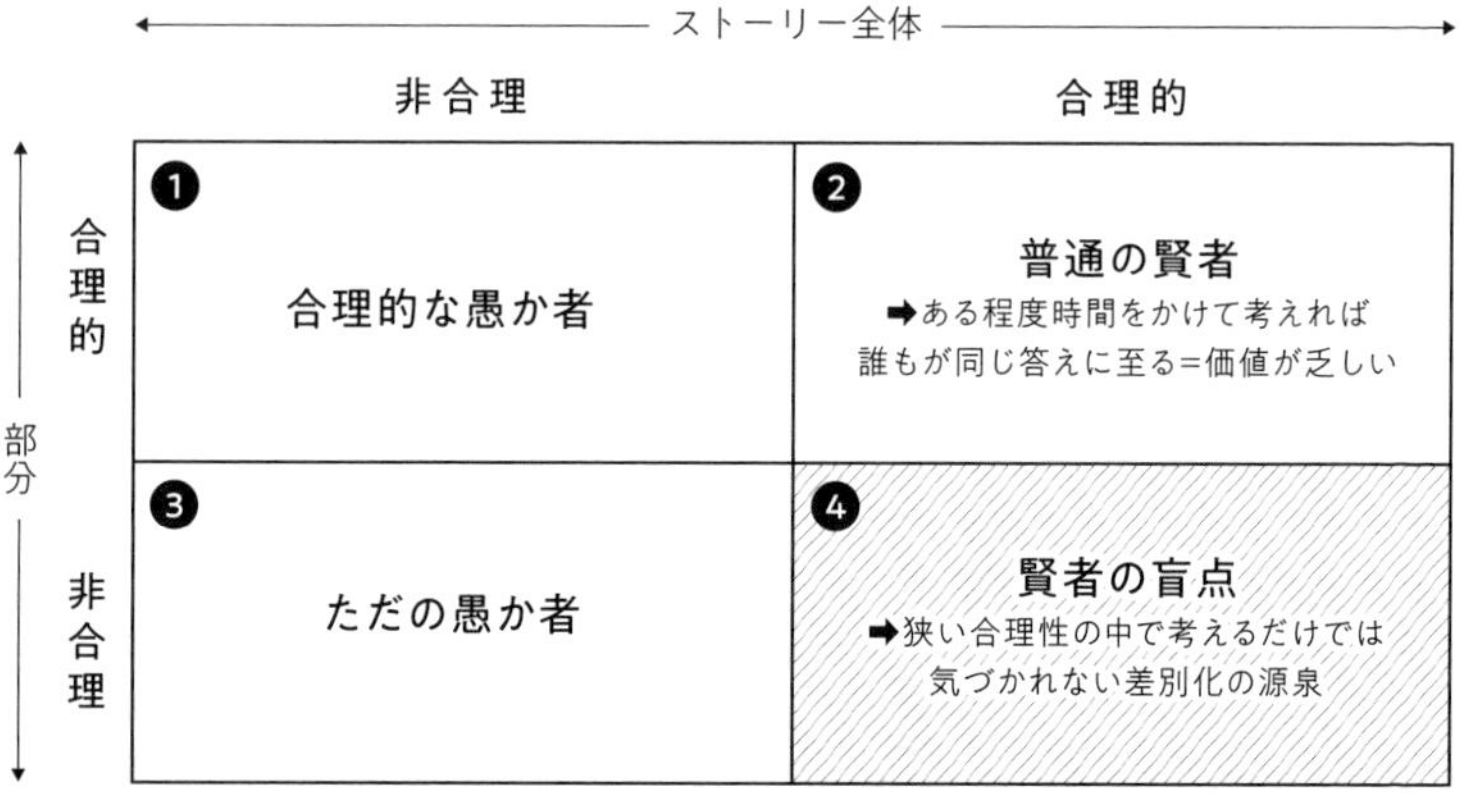

楠木健『ストーリーとしての競争戦略』をもとに筆者作成

たとえばある人が、会社に行く際に最短ルートではなく、いつも違う道を選び時間がかかるようなルートで行っていたとしよう。それに対して、「この人は合理性がないな」というのは簡単だ。しかし、もしその遠回りの中に、「いつもと違う景色や店を見ることで、新しい発見が得られるから」という意図があったとしたらどうか。「通勤で遠回りをする」という一見不合理な考えは、キャリア全体で見れば、この人にとって合理的で重要なことになる。

ここでわかることは2つ。ひとつは、合理性の一辺倒ではいけないということ。それでは、結局周りと同じ考え方に偏ってしまい、価値が出ない。もうひとつは、一見非合理に見えることを、断片的に判断してはいけないということ。全体的な視点で捉えたときに、それは差別化の源泉になる可能性を秘めているのだ。

アブダクションの実践ケース

ここではアブダクションがどのように使われているのか、より具体的なシーンを想像して、その使われる状況を追体験してみよう。

［実践ケース①］市場調査に手をつけるための作業仮説づくり

市場調査を進める際によくある失敗は、手あたり次第にしらみつぶしで調べてしまうことだ。たいていは役に立つかもわからない情報が無駄に集まるか、情報の海におぼれて目眩を起こすことになる。際限のない市場調査を効率的にやるためには、「〇〇なのではないか?」という「作業仮説」（作業を進めていくために暫定的に持っておく仮説）を持って調査範囲を有限化し、それを検証する形で調べることが重要だ。その作業仮説をつくる際に、アブダクションの思考は有効になる。

たとえば、健康食品の市場拡大を目指す場合、ただ健康食品市場を調べるだけでは膨大な情報の海を泳ぐことになる。それに対して、「中高年層は健康維持のために高機能・高価格帯の健康食品にニーズがあるのではないか？」という作業仮説を持つことで、調査実施の方向づけをすることができる。調査を進める中で作業仮説が正しければそれでいいし、違った結果になれば方向転換し、さらに掘り下げていけばいい。そうして調査を進める中で、仮説を一本の軸として意味のある情報がどんどん寄り集まってくるようになる。

この話は、市場調査だけに留まらない。何かの作業をするとき、やみくもに飛び込むのではなく、「こうなのではないか？」と作業仮説を持って取り組むことが、自分の作業中の意識をシャープにしてくれることを覚えておこう。

［実践ケース②］クライアントからの思いがけない質問への回答

クライアントから予期しなかった質問が飛んでくることもある。そのような思いがけない質問に対して、とっさに頭の中で返し方を考える場面でも、アブダクションの思考がはたらいている。

ある国内向けのヘルスケア事業の案件をしていたとき、クライアントから「この事業は、海外だとどこが有望でしょう？」と問われたことがあった。このプロジェクトは国内を対象範囲と想定していたため海外のことは検討しておらず、まさに予期しない質問だった。どうしたものかと思っていたとき、同席していたパートナーから「東南アジアは有望だと思います。東南アジアの医療制度は……」と、一瞬で東南アジアが有望であるとの理路整然とした内容が語られた。

クライアントの問いかけから返答するまでの時間なんて、3秒もない。このわずかな時間で考えを直感することが、アブダクション的な感覚だ。

[実践ケース③] 資料レビューと改善ポイントの指摘

資料をレビューする際に「○○をすれば資料がもっと良くなるのではないか?」という考えが頭に湧いて出るとき、そこでもアブダクションの思考ははたらいている。僕が資料をレビューする場合でも、頭に浮かび上がる次のようなポイントを手元でメモし、スタッフに伝えていくようにしている。

- いろいろ言いたいことが詰め込まれすぎている。目的に沿ったメッセージに絞るべき
- 前後のストーリーとつながらないため、順番を入れ替える
- ファクトの整理だけになっていて、そこから示唆を出す必要あり
- 伝えたいことを邪魔するノイズ情報が多いため、言葉の表現を磨き込む

あなたにも資料を見て「ここはこう直したほうがよいのでは?」とひらめく経験があるはずで、経験を積むほどに、こうして出てくる考えはより洗練されたものになっていく。

図4-06 構造化は時間をかければ誰でもできる。価値を生み出すのはその先の発見

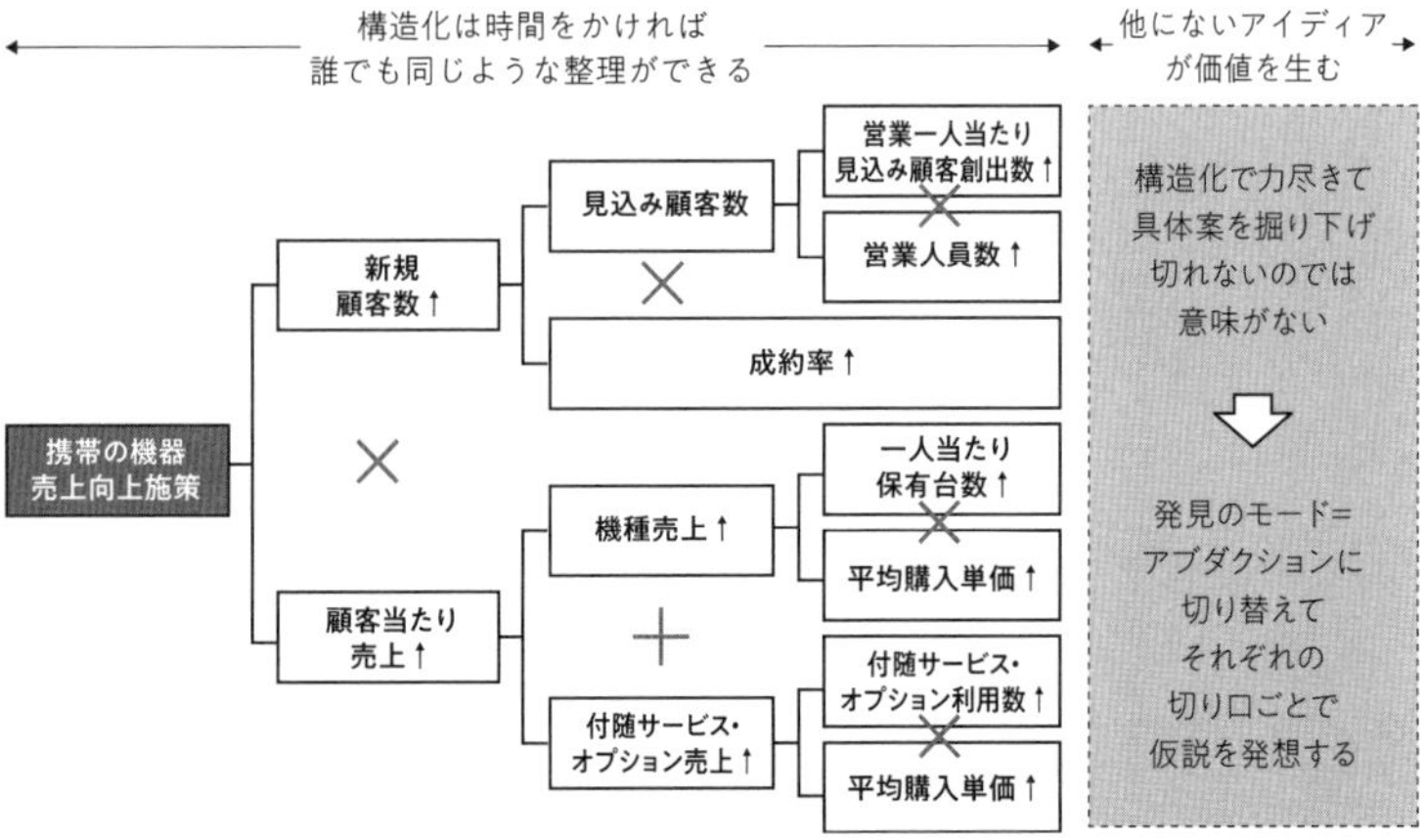
構造化は時間をかければ
誰でも同じような整理ができる
他にないアイディア
が価値を生む
携帯の機器
売上向上施策
新規
顧客数↑
顧客当たり
売上↑
見込み顧客数
成約率↑
営業一人当たり
見込み顧客創出数↑
営業人員数↑
機種売上↑
付随サービス・
オプション売上↑
一人当たり
保有台数↑
平均購入単価↑
付随サービス・
オプション利用数↑
平均購入単価↑
構造化で力尽きて
具体案を掘り下げ
切れないのでは
意味がない
発見のモード=
アブダクションに
切り替えて
それぞれの
切り口ごとで
仮説を発想する

［実践ケース④］構造化した後の具体的な施策出し

たとえば売上向上の施策を検討するときに、それにつながる要素を構造的に分解して考えることがある。

よくあるのが、構造化をするまでで力を使い果たしてしまい、その後のHow（具体的な施策）を掘り下げきれていないケースだ。構造化は、時間をかけて考えれば誰でもだいたい同じ形に落ち着くもので、価値は、さほど大きいものではない。

真にユニークな価値が出てくるのは、そうした構造化がなされた後の段階だ。階層的に要素分解されて出てきた切り口に対して、具体的にどのような施策を打つことが有効であるかを考える際に、アブダクションの発想は役立つ。

たとえば、「携帯の機器売上向上施策」を考え

る際に、図4－06のような形で要素分解したとしよう。機器売上を上げるために「一人あたりの保有台数を上げる」ことが必要なのは、考えればわかる当たり前の話だ。この切り口に対して、踏み込んでアイディアを「発見」して初めて価値が生まれる。

例として、次のようなものが発想できる。

- 高度な撮影、音楽制作、アート描画など、特定の趣味や仕事に特化した機能を持つデバイスを用意する
- 1台を通常の使用に、もう1台を子どもが家にいる際の見守りに使うなど、2台のデバイスがあって初めてできる機能を用意する
- 1台は通常使うデバイスとして、もう1台を完全にバックアップとして設定し、緊急時にすぐに切り替えられるようにする

月並みな構造化から離れて、こういった固有のアイディアを発見することから価値は生まれる。そこではたらくのも、アブダクションによる発想だ。

ひらめきは「1%の才能と99%の努力から生まれる」

ここまで説明をしてきて、自分にこんなひらめきはできない、と落胆するかもしれない。あるいは、ひらめきは天才に与えられた才能であって、自分にはその素質がない、と。

実際はノーだ。実のところ、ひらめきは 氷山の一角に過ぎない。その一点のひらめきが生まれるまでに、それまでの膨大な思考の蓄積がある。「天才は1%のひらめきと99%の努力だ」とエジソンは言ったが、この言葉は「1%のひらめきを生み出すためには99%の努力が必要だ」と解釈することもできる（図4−07）。

より解像度を上げて言うならば、ひらめきにおいては、

- 発想の材料となる基礎情報・知識（料理でいう素材）
- 情報や知識をもとにアイディアを発想する経験（料理でいう調理経験）
- これらに加え、「自分には発想力がある」と信じて思い切ってアイディアを発想する勇気（新しいレシピを生み出そうとする気概）

図4-07 「ひらめき」とは氷山の一角であり、その底には膨大な蓄積が存在している

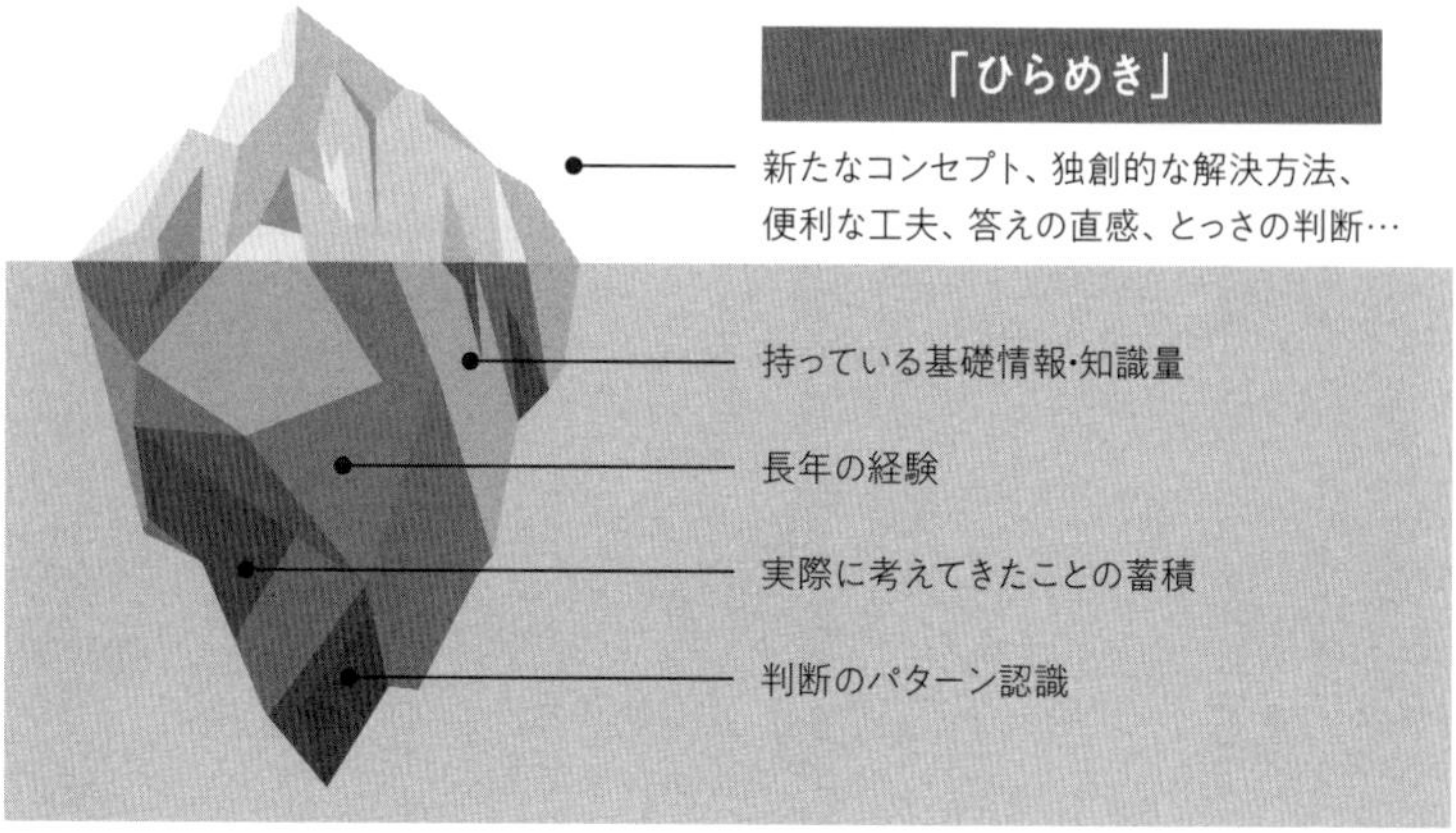
「ひらめき」
新たなコンセプト、独創的な解決方法、
便利な工夫、答えの直感、とっさの判断…
持っている基礎情報・知識量
長年の経験
実際に考えてきたことの蓄積
判断のパターン認識

を持つことが必要になる。ピカソがあの天才的な構図を編み出すまでに、15万点近くもの作品を作成してきたという。桁違いの天才は、桁違いの蓄積量と「勇気」から生まれるのだ。

直感は、ロジカルシンキングを突き抜けた先に訪れる

スタッフが資料を1分ほどで手短に説明するうちに、僕のほうから修正ポイントをその瞬間にパッと10個近く出して、それを見たスタッフに「どうしてパッと見ただけでそんなに早くわかるんですか？」と驚かれることがある。

才能、ではまったくない。これまで何万ものスライドを見てきた氷山が意識の底にあるからだ。

このような直感の背景には、繰り返しの鍛錬を通じて、発想すること自体が「技化」されていることがある。

数々のトーナメントを制したチェスプレイヤーにして、太極拳推手の世界選手権をも制覇した武術家でもある異色の人物、ジョッシュ・ウェイツキンはその著書『習得への情熱』で、技を習得することのイメージを次のように語っている。

たとえば、僕が15年間チェスを学んだとする。その何千時間もの間に、僕の頭は生い茂った密林を効率的に進むための道を切り開いてきた。……大鉈を振るいながら生い茂った群生植物の中で道を切り開く作業がどれほど時間を要するものか想像してみてほしい。わずか数マイル進むのにも数日かかるはずだ。しかし一旦そこに小道ができてしまえば、その切り開かれたところを素早く通り抜けることができる。

——『習得への情熱』(みすず書房)

直感は、自分の思考の経路が経験を通じて耕され、切りひらかれたところから生まれる。そしてロジカルシンキングによって思考の筋道を丹念に追うことが、自分の思考の神経回路を開くことにつながる。それが極まってくれば、複雑な筋を読まなくともパッと答えを頭に浮かばせられるようになる。ロジカルシンキングを突き抜けた先に、アブダクションの極致はやってくるのだ。

計画された偶発性――万事を尽くして天命を待つ

では、しっかりと氷山が積み上がらなければ、こうしたひらめきは自分にはやってこないのか? ひらめきが〝たまたま〟やってくるまで待たなければならないのだろうか?

必ずしもそうではない。そのヒントは、スタンフォード大学教授のジョン・D・クランボルツが提唱した「計画された偶発性理論」(Planned Happenstance Theory、以下PHT)から得られる。PHTの要点は、成し遂げたいことに向けて積極的な行動を取れば、それを実現するために必要な予期しない出来事・きっかけを得る可能性を高めることができる、ということにある。たとえていえば、虹を見つけるために雨の跡を追いかけていくようなものだ。

いま、新規事業のためのアイディアを求めているとしよう。そのとき、机の前で腕を組むよりも、たとえば以下のような行動を積極的にとることで、事業アイディアを触発するような縁と出合う確率を上げることができる。

- 新規事業のビジネスイベントやセミナーへの参加を予定しておく
- 過去の新規事業コンテストの優秀企画をケーススタディとして収集する
- キックスターターなどのクラウドファンディングで人気の事業をチェックする
- 新規事業にかかわる雑誌を定期購読する
- 新規事業を実際に行っている知人に話を聞きに行く
- 新規事業の種を探す目を持って、週末に旅行に出かける　など

自分が欲しい発想を念頭に置きながら、その答えを触発するランダムな出来事が向こうからやってくるよう仕込んでおくことで、優れた仮説を考え出す確率を高めることができる。そのために重要になる5つの姿勢をクランボルツ教授は挙げている。

①好奇心（Curiosity）……たえず新しい学習の機会を模索し続ける
②持続性（Persistence）……失敗に屈せず、努力し続ける
③楽観性（Optimism）……新しい機会は必ず実現する、可能になるとポジティブに考える
④柔軟性（Flexibility）……こだわりを捨て、信念、概念、態度、行動を変える
⑤冒険心（Risk Taking）……結果が不確実でも、リスクをとって行動を起こす

自分の考え方によって発見の偶然性《ランダムネス》そのものを一定コントロールすることも、思考術のひとつだといっていい。

発見を促す4つの心構え

発見はいつ訪れるかわからない。かといって、完全に偶然にゆだねるわけではない。発見のためのよいコンディションを整えてやることは、発見が生まれる確率を高めてくれる。そのための心構えを4つ紹介しよう。

［心構え①］知的ポジティブな気分を保つ――自分の気分が思考スタイルを左右する

心理学が教えるところでは、人がご機嫌だったり、落ち込んでいたりするときの気分が、そのときの人間の思考スタイルに大きく影響することがわかっている。

- ポジティブなときの思考スタイル……直観的・創造的、全体をざっくり捉える
- ネガティブなときの思考スタイル……批判的・理屈的、細かい部分を緻密に追う

このことは、僕らの実際の感覚によく当てはまる。自分が元気を失って落ち込んだときのことを想像してみよう。そのときに「アイディアを10個考えて！」と言われても、とてもそこに思考を向けられない。「なぜ10個？」「なぜ私？」「何のために？」「いま必要？」などと、ネガティブなほうに思考は向いてしまう。

逆に、気分がご機嫌なときを想像してみよう。そのときには「あれもいいな」「これもいい」と発想がおのずと湧いてきて、他人からアイディアが出てきたときも「それ面白いね！」と好意的に受け止められる。

だから僕らが創造的な発見をしようとするとき、この「知的ポジティブ」な気分をまず大事にしなければいけない。ネガティブな気分では発想が湧かないのは、人間というハードウェアの特性だ。しかめっ面で悩んでいても創造性はやってこない。あくまでも軽やかに、機嫌よくいこう。

［心構え②］質よりも量——発見は確率のゲーム

発見のもうひとつのポイントは、「質」にこだわらないこと。正解を出すまでうんうん唸るのではなく、頭に出てきたことをすべて紙に書き出して、吐き出していくことだ。質よりも「量」である。

図4-08 発見は確率のゲーム、意外性のある仮説を出すには「量」を回すことが重要

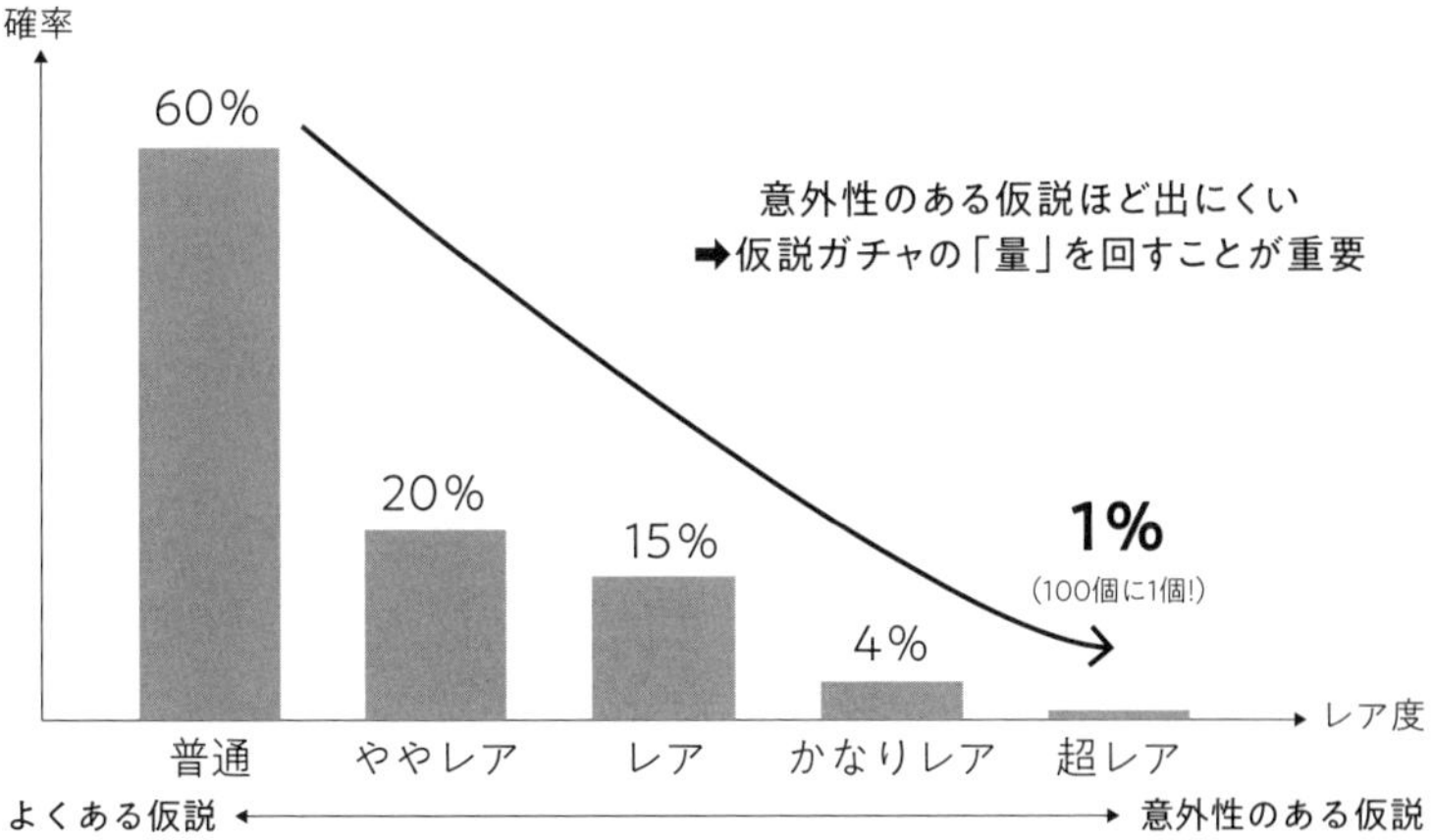
確率
60%
20%
15%
4%
1%
(100個に1個!)
意外性のある仮説ほど出にくい
➡仮説ガチャの「量」を回すことが重要
レア度
普通
ややレア
レア
かなりレア
超レア
よくある仮説
意外性のある仮説

そのことを教えてくれるある心理学の実験がある。その実験では、写真撮影の授業に参加していた学生たちを２つのグループに分け、ひとつのグループには学期の終わりまでにできるだけ多くの写真を提出するように求め、もうひとつのグループには学期の終わりまでに完璧な１枚の写真を提出するように求め、どちらのグループのほうが優れた作品を生み出せるかを調べた。結果として、完璧な１枚に集中したグループよりも、量を重視したグループのほうがより優れた写真を提出したことが明らかになった。

それはさながら「ガチャ」のようでもある。ソーシャルゲームをやったことがある人には馴染みのある話だろう。自分のお気に入りのキャラを手に入れるためには、それはもうひたすらガチャを回すしかない。

仮説の発想においても、これと同じことがいえる。意外性のある「超レア」な仮説は原理的に出にくいものなのだから、**重要なのはとにかく仮説の「量」を出すこと。そして、量を出す際には、決してその質を問わないことだ。**その意味で、発見は確率のゲームでもある（図4－08）。

[心構え③] 確実な情報とランダムな情報で原材料を備える——思考の空焚きをしていないか

発見といっても、まったくのゼロから生まれるということはない。カレーのルウや香辛料がなければ、どれほど優れたシェフであってもカレーはつくれない。では、どのような原材料を取り揃えるとよいだろうか？

それには大きく、次の2つの情報がある（図4－09）。

「確実に関係する情報」
「無関係そうなランダムな情報」

まず、「確実に関係する情報」について説明しよう。

たとえば、ヘルスケアについて考えるとき、ヘルスケアに関わる業界、技術、制度、社会変化などは、テーマに直接関連する情報として収集しておくことが基本だ。こうした情報の取得は、書籍

図4-09 「確実に関係する情報」と「ランダムな情報」の両方を知的生産の材料にする

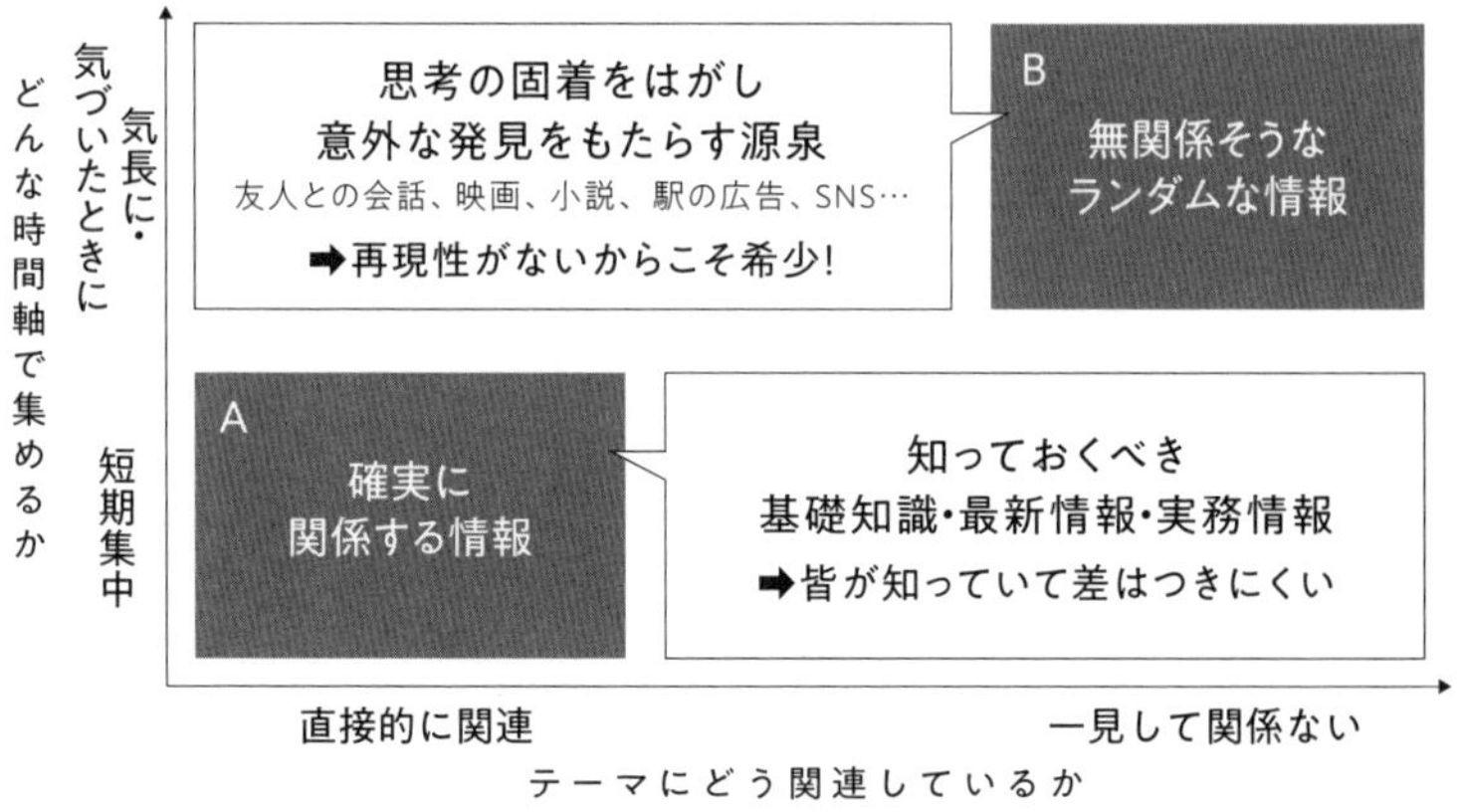
どんな時間軸で集めるか
気長に・気づいたときに
短期集中
思考の固着をはがし
意外な発見をもたらす源泉
友人との会話、映画、小説、駅の広告、SNS…
➡再現性がないからこそ希少!
B
無関係そうなランダムな情報
A
確実に関係する情報
知っておくべき
基礎知識・最新情報・実務情報
➡皆が知っていて差はつきにくい
直接的に関連
一見して関係ない
テーマにどう関連しているか

やウェブ記事を当たれば確実に収集ができる。コンサルティングでプロジェクトに当たる場合には次のような3つの情報について、1〜2週間の短期集中で消化しておけると盤石だ。

- 書籍からの「基礎知識」……5〜10冊程度読めば体系的な知識が備わる
- ウェブ記事からの「最新情報」……数十本程度で先端動向にキャッチアップ
- 業界人インタビューからの「実務情報」……3〜5本程度で実務感覚をつかむ

一方で、斬新な発想のためには、扱いはトリッキーだがより重要な「無関係そうなランダムな情報」に接することが欠かせない。ランダムな情報とは、テーマに対して直接的には関係性が明らかではなく、日々の様々なシーンの中から不特定多数にやってくる情報のことだ。友人との何気ない会話、映画、小説、駅の広告、X（旧Twitter）のタイムラインにふと流れてきた情報など、一見テーマと無関係な情報が、新しい発見に急に結びつくときがある。

僕らの思考は既存の考え方や常識に知らないうちに縛られており、このことは「固着」と呼ばれる。ランダムな情報は、こうした思考の「固着」をはがし、情報の新結合を生み出すことに役立つ。**偶然性《ランダムネス》ほど価値のあるものはない。偶然から生まれた発想には再現性がないからこそ、その希少価値はきわめて高い。**

［心構え④］対象から軽やかに間を置く――じっと念じてもアイディアは出ない

古代ギリシャで哲学が生まれたとき、哲人たちは「スコレー」と呼ばれる、精神活動に必要な余裕の時間を大事にした（それが学校schoolの語源にもなっている）。何もない時間は無駄なのではなく、発見に欠かせないものだ。

心理学者のグラハム・ワラスによれば、発見のひらめきは「温めの段階」の後にやってくるという。温めの段階とは、問題解決を一時的にあきらめて〝間〟を置き、散歩や休息など問題解決とは関係のない無活動な状態に身を置くことだ。そうした無活動の後に問題の解決策がやってくるこ

図4-10　問題解決から離れて間を置くことは発見のために必要なこと

グラハム・ワラスによる創造的思考の4段階
準備の段階
過去の知識を総動員して問題解決に没頭
しかし努力にもかかわらず失敗を繰り返す
温めの段階
解決を一時あきらめ、散歩など"間"を置く
無意識の世界ではアイディアを"温めている"
ひらめきの段階
突然の瞬間的なひらめきによって新たな発見に至る
検証の段階
発見された解決法を一歩引いて検証し、正しさを示す
"間"を置き、思考の枠から離れた"温め"の後に発見は訪れる
=インキュベーション効果

とは孵化効果と呼ばれ、いまの言葉でいえばインキュベーションだ。思いつめて考えているときではなく、そこから離れて精神の緊張がふっと解けたときに発見がやってくる（図4-10）。

僕自身、冗談半分本気半分で「寝て考えるのが得意」とメンバーに話したりする。寝て目をつむり、まどろみの中で頭の中に余白ができていき、朝起きたら難問を解くためのアイディアが生まれていたことはこれまで何度もあった。

思いきり考えた後は、間を置き、精神の余白をつくることだ。

発見までの不確かさに耐える「ネガティブ・ケイパビリティ」という能力

19世紀イギリスの詩人ジョン・キーツは友人に宛てた手紙の中で、「ネガティブ・ケイパビリティ」について伝えた。ネガティブ・ケイパビリティとは、不確かさや疑問、不安、恐怖などの負の感情に対して、その解消や解決を急がず、心を強くして受け入れる能力のことをいう。キーツはこの能力こそが、新たな創造を可能にする真の詩人たる資質であると考えた。

発見に至るまでの道のりは、そう一直線にサクッと行けるものではない。答えに気づくまでには、たいてい「本当に答えはあるのだろうか」「自分にできるだろうか」「もし答えが出なかったらどうしよう」といった不安が湧いてくる。その不安に負けて、すぐに手が届くような答えを求めたくなるのが人の性だけれど、そのような安易な答えに価値はない。

このときに必要なのが、答えが出るかはっきりとわからない宙ぶらりんの状態を受け入れ、答えが浮かび上がってくるのを待つことができる、ネガティブ・ケイパビリティの能力だ。不確かな時間の中で、徐々に物事が明らかになっていくのを待てるようになること。本当に腹落ちする答えに到達するまで、答えへの感覚を研ぎ澄ませながらも、焦りに駆られないこと。その力を持つことが、知的に成熟するということだ。

Case Solution

今回のCaseに対して、「固定電話なんていまさらどうしろと……」と思ったかもしれない。そうした、一見して突破口がなさそうな問題にこそ、新しい発想は求められる。

そこで、まずは「誰に提供するか」というユーザー視点から見てみよう。今回は「アブダクション筋」を鍛えるべく、あえて構造化しようとせず、ランダムに発想してみる。たとえば、次のようなアイディアが思いつく。

- スマホが苦手で従来の電話の操作を好む高齢者には向くのでは?
- 安定的な通信を必要とするリモートワーカーに役立つかも
- ホテルでも固定電話は各部屋に置いてあり、使えそう
- 同じ線でいえば、病院の病室でも活用ができそう

● ビジネス利用でいえば、人が動かないコールセンターは需要あり?
● ホワイトハウスに固定電話があるのを見たことがある。セキュリティを求める官公庁系にも相性がいいかも?
● その意味だと、金融業界の証券の取引でも固定電話の信頼性は役立ちそう!

こうしてアイディアをひととおり発想・発散させたら、今度は考えやすい数にまで収束させる。すると、次のように3つのユーザー像を初期仮説としてまとめることができる。こうして売り先となる潜在ユーザーの幅が出ただけでも、どこかに突破口がありそうな気がしてくるのではないだろうか。

● 属性A……最新技術に慣れず固定電話の使いやすさを求める家庭ユーザー(高齢者など。リモートワーカーはPCによる代替があり却下)
● 属性B……固定電話の利活用がサービス品質につながるビジネス業界ユーザー(ホテル、病院、コールセンターなど)
● 属性C……セキュリティ・信頼性を求める特定業界・官公庁ユーザー(金融、官公庁など)

誰に提供するかが見えたら、次は「何を提供するか?」を発想していく。先ほどのユーザー属性の区分を使えば、よりユーザーにフィットしたアイディアが考えられる。属性Aと属性Bのユーザーを例に、飛んだアイディアも含めてコンセプトを考えてみよう。

属性A……最新技術に慣れず固定電話の使いやすさを求める家庭ユーザー向け

- 大きなボタンとディスプレイ＋音声認識で簡単操作
- 緊急呼び出しタグを付属し、緊急時に家族や救急サービスと連携
- 生成AIによる高齢者との会話機能を搭載
- 会話の内容や声のトーン分析によって健康状態をモニタリング
- 「電話」を超えたレクリエーションハブとして、音楽・演劇・生涯学習などのコンテンツを提供
- おしゃべりがしたい高齢者同士をつなげる会話マッチングサービスを提供
- 電話で話した内容が文字化され、後日日記として届くボイスダイアリーサービスを提供

これらのアイディアを総括してみると、「高齢者向け暮らしコミュニケーション&レクリエーションハブ」というコンセプトで、固定電話を再定義できそうだ。

属性B……固定電話の利活用がサービス品質につながるビジネス業界ユーザー向け

- 生成AIで発信者の意図を分析、返答に対する助言・情報をオペレーターに提供

図4-11 「固定電話」のような一見して打ち手のないテーマでも、アブダクションで突破口が開ける

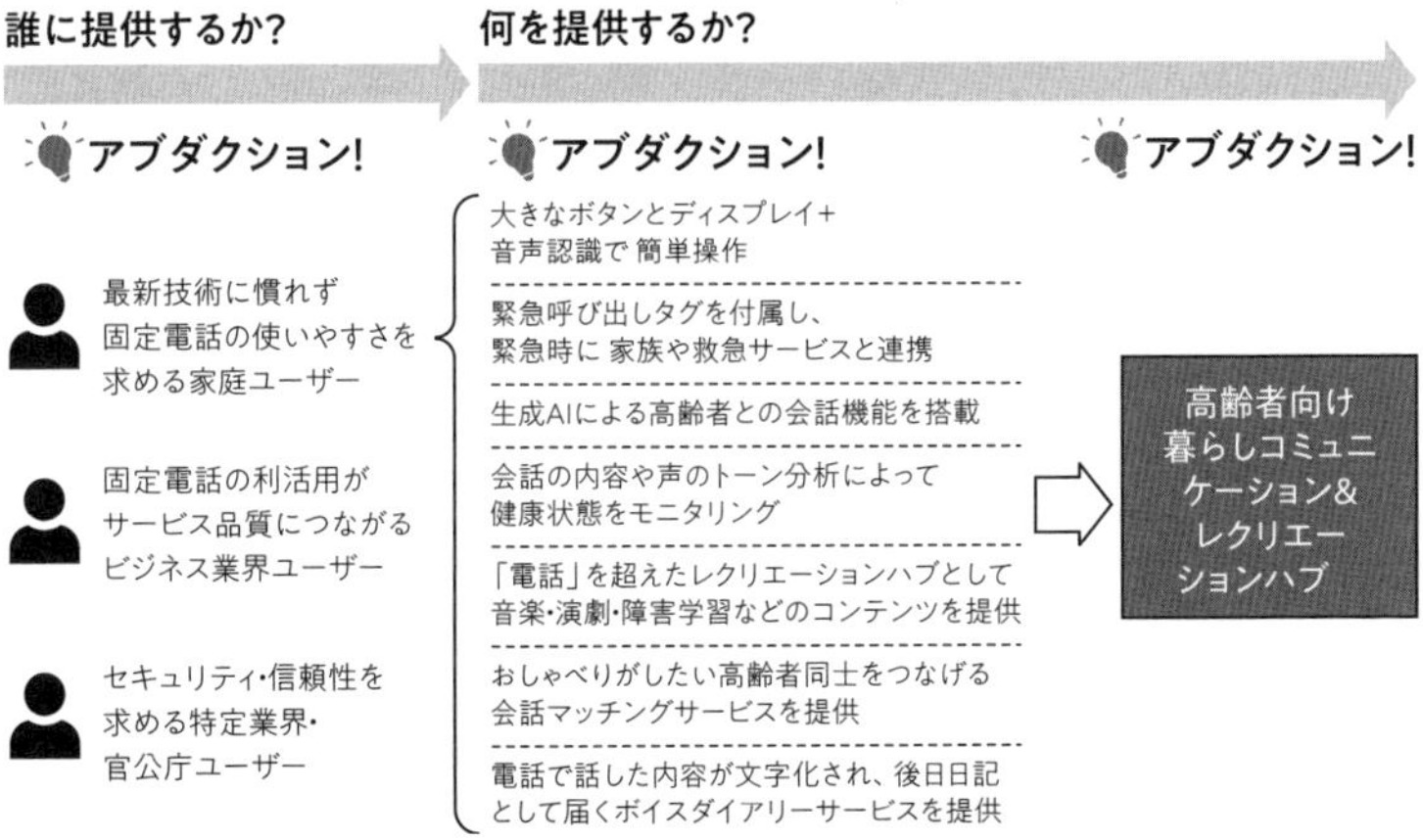
誰に提供するか?
何を提供するか?
アブダクション!
アブダクション!
アブダクション!
最新技術に慣れず固定電話の使いやすさを求める家庭ユーザー
固定電話の利活用がサービス品質につながるビジネス業界ユーザー
セキュリティ・信頼性を求める特定業界・官公庁ユーザー
大きなボタンとディスプレイ+音声認識で 簡単操作
緊急呼び出しタグを付属し、緊急時に 家族や救急サービスと連携
生成AIによる高齢者との会話機能を搭載
会話の内容や声のトーン分析によって健康状態をモニタリング
「電話」を超えたレクリエーションハブとして音楽・演劇・障害学習などのコンテンツを提供
おしゃべりがしたい高齢者同士をつなげる会話マッチングサービスを提供
電話で話した内容が文字化され、後日日記として届くボイスダイアリーサービスを提供
高齢者向け暮らしコミュニケーション&レクリエーションハブ

- 発信者の会話内容やトーンをもとに顧客満足度を記録・分析
- オペレーター対応のよかった点・改善点を自動解析・ナレッジとして社内展開
- 多言語に対応したリアルタイム自動翻訳機能の搭載
- 通話内容を自動でテキスト化し、「テキストマイニングによって問い合わせ内容の傾向を自動分析・対応すべきアクションの示唆を提示
- 顧客の購買歴や以前の問い合わせから潜在的なニーズを予測、能動的に連絡を取るようオペレーターに通知

こうしたアイディア群が出てくると、手の打ちようがないように思えた固定電話にも可能性が見出せてくるだろう。属性Ｂのユーザーに対しては、「生成ＡＩ搭載型・通話オペレーションエン

ハンサー」といったコンセプトづけができる。

ここで注目したいことは、こうしたアイディアを出すために僕はまったく調査もしていなければ、ロジカルな構造化もしていないということだ。

通常の（あるいは過去のロジカルシンキングが教える）検討プロセスを踏むなら、「まずは世の中の外部環境のトレンドを分析し、それから内部環境も掘り下げながら…」といった検討が1か月以上続くことになる。それが長々と続いた果てに結論が「昨今のスマート化・デジタル化の潮流において、固定電話は苦境に立たされている（どうしたらいいかはわかりません）」といったことでは、意味がない。そこには価値の源泉となる仮説がまったくない。

従来の手順が教える調査の誘惑、分析の誘惑、構造化の誘惑を、時には断ち切ってみる。何となく気後れし、避けていた仮説の発想のほうに、勇気を出して飛び込んでみる。

再現性？　そんなものは問わない。重要なのは仮説の有用性だ。それどころか、**偶然から生まれた仮説こそ他者が真似できず差別化を生むものであり、それゆえに貴重なのだ。**

再現性ではない、偶然性《ランダムネス》がもたらす恩恵の大きさを、このCaseの学びとして持ち帰ろう。

暗黙知としてのアブダクション

――言語化できないからこそ真似できない

アブダクションのあの「ひらめき」がパッと訪れる瞬間、そのとき頭の中で何が起こっているのかは言葉にし難い。まるで、長く待ちわびた恋人からの着信音が鳴った瞬間に心が跳ねるようなものだ。

このような「言葉で説明しにくい知識」は、「暗黙知」と呼ばれる。逆に、言葉によって説明できる知識は「形式知」と呼ぶ（図4－12）。

暗黙知は言語化できない分、頭で意識して鍛えることが難しい。実際、演繹法や帰納法は言語化しやすい形式知として誰でも練習すれば割とすぐに使えるようになるが、アブダクションは個人の感覚に依る部分が大きく、モノにするのにもう少しかかる。

だが、この「言語化しにくいこと」「個人の感覚に依ること」が、実は大きな強みの源泉になる。

たとえば、あるシェフが感覚だけで絶品の料理をつくる。その調理法はレシピとして残っていな

図4-12 暗黙知は言語化が難しいからこそ他者に真似もされにくく、独自の優位性の源泉となる

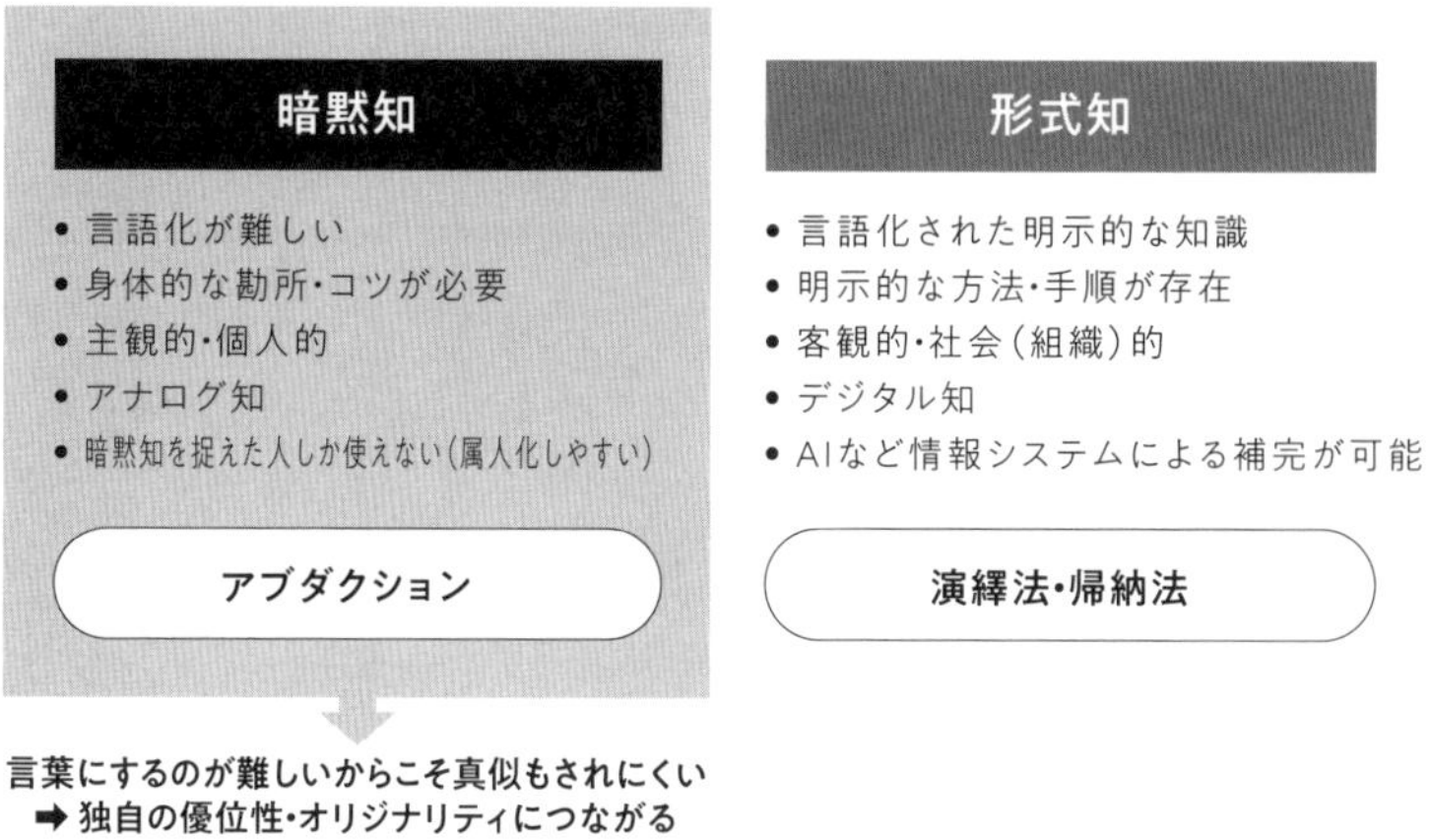
暗黙知
・言語化が難しい
・身体的な勘所・コツが必要
・主観的・個人的
・アナログ知
・暗黙知を捉えた人しか使えない（属人化しやすい）
アブダクション
形式知
・言語化された明示的な知識
・明示的な方法・手順が存在
・客観的・社会（組織）的
・デジタル知
・AIなど情報システムによる補完が可能
演繹法・帰納法
言葉にするのが難しいからこそ真似もされにくい
➡ 独自の優位性・オリジナリティにつながる

いから、他の人が完全に同じ料理をつくることはできない。これは他者に模倣されない絶対的な優位性であり、暗黙知だからこそ可能になる。

「発見」においても同じだ。どうやって新しいアイディアを思いつくか、その中心部は個人に固有なものであり、自分独自の経験や知識、感性に基づいている。それゆえにそれは他人が真似することができず、ユニークな価値を生み出すための源泉になる。

「よい感覚」を養うことで直感を自分の技にする

棋士の羽生善治さんによれば、対局のある場面での将棋の「打ち手」は約80通りの可能性があるという。その80通りの打ち手から実際の指し手を

選ぶわけだが、羽生さんの頭の中ではそのすべてをしらみつぶしに確認するわけではない。そのとき、羽生さんの頭の中では、次のようなことが起こっている。

「最初の直感によって、二つないし三つの可能性に絞り込んでいく。残りの77とか78という可能性については、捨てる。たくさんの選択肢があるにもかかわらず、9割以上、大部分の選択肢はもう考えていない」

——『直感力』、ＰＨＰ新書

「77とか78という可能性」はどういったプロセスで捨てられているのだろうか？　おそらくそれは、羽生さん自身でも言葉で説明することが難しいかもしれない。そもそも初めから「考えていない」のだから。代わりにはたらいているのは「直感」だ。その感覚が、羽生さんにはある。

先に紹介したウェイツキンも、本の中で「よい感覚」について語っている。何か技術を磨いていくと、ときに「これはすごくうまくいった」という経験をすることがある。自分のやりたいことがうまくはまり、感覚としてしっくりきて、技術が瞬間的に極まった感じがする。それが「よい感覚」だ。

大切なのは、一度でいいからこの「よい感覚」を感じ、その感覚をよく身体で覚えておくことだ。すると、今度はそれを指標として、どれだけその「よい感覚」とズレがあるかがわかるようになり、そのズレに対して自分を調整していけるようになる。「よい感覚」がいつでも再現できるようになれば、その技術が「技」とした身についた証しだ。

思いつきでもいい
——発見を促す組織の「心理的安全性」と「思いやりの原理」

最後に、「発見」にかかわる組織文化の話をしよう。

コンサルティングファームでありがちだが、論理性を重要視するあまり、仮説の種を「それって思いつきでしょ?」と言って殺してしまうことがある。何かアイディアを思いついても、それをうまく言葉で説明できない場合には「説明できないと話にならない」といって拒絶反応が出たりする。しかし、そのような「心理的安全性」を欠いた状態では、人間が持つ直感や創造性が活力を持ってはたらくことはない。

意外かもしれないが、強調しよう。「はじめは思いつきでいい」。思考には「発見」と「論証」という二大局面があることは既に述べた。発見の段階においてはむしろ個人の直感的な嗅覚こそが創造性の源泉であり、価値を生み出すための糸口となる。

議論の場において、積極的に相手を理解しようとする態度をとるべきであることは、**「思いやりの原理」(principle of charity)** と呼ばれている。

誰かが新たな仮説を発見したとき、その仮説は生まれたての赤ん坊のように弱々しい。生まれたばかりの子どもを扱う繊細さで、まずはその仮説を一度受け止め、理解に努め、その仮説を使うことで筋が通った話に仕立て上げられないか、一度考えを巡らせること。このような知的マナーを組織の一人ひとりがとるようになることで、心理的安全性も生まれ、創造的な発想も出てくるようになる。シビアにロジックを駆使して検証するのは、仮説が発見された後だ。

だから、これから誰かがアイディアを「アブダクト」してきたとき、僕らはその発想を頭ごなしに否定したり、拒絶したりすることは止めよう。仮説がどのように出てきたかではなく、その仮説の持つ有用性とポテンシャルに着目することだ。ニュートンが「引力」を発見したときのように、それはこれからの未来を変えるものかもしれないのだから。

第5章

発見の逆説

発想力の本質としての「〈問い〉を立てる力」

仮説の発見が木に実った“果実”だとすれば、問いはその“種”にあたる。仕込んだ問いの種によって青々と茂りゆたかに果実を実らせる木に育つこともあれば、貧弱なまま実を結ばずしおれてしまうこともある。生成AIの時代にあっても、思考の起点としての問いは人間がつくるものだ。「考える」こととは何かという本質にも迫りながら、思考の質そのものを源流から左右する問いの技法をこれから伝えていこう。

Case

飛び交う議論、問いの焦点をいかにつかむか

場面は、製造業向け機械工具を販売するシン・ロジックツール社の会議室。そこで、佐藤さん、辻本さん、有坂さんの3人が集まって何やら議論を行っている。3人の議論を聞きながら、次のことを考えてみてほしい。

①議論の中心となっている問い（論点）は何だろうか？
②その中心となる問いから、3人の議論をもとに個別の問いをどう分解できるだろうか？
③3人の議論に含まれていない、他に考え得る問いは何かあるだろうか？

佐藤さん、辻本さん、有坂さんの議論

佐藤さん：最近、新規顧客の獲得が思うように進んでないね。市場調査では需要はあるはずなんだがなぁ。もっと新規顧客の獲得を加速させるための方法を考えないと。

辻本さん：それは僕も思っていたところだ。顧客対応を改善させる営業スキルをどう高めるかをもっと突き詰めないといけないんじゃないか？　研修プログラムを見直す必要があるかもしれない。

有坂さん：営業プロセスそのものが効率的じゃないように思います。いまの営業管理システムだと、チームへの情報共有も不十分。これではチーム全体が一貫したアプローチで売り込みをかけられないんじゃないかな。そのために現状のITツールをどう改善させるかが大きなポイントですよね。

佐藤さん：俺は、営業チーム全体のパフォーマンスをもっと底上げしたいと思うんだよね。たとえばトップセールスマンの成功事例を共有すれば、他のメンバーの参考になるんじゃないか。

辻本さん：それはいいアイディアだね。でも、一人ひとりのスキルを向上させるための個別フィードバックも重要だと思う。定期的な1on1ミーティングを増やして、各営業担当の個別課題に向き合う仕組みをつくるべきじゃないかな。

有坂さん：データ分析をもっと活用するのも手ではないでしょうか。どの営業担当がどの顧客層に強いのか、どのアプローチが効果的なのかをデータで明らかにすれば、営業プロセスがもっと効率的になるはずです。

辻本さん：他にも、チームのモチベーションをどう高めるかっていう話もあるよね。インセンティブ制度を改善すればいいのかなぁ。新規獲得を積極的に評価して、成果に応じて報酬を増やせば、営業活動の意欲も高まるんじゃないかな。

佐藤さん：（みんないろいろ意見があるな…さてどうまとめたものか……）

「問いの質」が「思考の質」を決める

かつてアインシュタインは、「問い」についての次の言葉を遺した。前著でも引いた箴言だ。

「もしわたしがある問題を解決するのに1時間を与えられ、それが人生が変わるような大問題だとすると、そのうち55分は自分が正しい問いに答えているかどうかを確認することに費やすだろう」

問いはなぜこれほどに重要なのだろうか？　それは、問いとは考えることそのものだからだ。問いの質が優れていれば思考の質は自ずと高まる。問いの質が劣るなら思考の質も落ち、そこから生まれる知的成果も陳腐になる。問いを立てられないことは、うまく考えられないことと同じと言っていい。問いが、思考を決める。思考の原点としての、問い。

日本の教育では、残念ながらこの点があまりに軽視されてきた。いま、僕らは考える力を高めようとしている。だからこそ徹底して、考えることの原点である「問い」にこだわりたい。

生成AIを使いこなすカギとしての「問う力」

ChatGPTをはじめとする生成AIは、プロンプトと呼ばれる指示文を入力することでそれに対する回答を返してくれる。たとえば「アルゴリズムとは何でしょうか?」というプロンプトを入力して尋ねると、「アルゴリズムとは、問題を解決するためのタスク指示のセットを示したものです」などと即座に答えてくれる。

人間の知的営為さえも担い始めた生成AIは、「もはや人間が考えられることがなくなっていくのではないか」という気にさえさせられる。

しかし実際のところ、AIが生成するアウトプットの質は、投げかけられた問いの質に大きく左右される。斬新で具体的な仮説のある問いに対して優れたアウトプットを生成する一方、誰もが思いつく表面的で浅い問いからは浅いアウトプットしか返ってこない。まさしく、Garbage in, Garbage out（ゴミを入れたら、ゴミが出てくる）であり、Quality in, Quality out（高品質なものを入れたら、高品質なものが出てくる）だ（図5-01）。

図5-01 生成AIの質は、使い手が与える問いの質によって左右される

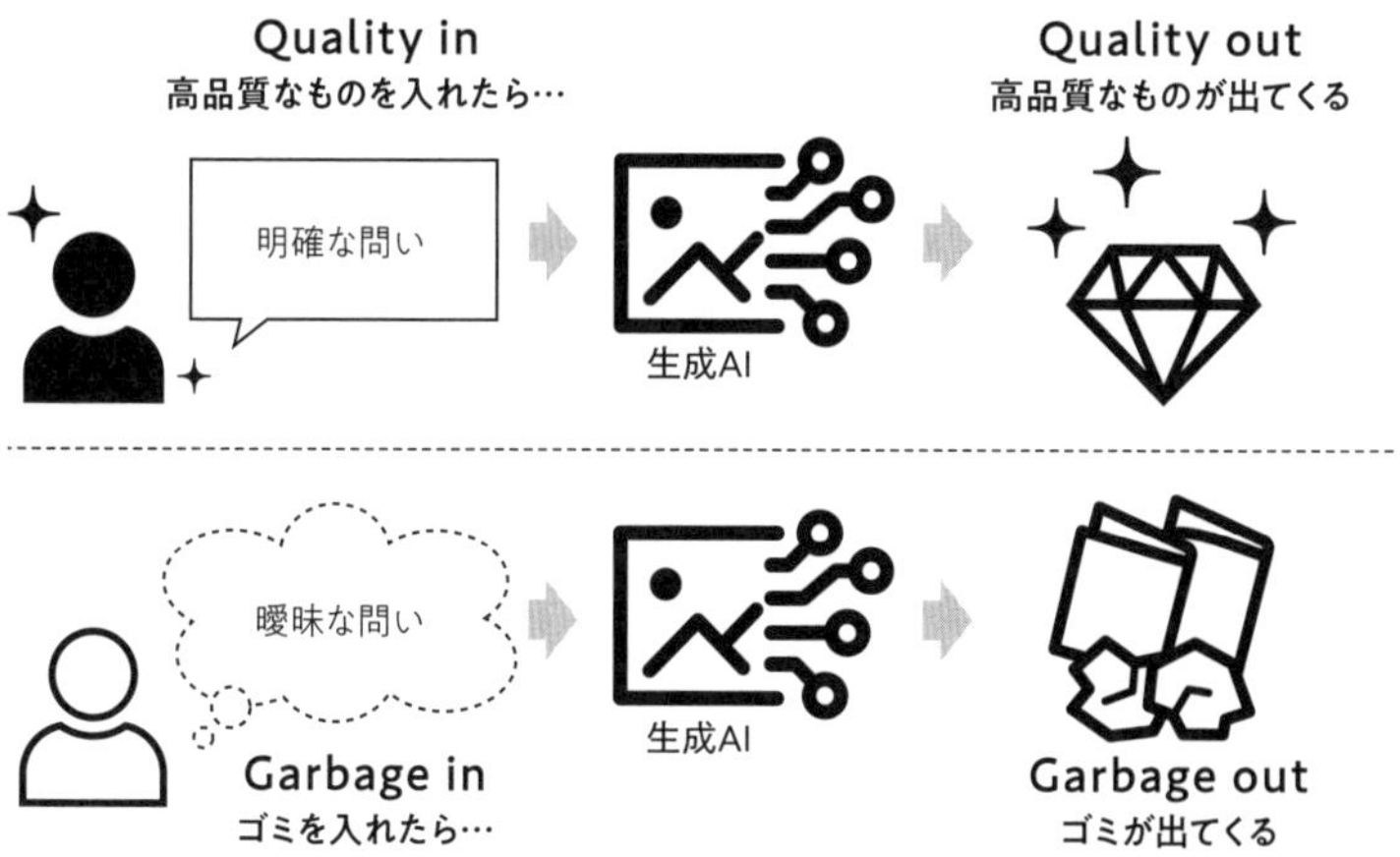

生成ＡＩによりよい指示を与えるための技術は「プロンプトエンジニアリング」と呼ばれるが、そうしたテクニック論を超えて、その根底には「よい問い」を与えるための人の思考や創造性が通底している。これからの時代は生成ＡＩを操作する人間の能力が真に試されているのであり、だからこそ僕らはその鍵となる「問いを立てる力」を磨かなければならない。

問いを立てることの不安、怖さ、恥ずかしさ

とはいえ、そもそも「問いを立てる」ことについて苦手意識を持っている方もいるかもしれない。たとえば授業やセミナーなどで「質問はありますか？」とあった際に、教室や会場が無言に包まれ

図5-02 **問いとは「悩みのタネ」ではなく、「価値の原石」**

「こんなことを聞いたら
バカだと思われるんじゃないか…」
「当たり前に知っているべきことだったら
恥ずかしい…
「時間もないのに質問なんてしたら、
迷惑がられるかもしれない…」
「そんなことも知らないのか、
とあきれられるかも…」
ではなく…
問いがあるからこそ
価値が生まれる。
問いは価値の原石だ!
問い

る状況を多くの人が経験したことがあるだろう。

そのとき、参加者の心の中には次のような心理的な不安、怖さ、恥ずかしさがあるように思える。

「こんなことを聞いたらバカだと思われるんじゃないか」

「当たり前に知っているべきことだったら恥ずかしい」

「質問したら自分に知識がないことをさらけ出してしまう気がする」

「くだらない質問だからやめておこう」

「質問したら、それを攻撃や批判と受け止められるかもしれない」

そもそも僕らは、「問いを立てる」ことに慣れていない。僕らが慣れているのは、試験問題のように「与えられた問いに答える」ことだ。

「作者の主張は何か?」「登場人物の心理は?」「この方程式の解は?」「この英文の意味は?」無数の問いを浴びせかけられ、答えられなければ劣等生とみなされる。そうして、問いはある種の脅威として僕らの心象にネガティブな形で残る。

そうした問いに対するネガティブな心象が、社会に出た後のビジネスの場にも引きずられていく。仕事は言われたことをしっかりやればよい。問うことは相手に楯突くことであって、組織の規律や調和を乱す行為である——学校教育の延長から、そんな誤解が残ったままになる。

問いに対するこのようなネガティブな認識は、何よりも転換しなければならない。問いは、決して攻撃的行為でもなければ、調和を乱す行為でもない。問いとは思考そのものであり、価値を生み出すための原石だ。問いによって僕らは新しいことに気づき、理解を深め、未知への想像を描き、新たな価値を生み出すことができる。問いがなければ、これらがすべて失われる(図5−02)。

「何か考えよう」と思うだけでは、頭は何も考えない
——「思考エンジン」としての問い

「これはなぜだろう」「あれはどういうことだろう」といった疑問は、僕らも日常から抱くものだ。

しかし、問いを使いこなすために重要なのは、問いが僕らの思考にどのような影響を及ぼすか、そのことをよく自覚することにある。問いが持つ重要な役割として、次の3つがある（図5－03）。それぞれについて、話していこう。

①「思考エンジン」としての問い
②「思考の照準」としての問い
③「情報のマグネット」としての問い

まずはじめに、問いを持つということは、思考を前進させる「エンジン」を自分の頭に組み込むことを意味する。

たとえば、子育てについて考えるとき、「子育てをがんばろう」と思っただけでは、そこから考えを広げることは難しい。一方で、たとえば次のような問いを設定してみると、問いに対して自然と頭は回り始めようとする。

- 将来どのような子どもに育ってほしいか？
- 賢い子どもに育てるには、何ができるか？

図5-03 問いが持つはたらき
――思考エンジン・思考の照準・情報のマグネット

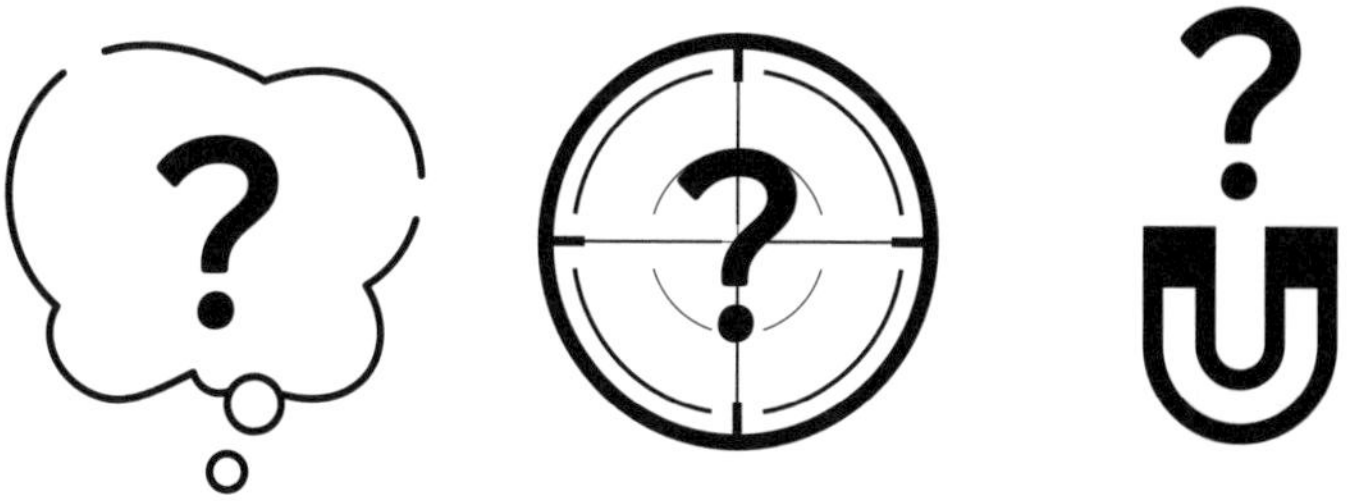

- 丈夫でたくましい身体に育てるためには、何ができるか？
- 幼稚園や小学校から私立に通わせるべきか？
- どのような習い事をさせるか？　いつから？
- 将来は海外に留学させるべきか？
- 子ども自身は何を望んでいるのか？　親はそれをどのように理解するか？

問いを与えられれば、それを考えずにはいられない。それが人間の自然に持った性質だ。

逆にいえば、考えても進まない状態というのは、自分の頭にエンジンとなるクリアな問いを持てていないからだ。力強く思考を進めるためには、原動力となる明確な問いを立てることだ。

問題に切り込む角度を決める——「思考の照準」としての問い

問いが持つ2つ目の役割は、「思考の照準」だ。
敵城に攻め込む際に侵攻の方角を定めるように、問いは問題に対するアプローチの角度を定め、焦点を絞り込む役割を果たす。逆に問いがなければ、思考は照準を失ってモヤモヤとし、クリティカルに問題に切り込めなくなる。

具体例を考えてみよう。ある日、あなたが友人との待ち合わせに遅れそうになったとする。この状況で「どうすれば時間どおりに到着できるか？」という問いを立てると、思考の焦点は「時間内に到着する方法」に集中される。交通手段の選択、近道の存在、現在の交通状況といったことに思考が向くようになる。

一方で、「どうすれば友人の機嫌をとれるか？」と角度を変えて問いを立てるとどうか。思考の焦点は、交通手段から遅れた際の友人の気持ちへと移り、アプローチの方向性が変化する。考えとしても、丁寧なメッセージを送ったり、遅れたおわびに今度プチプレゼントを準備したりするなど、友人の気持ちに寄り添ったアイディアが浮かぶようになる。

これらとは逆に問いを立てずにいると、ただ「遅れそう、どうしよう」と焦りばかりが募ってしまう。問いの有無によって、問題に切り込む角度と焦点が左右されるわけだ。

必要な情報が勝手に目に飛び込むようになる
――「情報のマグネット」としての問い

問いが持つ3つ目の機能、それは、**問いは問題解決に必要な情報を集めるための「マグネット（磁石）」になる**ということだ。問いを持てばそれに関する情報への感度が高まり、普段なら気にも留めないようなことでも目に飛び込んでくるようになる。「あ、これはいま考えている問題に使えるかも」と気づかせてくれる。

たとえば、仮にあなたが独身で、念願かなって恋人ができたとしよう。そうすると、「どのようにして相手を喜ばせようか？」という問いがいつも頭について回るようになる。そうした問いがつきまとってくると、これまで目にも入らなかったような「カップル限定北海道三泊四日の旅」や

「クリスマス限定ディナークルーズ」「恋人が喜ぶプレゼント特集」「リモートデートのススメ」といった情報がどんどん目に留まるようになる。問いが**「情報のマグネット」**としてはたらき、身の回りにある情報の受信を促してくれるわけだ。

逆にいえば、頭の中に明確な問いがなければ、どれほど豊富に情報に囲まれた環境にあっても、それらはスルーされていくだけだ。そうなると、考えるための材料が調達できず、仮説を考え出すことも難しくなってしまう。情報と発見は、それを待ち構える人のもとにこそやってくる。

「考える」とは、問いへの緊張を持続させること

ここからさらに、「考える」ということについての理解を深めよう。
そもそも、「考える」ということは、何なのか。

僕の考えでは、それは、問いに対して耳を澄ませ続けること。ニュースを視るときでも、漫画を読むときでも、スーパーで買い物をするときでも、お風呂に入るときでも、**答えるべき問いを頭**

図5-04 「考える」とは、「問い」への緊張を持続させること

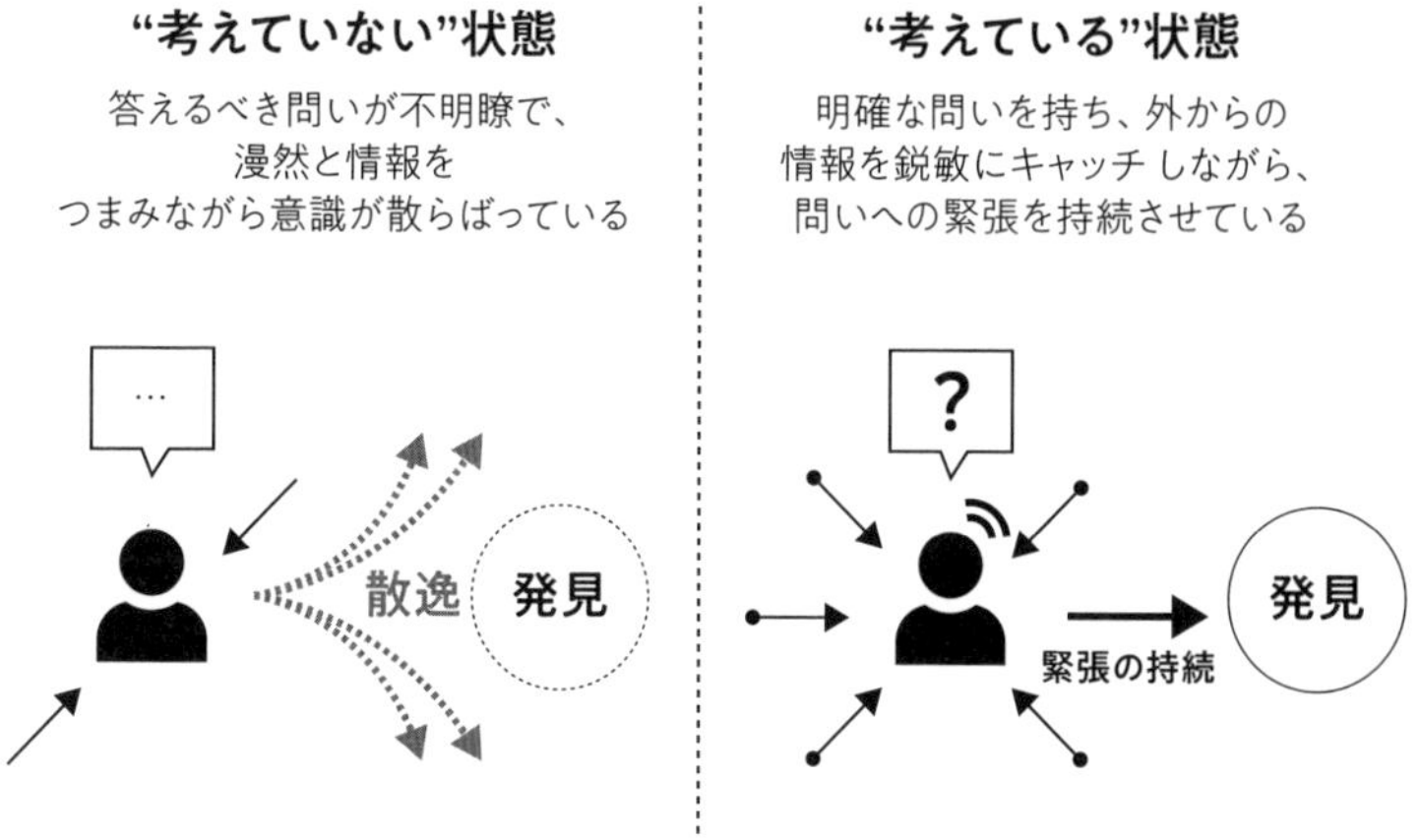
“考えていない”状態
答えるべき問いが不明瞭で、
漫然と情報を
つまみながら意識が散らばっている
…
散逸
発見
“考えている”状態
明確な問いを持ち、外からの
情報を鋭敏にキャッチしながら、
問いへの緊張を持続させている
?
緊張の持続
発見

に抱えながら、答えを探り、待ち受けるべく思考の緊張を持続させていること。それが「考える」ということだ。

このことは、新しい考えを「発見」することともそのままつながっている。どれほど発想法を知っていたとしても、問いへの緊張がそこに欠けていれば、発見は決してやってこない。新たな発見は問いへの意識をどれだけ強く、長く持続させられるかにかかっている（図5－04）。

発想の本質は、「答えを思いつく」ことではなく「問いを立てる」ことにある

ここから、僕らはひとつの発想の転換を得ることができる。**うまくアイディアを考え出すには、答えではなく問いにこだわるべき**ということだ。

こんな有名な話がある。とあるオフィスビルで、エレベーターの待ち時間が人々の不満となっていた。しかしそのためにエレベーターの台数を増やすことやエレベーターの移動速度を上げることは、費用や施設の構造上の制約から難しかった。そこで、オフィスビルの管理者は別のアプローチを考えた。

「より速くより多くの人々を運ぶにはどうすればよいか？」という問いから離れ、「エレベーターを待つ人々の不満を和らげるにはどうすればよいか？」という問いに切り替えたのだ。

すると、エレベーターホールに鏡を設置し、人々が待ち時間の間に自分の姿をチェックできるよ

うにすることを思いついた。その結果、人々は待ち時間に自分の髪形や服装をチェックすることに夢中になり、エレベーターに関する不満を大きく減らすことができた。

この話で注目したいのは、解決方法に頭を悩ませたのではなく、「人々の不満をどう和らげるか？」という問いの角度を変えたことで解決策を見出したということだ。問いそのものが、僕らの発想を縛りもし、新たな可能性を拓きもする。発想力とは、問いを立てる力でもある。

問いを立てる感覚、発散と収束

日本の教育課程において、設定された問いの答えを考える機会は多いが、問いそのものを考える機会は多くはない。ここで、「問いを立てる」ことを身体感覚として感得するためのエクササイズに取り組んでみよう。

お題は、誰もが知っている果物、「リンゴ」だ。くだらないと思うようなものでも何でも構わない、一度本を伏せて、リンゴに関する問いを、断片的でいいので、10個考え出してみよう。

いかがだろうか。たとえば次のような問いが考えられる。

「リンゴはなぜ赤色だったり緑色だったりするのか？」

「リンゴは何年で育つのか？」

「リンゴは健康にいいのか、副作用はないか？」

「リンゴは赤ちゃんが食べても大丈夫なのか？」

「日本のリンゴ農家の数は？」

「リンゴの品種はいくつある？」

「リンゴの価格は昔と現在でどれくらい違う？」

「宗教におけるリンゴの意味合いとは？」

「キリスト教以外でもリンゴが特別な意味合いを持つ文化はあるか？」……


このようにして、ランダムでいいから問いをとにかく吐き出すことを、**「問いの発散」**と呼ぼう。いまの段階では、いちいちその問いに意味があるかないかは考えなくていい。

いったん問いを吐き出したら、一度呼吸を切り替えて、ひとつ抽象化させた問いでくくり直してみる。このことを、**「問いの収束」**と呼ぼう。これを行うことで問い全体の見通しがよくなり、さらにその抽象化した問いを手掛かりに、より多くの問いをまた「発散」させることができる。

リンゴの生態はどのようなものであるか？

「リンゴはなぜ赤色だったり緑色だったりするのか？」

「リンゴは何年で育つのか？」

「どのような土地や気候でよく育つのか？」


人にとっての食べ物としてのリンゴの特徴とは？

「リンゴは健康にいいのか、副作用はないか？」

「リンゴは赤ちゃんが食べても大丈夫なのか？」

「食べ合わせの相性がいい他の食べ物とは？」


リンゴの生産体制はどのようになっているか？

「日本のリンゴ農家の数は？」

「リンゴの品種はいくつある？」

「リンゴの価格は昔と現在でどれくらい違う？」


リンゴの文化的・宗教的意味合いとは？

「宗教におけるリンゴの意味合いとは？」

「キリスト教以外でもリンゴが特別な意味合いを持つ文化はあるか？」
「リンゴを食べることがタブーとなっている国・文化はあるか？」

たとえ「リンゴ」というようなありふれたものでも、こうして問いの「発散⇅収束」を繰り返していくことでどんどん問いを立てられることがわかるだろう。「問いを立てる」ことは、「解決策を考える」こととは使う頭の筋肉が違うのだ。その感覚を、ぜひ覚えておいてほしい。

問題・課題・解決策の違い——「問い」との関係

ここで、意味合いが紛らわしく、しばしば混在して使われる用語たち——問題、課題、解決策——の違いについて理解の解像度を上げておこう。これらの意味合いはどう区別されるのか、そしてそれが「問い」とどう関係するかを押さえておくことは、思考をクリアなものにしてくれる。

まず、問題、課題、解決策とは次のような意味合いを持ち、互いにつながりを持っている。

[問題] よくないことが起こっている状態・出来事

⬇ (例) わからない英単語が多く、英語の長文が読めない

図5-05 「問い」は、問題・課題・解決策を俯瞰し、マネジメントするはたらきを持つ

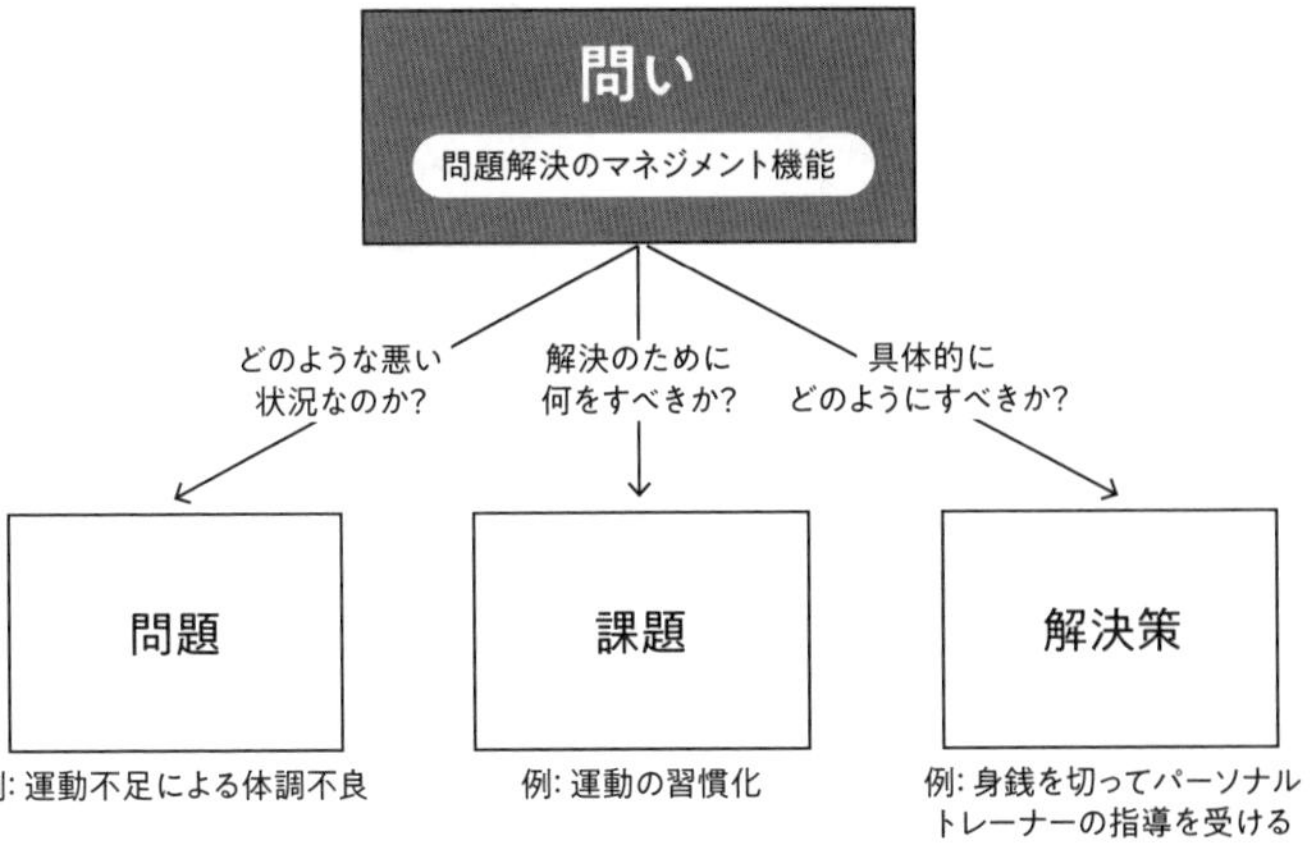
問い
問題解決のマネジメント機能
どのような悪い状況なのか？
解決のために何をすべきか？
具体的にどのようにすべきか？
問題
課題
解決策
例: 運動不足による体調不良
例: 運動の習慣化
例: 身銭を切ってパーソナルトレーナーの指導を受ける

［課題］問題を解決するために成し遂げるべきこと

⬇（例）英語のボキャブラリーを強化する

［解決策］課題に取り組むための具体的な手段・行動

⬇（例）わからない単語をノートに記録し、ストックを日々増やす

これらに対して「問い」とは、これら問題、課題、解決策を考え出すために立てられる。それぞれ、次のように対応している。

- 問題＝どのような悪い状況なのか？
- 課題＝解決のために何をすべきか？
- 解決策＝具体的にどのようにすべきか？

問いは、問題・課題・解決策のそれぞれを俯瞰

する。そもそもそれらが何であるか、なぜそれが大事なのか、いつ・誰がやるべきなのかなど、一段上の目線で問題・課題・解決策をマネジメントするのが問いだ。これらの意味合いや位置づけの違いを区分にすることでよりクリアな問いを立てられるようになり、自分自身の視座をも高めてくれる。

クエスチョン・スコープ
――「前後×内外」で問いの全体像を捉える

問いを立てようとするとき、無限の立て方があるように思えて、たじろいでしまう。一方で、問いには、その問いがどこへと向かうものなのかという「方向性」があり、それは「[前／後]」×[内／外]」という二軸によって定めることができる。これを問いの全体像を示し照準機能を果たすツールとして「クエスチョン・スコープ」(Question Scope 問いの照準器)と呼ぼう(図5-06)。

まず、2つの軸の交点に注目しよう。この交点は、問いをどのようなテーマに向けて投げかけるかを決める照準点のようなものだ。たとえば自分の暮らしについて考えようとするとき、心身の健康、友人関係、趣味の充実、時間管理の工夫などといった思考の対象となる焦点を定める。そして

図5-06 「クエスチョン・スコープ」で問いの全体像をとらえる

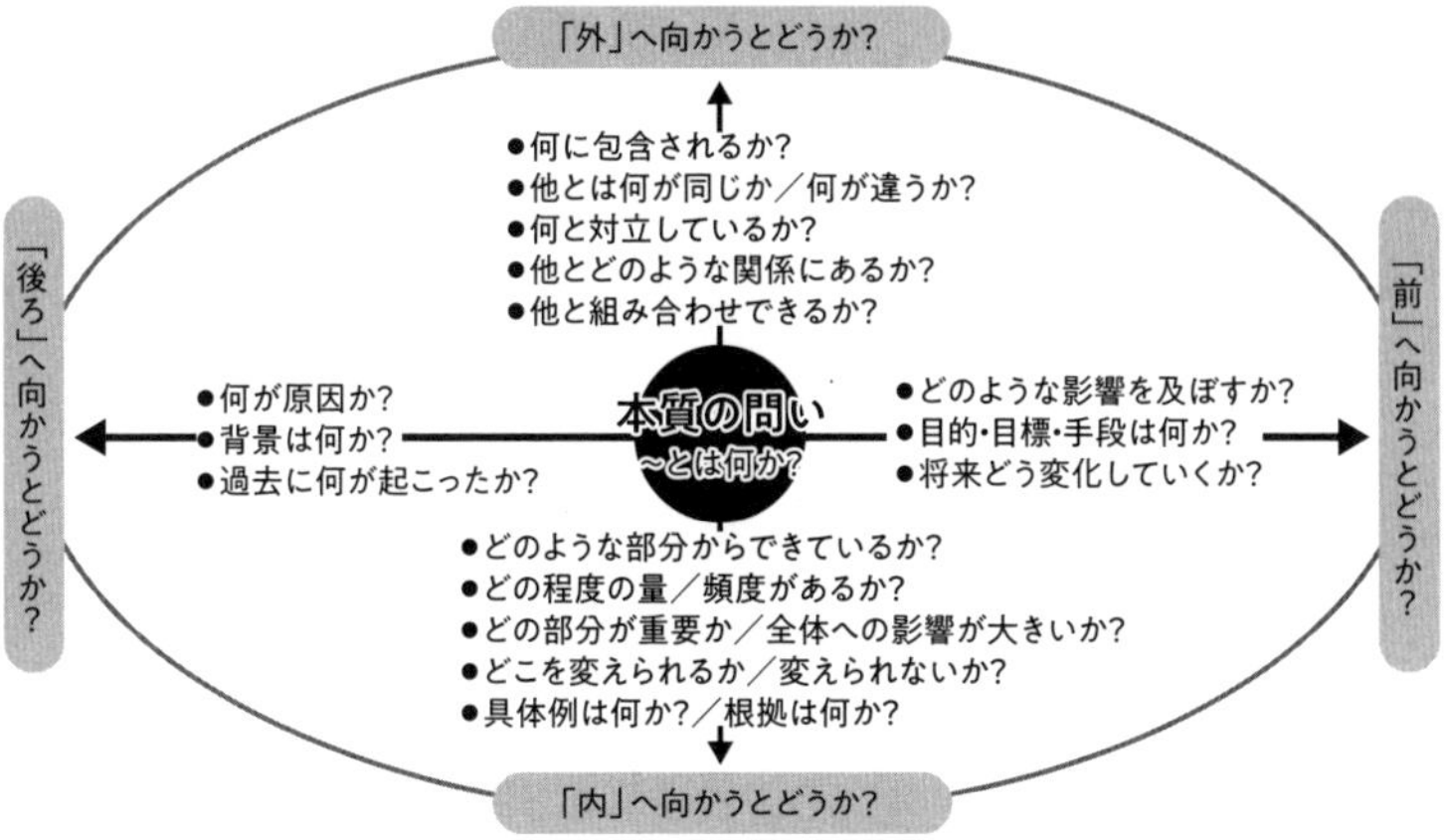
「外」へ向かうとどうか？
●何に包含されるか？
●他とは何が同じか／何が違うか？
●何と対立しているか？
●他とどのような関係にあるか？
●他と組み合わせできるか？
「後ろ」へ向かうとどうか？
●何が原因か？
●背景は何か？
●過去に何が起こったか？
本質の問い
〜とは何か？
●どのような影響を及ぼすか？
●目的・目標・手段は何か？
●将来どう変化していくか？
「前」へ向かうとどうか？
●どのような部分からできているか？
●どの程度の量／頻度があるか？
●どの部分が重要か／全体への影響が大きいか？
●どこを変えられるか／変えられないか？
●具体例は何か？／根拠は何か？
「内」へ向かうとどうか？

ここを起点に、前後・内外へと問いを広げていく。

「前／後」の軸では、起源を探る問いが「後ろ」に、未来を見据える問いが「前」に位置する。後ろへ向かう問いは、そのことが起こった背景、原因、過去の事情を追う。**前へと向かう問いは、先に及ぼす影響、目的・目標やその達成手段、将来の変化に考えを向ける。**

次に、「内／外」の軸では、問いの焦点が内側に向けられるか外側に広がるかを示す。内側に向かう問いは、対象そのものに対する解像度を上げていく。どのような部分から構成されるか、どの部分が重要か、具体例や根拠は何か、などが問いとして含まれる。

外側に向かう問いは、対象を越えて他の要素とのつながりを見る。何に包含されるか、何と同じで何と違うか、何と組み合わせられるかなど、枠を超え出た可能性を探求する。

そして最後に、再び2つの軸が交わる原点に戻ろう。そこには、「〜とは何か」という問いがある。これは、「自由とは何か」といったような、対象の本質に迫る究極の問いだ。真にこれに答えるには、対象の前後・内外を考えつくしたうえで答えることになるだろう。この原点は、最初の問いでもあり、最後の問いでもある。

問いを立てるときは、この交差する2本の矢印を頭の中に思い浮かべるといい。さながら、スナイパーが十字の照準スコープを覗いて狙いを定めているイメージだ。後ろに向けば起源をたどり、前を向けば先の展開を追い、上に向けば俯瞰像が得られ、下に向けば解像度を高める。この問いの方向感を身につけることで、自分の思考の舵取りを自在に行えるようになる。

「よい問い」と「悪い問い」、3つの特徴

この章の冒頭で、問いの質が思考を決めると話した。このことは、「問いを立てる」と一口に言っても、そこにはよい問いもあれば、悪い問いもあることを意味する。

では、何がよい問いで、何が悪い問いなのだろうか？
よい問いと悪い問いを比較してコントラストを浮かび上がらせながら、このことを伝えていこう。

［特徴①］解像度が高い問い ⇕ 曖昧な問い

問いのよし悪しを決めるひとつ目の観点は、解像度だ。悪い問いは、しばしば曖昧で、問いを通じて何を突き詰めたいかの焦点が定まっていない。一方で、よい問いは、解像度が高い。問いを通じて「〇〇を明らかにしたい」という意図が明確で、具体的だ。

たとえば、マーケティングチームが新しいキャンペーンの効果を分析していたとしよう。このとき、「このキャンペーンはどうだったか？」と問いを立てたとしたら、どうか。このようなふわっとした問いだと、「どうって言われても、何が知りたいの？」と思えて答えようがない。これに対して解像度が高い問いとは、

- このキャンペーンによって見込み客は何％増えたか？
- 顧客の購買率はどの程度上がったか？
- 新規顧客の比率は高まったか？

というように、知りたいことの意図が明確で、問いの対象も具体的だ。
解像度の高い問いは、頭の中の疑問のモヤモヤに「形」を与え、思考をシャープなものにしてくれる。

[特徴②] 考えることで答えが出せる問い ⇕ 考えても答えが出ない問い

2つ目の観点は、「考えて答えが出せる問いであるか」ということだ。何を当たり前のことを、と思うかもしれないが、実際のコンサルティングのプロジェクトで、メンバーが考えて答えが出せるか否かを見極めないまま、答えが出ない問題に頭を悩ませている姿を何度も見てきた。

たとえば、考えても答えが出ない問いとは次のようなものだ。

- ○○業界における競争環境は苛烈であるか？
- 競合製品が高いパフォーマンスを出せるのは、どのような技術があるからか？
- フェイスブックはいつ社名をメタに変えたのか？
- ドイツ現地での水素の価格はいくらか？

これらの問いはどれも考えて答えが出るものではなく、必要なのは、調べることだ。「これは考えてもわからない問いだ」と見切って適切な対応をとることは、自分の時間や労力を無駄にしないためにとても重要だ。

[特徴③] 答えが目的への貢献につながる問い ⇕ 答えても意味がない問い

3つ目の観点は、「そもそもその問いに答える意味があるか」ということだ。これは言い換えれば、その問いに答えることで、目的の達成に近づくことができるか否か、ということを意味する。せっかく労力をかけて問いに答えたとしても、その答えが価値を生まないものであればその労力は無駄になってしまう。

たとえば、ある製品の開発をしていて、ユーザーからの受けが競合よりも悪かったとしよう。そのとき、「競合に対する我々の技術の強み・弱みはどうなっているか?」という問いを立てたとしよう。一見もっともらしい問いであるが、「自社の技術は○○が強い」「△△の技術は弱い」と答えを出したところで、ユーザーの反応がなぜ悪いのかの理由をダイレクトに明らかにはできない。

一方で、「ユーザーの要望に対して、我々の技術が満たせていない点はどこか?」と問いを立てたなら、どうか。ここでユーザーの要望を改めてリストアップし、それぞれに対して自社の技術がどの要望を満たし、どの要望は満たせていないかを特定することができる。これによって、ユーザー体験を改善するための打ち手につなげていくことができる。

問いを見極めるために「一度、立ち止まれ」

問いには、解くべき問いとそうでない問いがある。このことと関連して、僕が入社1年目だった頃に先輩の敏腕コンサルタントから言われた、印象的な言葉がある。

「一度、立ち止まれ」

新人だった頃、何とか成果を出そうとファームの中でもがいていた。けれども、出てきたアウトプットはどうもプロジェクトのニーズとかみ合わない。時間をかけてつくったスライドもボツを食らい、報告書から消されてしまう。

そんなときに言われたのが、「いきなり感を出しちゃいけない。一度、立ち止まれ」という言葉だった。**自分が考えようとしている問いは明確なのか、その方向性は正しいのか、走り出す前に一度自分で見定めてみろ**という意味だ。

逆に言えば、**問いを精査もせず、どこに向かって走っているかもわからない状態では、ろ**

くな成果は出ない。頭の回転が速い＝頭がいいと思われがちだけれど、考えるべき方向性を見極めて、適切な問いが設定されてこそ頭の回転の速さも活きてくる。でないと、ただ明後日の方向に猛スピードで疾走していくだけになってしまう。

問題解決の立地を俯瞰する「問いのマトリクス」

——認知資源の選択と集中

すべての問題を解決し尽くそうとすることは、聞こえはいい。しかし現実には、リソースが無限にあるわけではなく、全部手をつけようとして、結局、どれも中途半端になりかねない。むしろ、どの問題に重点を置いて徹底的に解決し、どこは平均点で済ませるか、どこは劣後するか、といったことを差配することに問題解決マネジメントの妙がある。

思考法とは単に「どう解決するか」だけではない。**「そもそもどこを解決すべきか」という問題解決の立地選択は決定的に重要な要素だ。**それによって「この問題は優先的に考える」「この問題は劣後させる」という選択を行い、ムダな資源投入を戦略的に避けることができる。

問いの選択と集中とは、限りある資源の選択と集中そのものなのである。

図5-07 「どう解くか?」の前に、問題解決の立地=「そもそもどこを解くか?」を見極めること

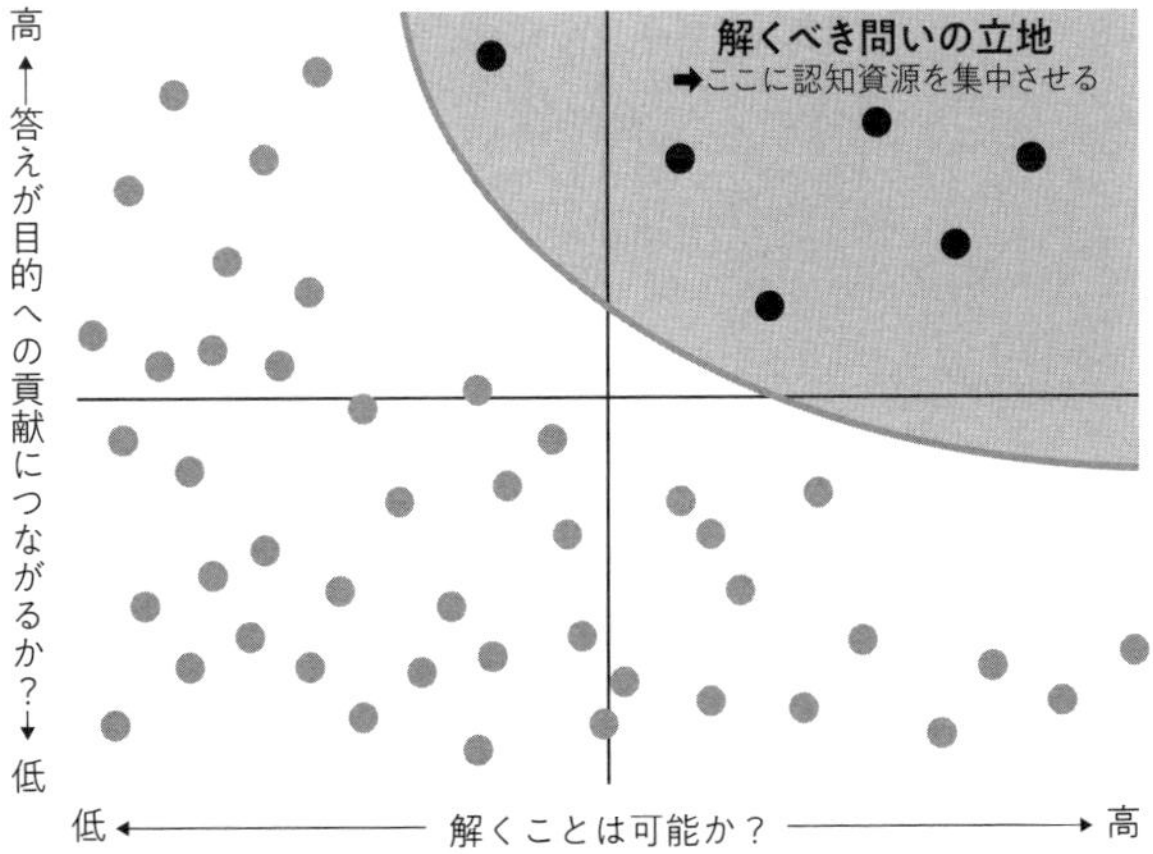
解くべき問いの立地
➡ここに認知資源を集中させる
高
答えが目的への貢献につながるか?
低
低
解くことは可能か?
高

よい問いの定義をここで思い出そう。そこには、「目的への貢献」と「解くことが可能」という2つの特徴が含まれていた。これらを二軸として交差させることで、問いの全体像を俯瞰し、解くべき「よい問い」を見極めるための**問いのマトリクス**をつくることができる（図5－07）。

このとき、マトリクスの右上の領域が、認知資源を集中させて優先的に解くべき問いの立地となる。

逆に、それ以外の問いにかかずらっていては、自分やチームのリソースをムダにする恐れがあることに注意しなければならない。「チーム総勢3人がかりで2週間かけてまとめた成果が、実は不要なものだった」といった状況はあまりに恐ろしい。

いかに問題解決能力が優れていたとしても、そもそも解く必要がない問題を解いていては意味がない。僕自身も、「自分の限られた時間をどこに使うのがいちばん効果的か？」をいつも考えている。自分の問題解決のポジショニングを見極め、戦略的に切り込んでいこう。

「競争優位の問い」による差別化
――他者には解決できないが、自分なら解決できる問い

このマトリクスをさらに突き詰めて、より戦略的な問いにクリティカルに迫ってみよう。ここでいう戦略的とは、他者（他社）に対して自分（自社）の競争優位性を示し、差別化を可能とする問いだ。

問いのマトリクスの右上の領域を改めて見てみよう（図5-08）。問いとして解きやすく、なおかつ価値もある。一見して理想的だ。しかし、戦略的視点を持って他者との競争を意識したとき、ここには罠がある。それは、自分にとって解きやすく価値のある問いは、他者にとってもそうであるということだ。そのためこの右上の領域は、

- **多くの競争相手に巻き込まれて、厳しい競争環境（レッドオーシャン）にさらされる**

図5-08　他者には難しいが自分になら解ける「競争優位の問い」が差を生み出す

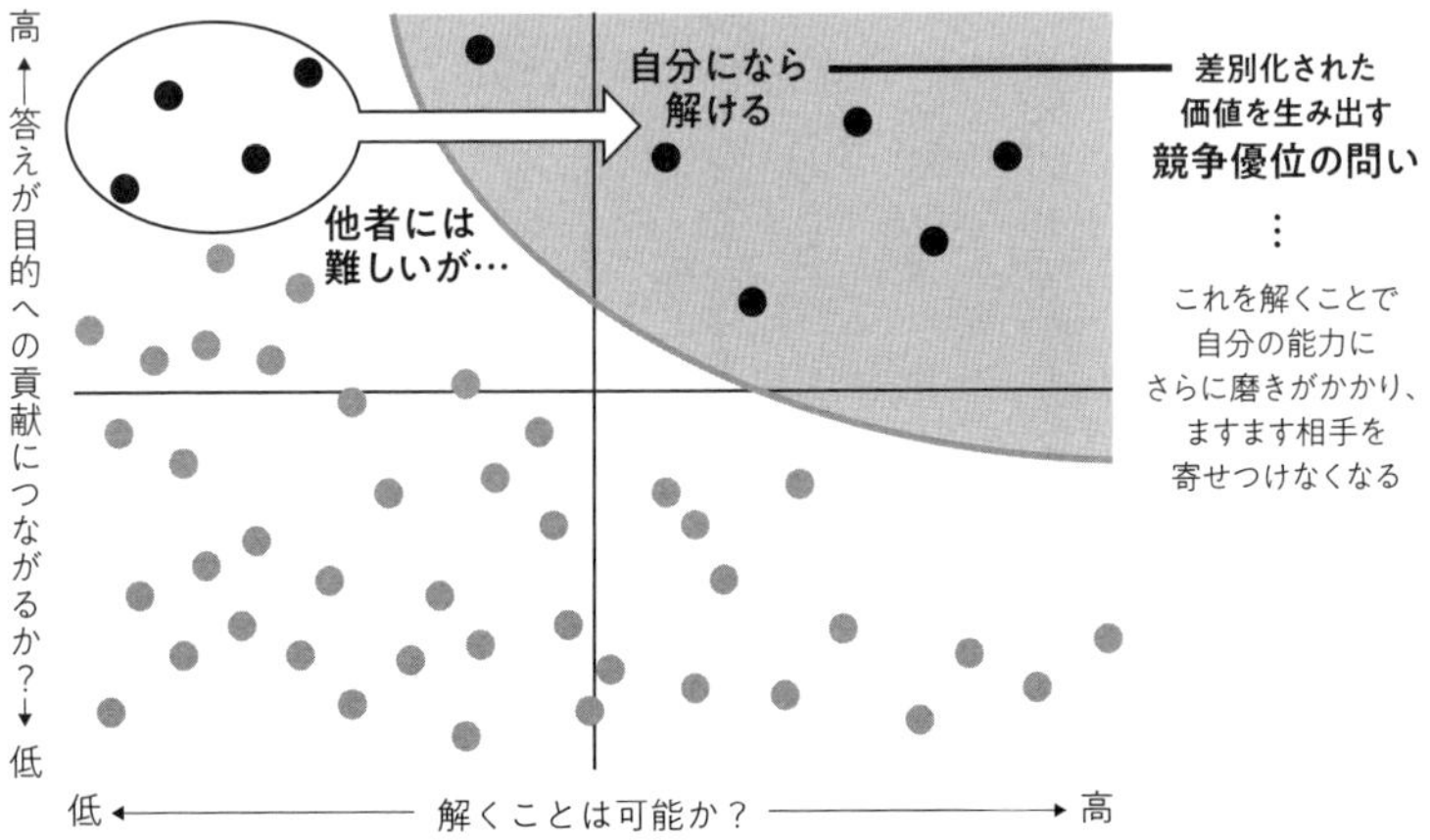
高
答えが目的への貢献につながるか？
低
自分になら解ける
他者には難しいが…
差別化された価値を生み出す
競争優位の問い
⋮
これを解くことで自分の能力にさらに磨きがかかり、ますます相手を寄せつけなくなる
低
解くことは可能か？
高

- **すでに多くの競争相手に答え尽くされ、自分が答えたところでもはや価値がない**

ということがあり得る。

では、このような「他者」の視点をも加えた、戦略的に解くべき問いとは何か？　それは、「他者には難しいが自分になら解決でき、それに答えることで差別化された価値が生まれる問い」だ。これを**「競争優位の問い（Competitive Advantage Question）」**と呼ぼう。

一見して解けそうにない問いでも、自分（自社）独自の能力や技術、ネットワークなどを駆使して解決に迫れるなら、それは他には真似できない強力な優位性をもたらす。他者にとって難しい問いを自分の立地に引き込めるようになれば、その問いを解くことを通じてより自分の能力に磨きがかかり、ますます競合相手を寄せつけなくなっていく。

たとえば、アメリカの事業家イーロン・マスクが立ち上げたSpaceXは、「いかにロケットを再利用可能にしてコストを劇的に下げられるか？」というかつてない問いに挑戦し、競争環境を自分の「立地」に引き込もうとしている。このことが実現し能力構築が進めば、ロケットは一度しか使えないことを当然とする他の航空宇宙企業に対して大きな優位に立つことができるだろう。

企業経営の場合であれ、アカデミアでの研究であれ、知的競争が起こるところではどこもこれと同じメカニズムがはたらく。

問いを立てることの基本は「疑問文」づくり

ここまで、問いがなぜ大事なのか、どのような問いを解くべきかについて伝えてきた。では、どのようにして問いを立てればよいのか？　そのHowについて話していこう。

問いを立てるための基本的な技法、それは解決したいこと、明らかにしたいことを「疑問文」で書き出すことだ。疑問文？　あまりに単純では？　しかしこれは、「問いがあるとそれを考えずに

図5-09 「疑問文」によって思考は自然と回り出す

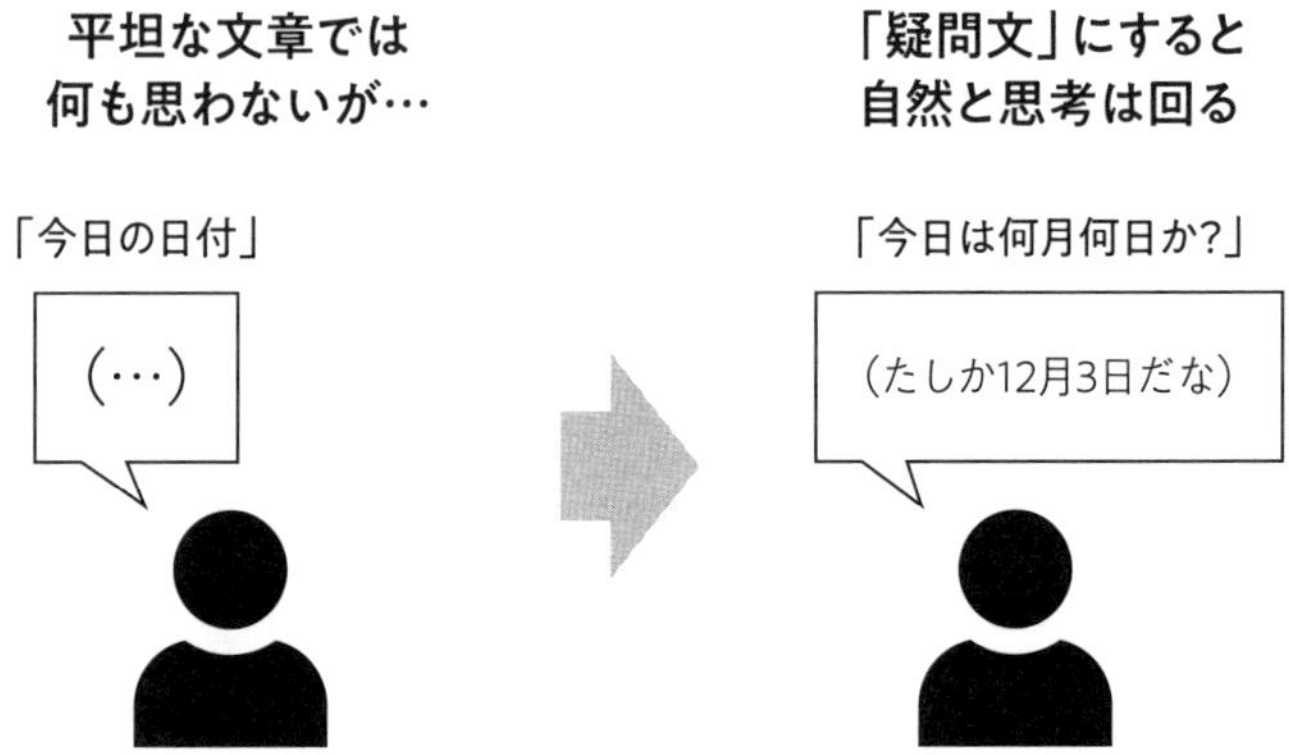
平坦な文章では
何も思わないが…
「今日の日付」
(…)
「疑問文」にすると
自然と思考は回る
「今日は何月何日か?」
(たしか12月3日だな)

はおれない」という人間の性質に深く結びついた話でもある。

たとえば「今日の日付」と平坦に書かれてあっても何とも思わないが、「今日は何月何日か?」と疑問文に書き換えるだけで、思わず日付を思い出そうとしてしまう(図5-09)。

問いが思考を動かすはたらきというのはそれほどまでに強固であり、人間が自然の性質として身についているものだ。だから自分の思考ポテンシャルを引き出そうと思えば、まずは疑問文をつくることが基本だ。

古代ギリシャから続く「問答法」

問いを立て、それに応え、そして再び問いを立てることで考えを深めていく姿勢は、古代ギリシャの哲人が行っていた思考でもある。紀元前5世紀の哲学者ソクラテスはこれを「問答法」と呼んだ。

ソクラテスが得意としていた問答法は、対話の相手に問いを投げかけ、相手の思考を刺激することで答えを引き出していくことだ。そのことは、たとえば次のような対話に表れている。

対話の相手「私は勇気のある将軍だ」
ソクラテス「勇気とは何でしょうか？」
対話の相手「少ない味方の軍勢でも大勢の敵に立ち向かうことだ」
ソクラテス「それは勇気の単なる一例なのではないでしょうか？」
対話の相手「む……では勇気とは困難にも臆せず立ち向かうことだ」
ソクラテス「その困難があまりに大きければ、それは無謀ではないでしょうか？」
対話の相手「それは……」

人は問いを投げかけられると考えずにはおれない。そのことに気づいていたソクラテスは、問いを相手に投げかけることで答えを引き出す問答法の達人であった。

このソクラテスの問答法を自分の思考に応用するには、問いを投げかける「対話の相手」を「自分自身」に置き換えればいい。いわば、自ら問いを立て、自らそれに答えていく「自問」の技だ。

自分「どのように生産性は上げられるのか？」
自分「それには余計な仕事をしないことだ」
自分「余計な仕事をしないためにはどうすればよいか？」
自分「それには力を集中すべき問題を特定することだ」
自分「そのような力を集中すべき問題はどのように特定できるのか？」
自分「それは……」

自分に向けて問いかけることはやさしいことではない。それは自分に対して思考のプレッシャーをかけることを意味するからだ。しかしこれができるようになると、思考のパフォーマンスはまったく変わってくる。その知的自立の第一歩が「疑問文」をつくることにかかっているのだから、単純なことだからといって馬鹿にはできない。

問いを立てるための「発問術」

疑問文をつくるという基本から出発して、より多くの問いを立てられるようになるための「発問術」について伝えていこう。

［発問術①］吐き出し法——頭のモヤモヤをとにかく吐き出す

何かに取り組もうとするとき、はじめから解くべき問題の系統図が頭の中ですっきり整っているわけではない。最初は言葉にならない曖昧な感情、形にならないモヤモヤが頭の中で漂っていることが普通だ。

一方で、このモヤモヤとした感じは、具体的な形を結ぶ前の「問いの素」でもある。このモヤモヤをうまく扱ってやれば、大切な問いや気づきをそこから取り出すことができるようになる。

昔、こんな話があった。ある日、クライアントから新しいプロジェクトの提案依頼が持ちかけられ、それも1週間後という短期での提案を求められたメンバーがいた。彼のことを阿部さんと呼ぼう。阿部さんの頭の中では「考えないといけないことが多すぎる。とても1週間では無理だ」と、漠然とした不安がふくれ上がっていた。

そこで、相談に来た阿部さんに次のようなアドバイスをした。「この会議室にはホワイトボードがある。まずは阿部さんの頭の中にあるモヤモヤを一度全部吐き出してみよう。きれいに整理しなくていい。思いつくところからとにかく書き出そう」

それを聞いた阿部さんはマーカーを手にとり、ホワイトボートの前に立ちふっと一瞬静かになる。そうして自分に語り聞かせるように、「調査項目の整理、それと事例の収集はやらないといけない。スケジュールも気になる。他には……そもそもプロジェクトのゴールもまだ曖昧な気がする。ゴールを決めたらアプローチのステップ。それに、プロジェクト推進に必要な体制。あ、あと初期仮説も入れておきたい……」

こうして阿部さんはどんどんホワイトボードに疑問に思うことを書き出していった。心の中のモヤモヤに輪郭を与え、それを問いに変えていったのだ。同時に、ひととおり書き終えた阿部さんは、「大体この10項目ちょっとくらいの内容ですね。いまいるチームと分担すれば、なんか行ける気がしてきました」と言って、自信を取り戻したような表情をしている。

心の中のモヤモヤとした曖昧な感情は「問いの素」だとポジティブに捉え、とにかく吐き出すこと。誰もが心にモヤモヤを抱えている。それは翻ってみれば、誰もが問いを立てることができる、ということだ。

[発問術②]要素分解——大きな問いを小さな問いに分ける

発問術の2つ目は、大きな問いのカタマリを小さな問いに分ける方法だ。これは、ひとつの問いから複数の「部分」の問いを切り出すということでもある。問いの解像度を上げる、と言い換えてもいい。

たとえば、「高速道路の渋滞はなぜ発生するのか?」という問いを立てたとしよう。このままでは問題がカタマリとして大きすぎて手をつけ難い。そこで、この問いをより小さな単位に分解してみる。

図5-10を見てみよう。ここでは、ヨコの分解としてInput-Process-Outputの切り口を使って、高速道路で渋滞が発生する箇所を3つに切り分けている。さらに、タテの分解も「平時」(非ピーク時・ピーク時)と「有事」で行い、タテ×ヨコの表形式で切り分けている。これによって「高速道路の渋滞はなぜ発生するのか?」というひとつの問いを、解像度9倍の9マスで捉えられるようになる。図の中では、この9マスを使って13個の問いを新たに抽出している。

こうして問いの解像度を高めることは、解決策の幅を広げることにもつながる。今回挙げた問いでは、たとえば次のような解決策の発想につなげられる。

図5-10 大きな問いのカタマリは要素分解することでより多くの問いが思いつくようになる

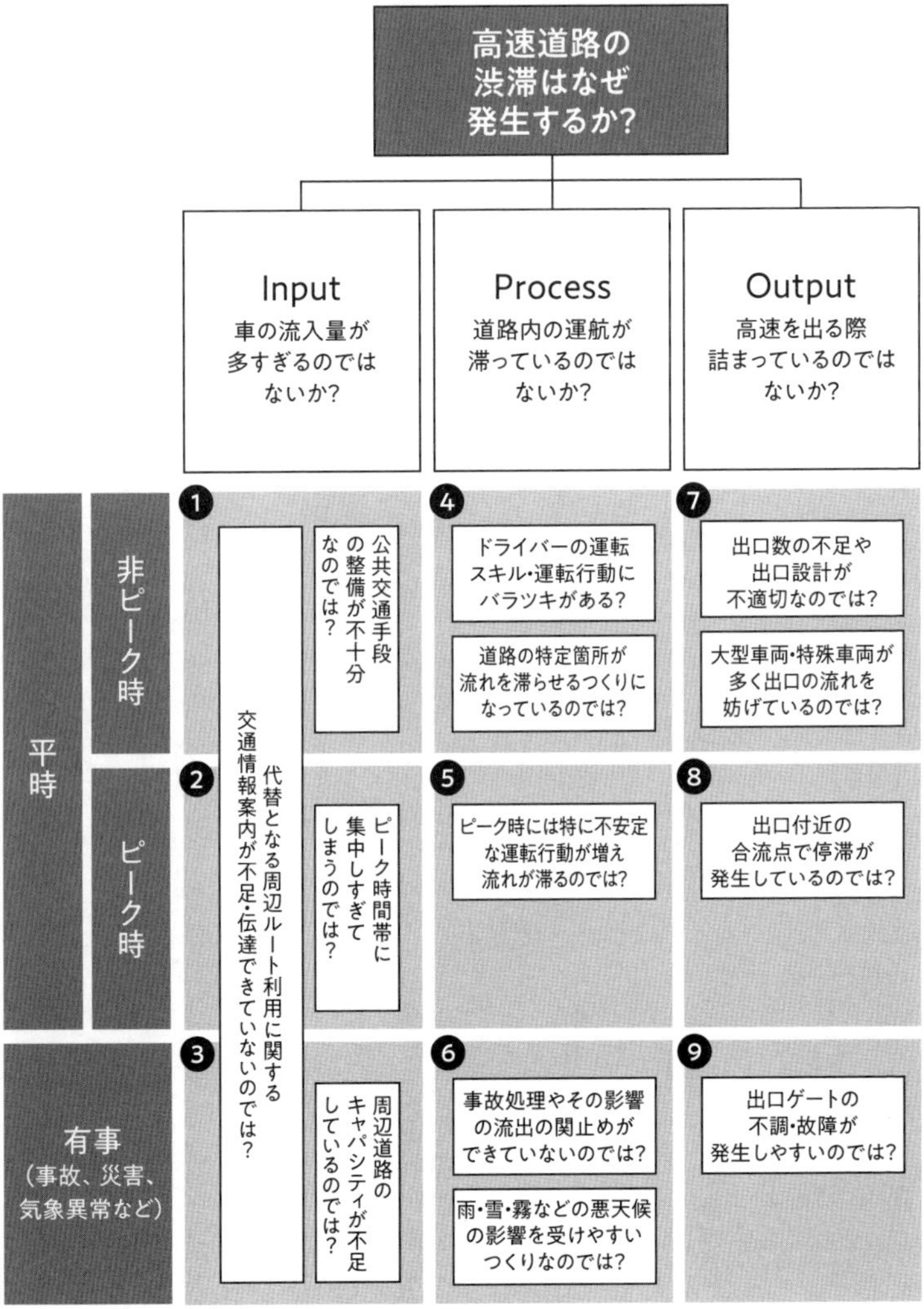

高速道路の渋滞はなぜ発生するか？
Input
車の流入量が多すぎるのではないか？
Process
道路内の運航が滞っているのではないか？
Output
高速を出る際詰まっているのではないか？
平時
非ピーク時
ピーク時
有事（事故、災害、気象異常など）
1
公共交通手段の整備が不十分なのでは？
代替となる周辺ルート利用に関する交通情報案内が不足・伝達できていないのでは？
2
ピーク時間帯に集中しすぎてしまうのでは？
3
周辺道路のキャパシティが不足しているのでは？
4
ドライバーの運転スキル・運転行動にバラツキがある？
道路の特定箇所が流れを滞らせるつくりになっているのでは？
5
ピーク時には特に不安定な運転行動が増え流れが滞るのでは？
6
事故処理やその影響の流出の関止めができていないのでは？
雨・雪・霧などの悪天候の影響を受けやすいつくりなのでは？
7
出口数の不足や出口設計が不適切なのでは？
大型車両・特殊車両が多く出口の流れを妨げているのでは？
8
出口付近の合流点で停滞が発生しているのでは？
9
出口ゲートの不調・故障が発生しやすいのでは？

「ピーク時間帯に集中しすぎてしまうのでは？」
➡ピークシフト料金の導入
「交通情報案内の不足・伝達ができていないのでは？」
➡SNS、カーナビ、道路標識などによる情報伝達の方法の改善
「ドライバーの運転スキル・運転行動にバラツキがある？」
➡高速道路内で自動運転車両と連動したセンサ・運転支援制御システムの導入
「大型車両・特殊車両が多く出口の流れを妨げているのでは？」
➡専用の出口の増築・一般車両との運航すみ分け

問題を団子のように丸ごと捉えるのではなく要素分解を行い、解像度を高めてやること。それによって問いの可能性がよりクリアに見えるようになり、仮説の幅もまた広がるのだ。

[発問術③]視点・視座の切り替え——ひとつのテーマに異なる角度から迫る

問題を分解しても、それでもなかなか解決に結びつかないことがある。オフィスビルのエレベーターの話にあったように、「いかにより速く多くの人々を運ぶか」という問いを突き詰めても解決は難しかった。その代わりに、「待つ人の不満をいかに減らすか」という「別の視点」から問いを

立てることで、解決につなぐことができた。

細部を見る虫の目、高所から俯瞰する鳥の目、流れを読み取る魚の目、物事を逆さまの点で見るコウモリの目と言われるように、同じものであっても、それをどのような角度や高さから見るかでまるで見え方が変わる。

こんな、文化人類学者の話がある。その文化人類学者がとある異国の村を訪れたとき、その村の人々は「地図」に対する理解を持たなかった。はじめ文化人類学者は「この村の人々は地図がなくてもくらしに影響がないのだろうか」という問いを抱いた。そこから、「この国の教育に対する政策はどのようになっているか」と視座を持ち上げ、さらには「各国ごとにこのような教育格差が生まれる世界的な構造はどうなっているのだろうか」と俯瞰していく。問いの視点・視座を変えていくことで、新たな発想の切り口を広げているのだ。

ビジネスにおいても、一般社員から、課長、部長、社長と視座が上がっていくにしたがって、捉える問題の広さや種類が変わってくる。課長級は現場チームの運営に目配せするだろうし、社長であれば投資家や地域社会、国際関係にも意識が向くだろう。視座の高さによって問題意識が変わり、発せられる「問い」も変わる。

図5-11　視座・視点を切り替えることで問いをさらに広げる

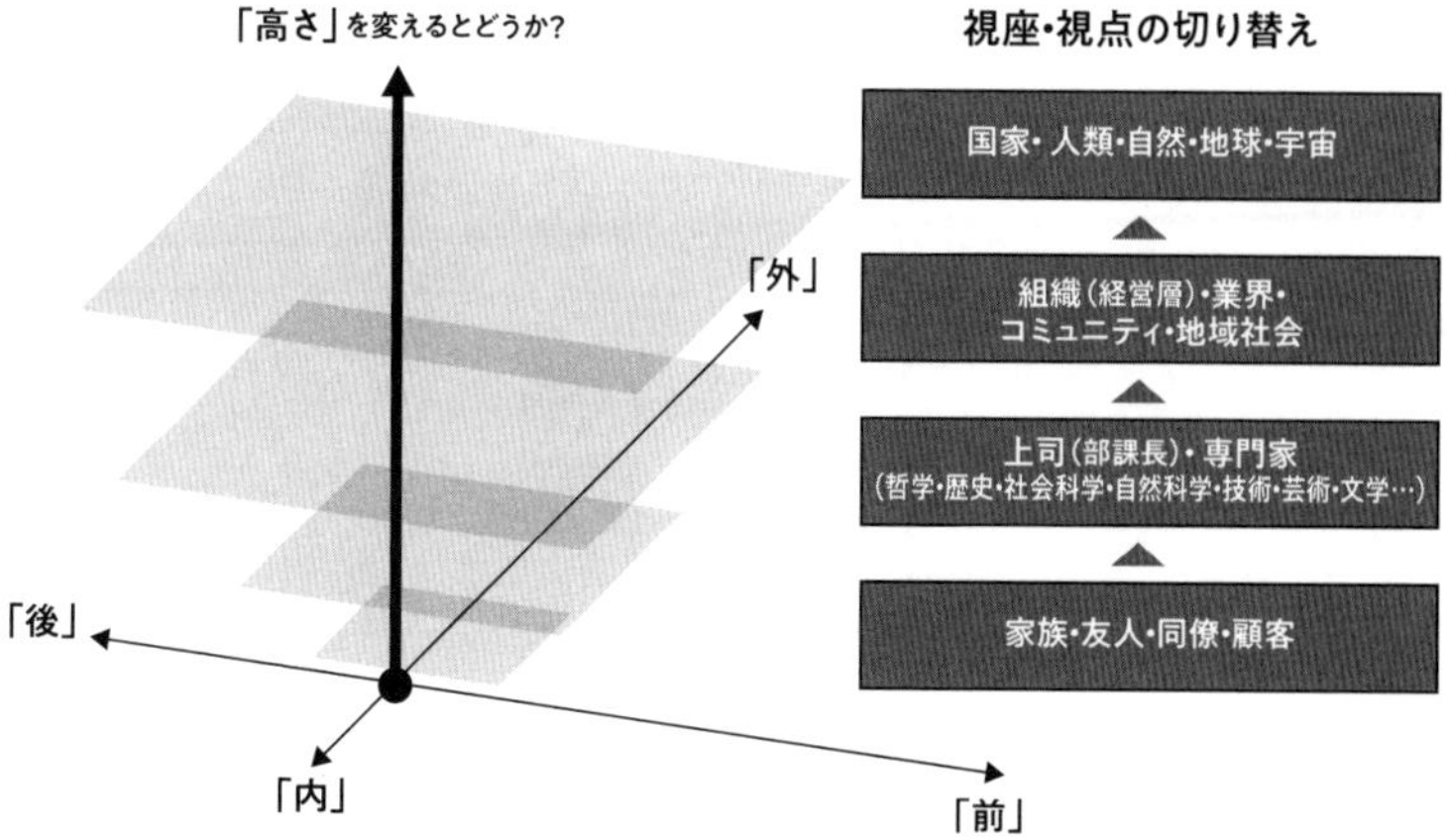
「高さ」を変えるとどうか?
「外」
「後」
「内」
「前」
視座・視点の切り替え
国家・人類・自然・地球・宇宙
組織（経営層）・業界・
コミュニティ・地域社会
上司（部課長）・専門家
（哲学・歴史・社会科学・自然科学・技術・芸術・文学…）
家族・友人・同僚・顧客

ものを見る目線の高さを「視座」、ものを見る角度を「視点」と捉えることで、僕らは252ページで紹介した〈クエスチョン・スコープ〉にもうひとつの「高さ」の軸を加えることができる。これによって、僕らはものごとをより多角的・立体的に捉えることができるようになる（図5−11）。

【発問術④】理想とのギャップ——ギャップを強制的に生み出す「あるべき」の設定

4つ目の方法は、より進んだ上級編のものだ。たとえば、外から家に帰り、テーブルの上にコーヒーがこぼれていたのを見つけたとしよう。すると、「なんでコーヒーがこぼれてるの?」と、自ずと問いが出てくる。

これは、テーブルはきれいになっているものという「理想」に対して、コーヒーがこぼれていたという「現実」との間にギャップがあったからだ。

図5-12　理想があるからこそ現実とのギャップに気づくことができ、問いが生まれる

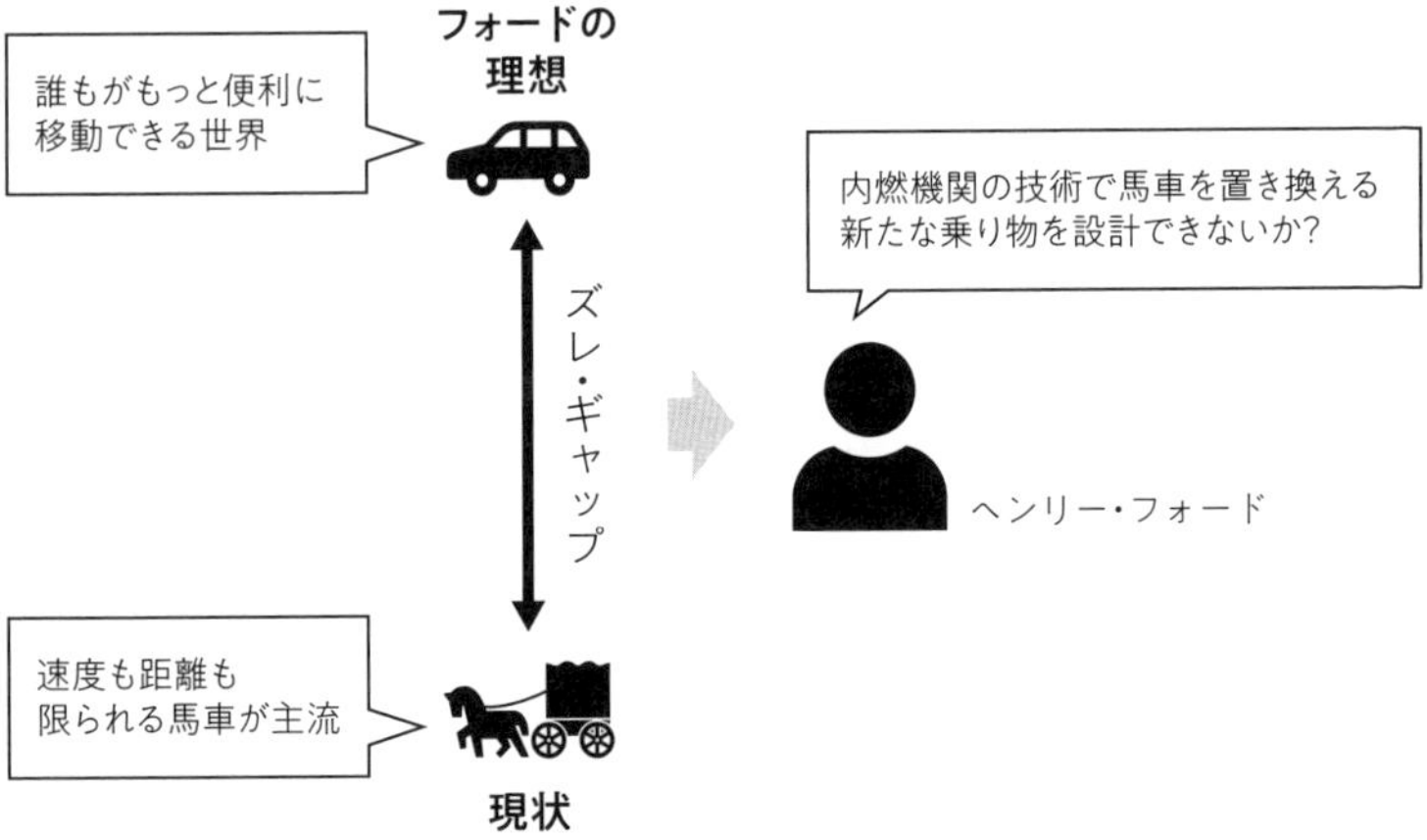
フォードの理想
誰もがもっと便利に移動できる世界
内燃機関の技術で馬車を置き換える新たな乗り物を設計できないか？
ズレ・ギャップ
ヘンリー・フォード
速度も距離も限られる馬車が主流
現状

問いは、理想と現実とのギャップとして現れる。

　このことを、馬車の時代に大衆向け自動車の開発・量産化に成功したヘンリー・フォードの事例を通してさらに見てみよう（図5-12）。

　フォードが活躍した19世紀から20世紀初頭の時代、人々の移動は馬車が主流だった。馬は小心者で少しのことでも驚いてしまうため制御が難しく、移動速度や距離も馬の体調によって左右される不安定なものだったが、当時はそれが当たり前として受け入れられていた。

　そんななか、フォードは現状に捉われない理想を描いていた。それは単なる「もっと速い馬車」ではなく、「誰もがもっと便利に、速く移動できる世界」というあるべき姿だった。

　当時は第二次産業革命を経た時代、新たな動力技術である内燃機関は既に鉄道で実用化されていた。それなのに、人々は依然として馬車に乗り続けている。そのような現状と自分が思い描くあるべき姿を比べたとき、そこにあるギャップは歴然だった。「内燃機関を用いて馬車を置き換えるような新たな乗り物を設計できないか?」という問いが生まれたのは、フォードにとってある意味必然的だった。

よい問いを生むために、自分の中にあるべき姿を持つことがひとつの奥義だ。あるべき姿を目の前の現実と対置させ、意図的にギャップをつくり出すことができれば、問いはそこから自然とついてくる。

問いの源泉としての知的感度——知の欠損感を逃さない

発問法についてひととおり話したところで、最後に「問いを立てる」という営み全体の根源となる部分について伝えよう。

その根源の部分とは、**欠損に対する知的感度**にある。何かを見たり聞いたりしたとき、自分が持っている情報や経験にはない欠損を感じられること、いわば、「自分はこのことをまだわかっていない」と、自分の「無知」の部分に気づける感性のことだ。こうした欠損に対する感度こそが、僕らの対象への興味や関心を高め、自然と問いを湧き出させる源泉になる。

以前、総合格闘技にハマり込んでいた社内のメンバーと話していたときのことだ。僕は総合格闘技をあまり知らなかったから、「誰が強いの？」といった程度の浅い問いしか出てこない。一方で、そのメンバーから出てくる話はまるで違っていた。「○○選手と××選手の間にどのような過去があったのか」「今回組まれた対戦は両選手にとって何を意味するのか」「この試合の結果次第で△△選手の立ち位置はどう変わるか」など、僕が考えも及ばないさまざまな問いを会話の中でちりばめていた。総合格闘技への知的感度が高く自分の欠損部分に気づけるため、それを埋めようと問いが自然とあふれ出るのだ。

問いを立てる力を根底から支えるのは、知の欠損に対する知的感度だ。自分が何かを目にしたときに、そこに驚きや違和感を覚えることができるか——この感度こそが、問いを立てるための方法ならざる方法だ。

論点設計で「問題圏」を有限化・仮固定する

解くべき問題が無限に広がっているように思われると、呆然として何も手がつけられなくなってしまうことがある。このときに助けになるのは、哲学者である千葉雅也先生の用語を借りれば、解くべき問いを「有限化」し、「仮固定」することにある。「いったんは、これだけのことを考える」という範囲の線引きをし、考え始めるために仮に（後で修正を加えていいことを前提に）一連の問いを設定しておくということだ。

解くべき問い＝論点を有限化・仮固定することを「論点設計」と呼び、そこでまとめられた一連の問いは問題圏《プロブレマティーク》と呼ぶことができる。それぞれの問いを孤立させるのではなく、問題圏の中で各々の問いの位置づけや関連性を示すことで、考えを進めるための流れ・方向性をクリアにすることができる。

たとえば、組織変革を検討する際の問題圏を考えてみよう。「組織変革を考えてください」といきなり言われると「うっ……」と圧倒されそうになるが、落ち着いて、図5-13のように問いの全体像を有限化・仮固定してみる。

図5-13　問題圏をあらかじめ設定しておくことで、思考の焦点・流れを明確にして考え始められる

組織改革の問題圏

① 戦略

1. 自社の目指す姿は?
2. どの業界・地域・顧客を ターゲットとするか?
3. 業界全体で自社は どのような役割を果たすか?（何屋か?）
4. 発揮すべき 強み・優位性は何か?

② 実行に必要な能力

1. 戦略を実行するために具備すべき組織／業務機能・能力は何か?
2. 自社として確保すべき技術は何か?
3. 他社と連携して構築・補完すべき能力は何か?

③ 組織のコンセプトと構造

1. 組織のコンセプトは?（「アジャイル型で機動的に動ける組織」など）
2. 組織構造の基本形は何か?（市場軸、機能軸、マトリクス組織など）
3. どのように各機能を部門に配置するか?

④ 必要とする人材

1. 組織で必要とする人材のロール（役割）にはどのようなものがあるか?
2. 各ロールに求められる人材のあるべき姿・要件・人員数とは?
3. どのように必要人材を獲得するか?

⑤ 実行を支える仕組み・文化

1. 責任と権限を経営層と 現場にどう持たせるか?
2. 実行を促す経営管理 制度・評価制度は どのようなものか?
3. どのような組織文化を醸成すべきか?

ここでは、５つの切り口から考えるべき問いを整理し、上から下への流れで考えることで、組織変革の検討ができるように問題圏がまとめられている。

❶組織として何がやりたいかを明らかにするための「戦略」
❷その戦略の「実行に必要な能力」
❸それを踏まえた「組織のコンセプトと構造」
❹組織に配属し活躍させたい「必要とする人材」
❺組織活動を促進・定着させるための「実行を支える仕組み・文化」

検討を進める中で新たに考えるべき点は見えてこようが、まずはこれで動き出すことができるようになる。

何を考えればいいかよくわからないまま進みはじめ、それで行き詰まって「そもそも何を考えればいいんだっけ」と迷走することがいちばん効率が悪い。問題圏を設定することで、「何を考えればよいか」という疑問の状態を仮留めし、答えを出すことに集中する状態へと頭をスパッと切り替えることができるようになる。これによって思考の集中がブレなくなり、クリアな頭で問題に対処することが可能になる。

「フレームワーク」で自分の考える力を引き出す

――6W2Hのケース

とはいえ、自分で最初から論点設計のすべてをこなすことに難しさを感じるかもしれない。そのときは、世の中に出ている「フレームワーク」が問いの基本形として参考にできる。

第3章でも紹介したように、SWOT、PEST、5 Forces、3C、STP、4P、QCD、4Mなどフレームワークには様々なものがあるが、これらに共通する本質とは、**フレームワークは思考を促す問いを内在化させたもの**だということだ。フレームワークを頭に浮かべてその切り口を自分に問いかけることで、自分が持つ考える力を引き出すことができるようになる。

例として、僕が長年の相棒としてきた6W2Hのフレームワークを紹介しよう。よく聞く5W1Hをより広く派生させたもので、以下の8つの問いから構成される。

- Why？（何のために？）
- Where？（どこで？）

- Who？（誰が？）
- Whom？（誰に？）
- What？（何を？）
- When？（いつ？）
- How？（どのように？）
- How much？（どの程度？）

これらの問いを基本の切り口として個別のテーマに合った問いへとカスタマイズしていけば、どのようなテーマにでも応用ができるようになる。実際、この6W2H一本を使いこなせれば、プロジェクト設計、戦略策定、業務改善、組織改革、M＆Aなど、何にでも応用ができる。

今回は、戦略策定を検討する場合のバリエーションを紹介しよう。戦略策定では6W2Hの切り口に従って、図5-14のような問いのセット（問題圏）を設定することができる。そして6W2Hが優れているのは、これまで言われていた4P（Product 製品、Price 価格、Promotion プロモーション、Place 販売チャネル）やSTP（セグメンテーション・ターゲティング・ポジショニング）といったフレームワークが、まとめてここに包含されることにある。

図5-14 6W2Hの基本形を使いこなせば、包括的な戦略策定もできるようになる

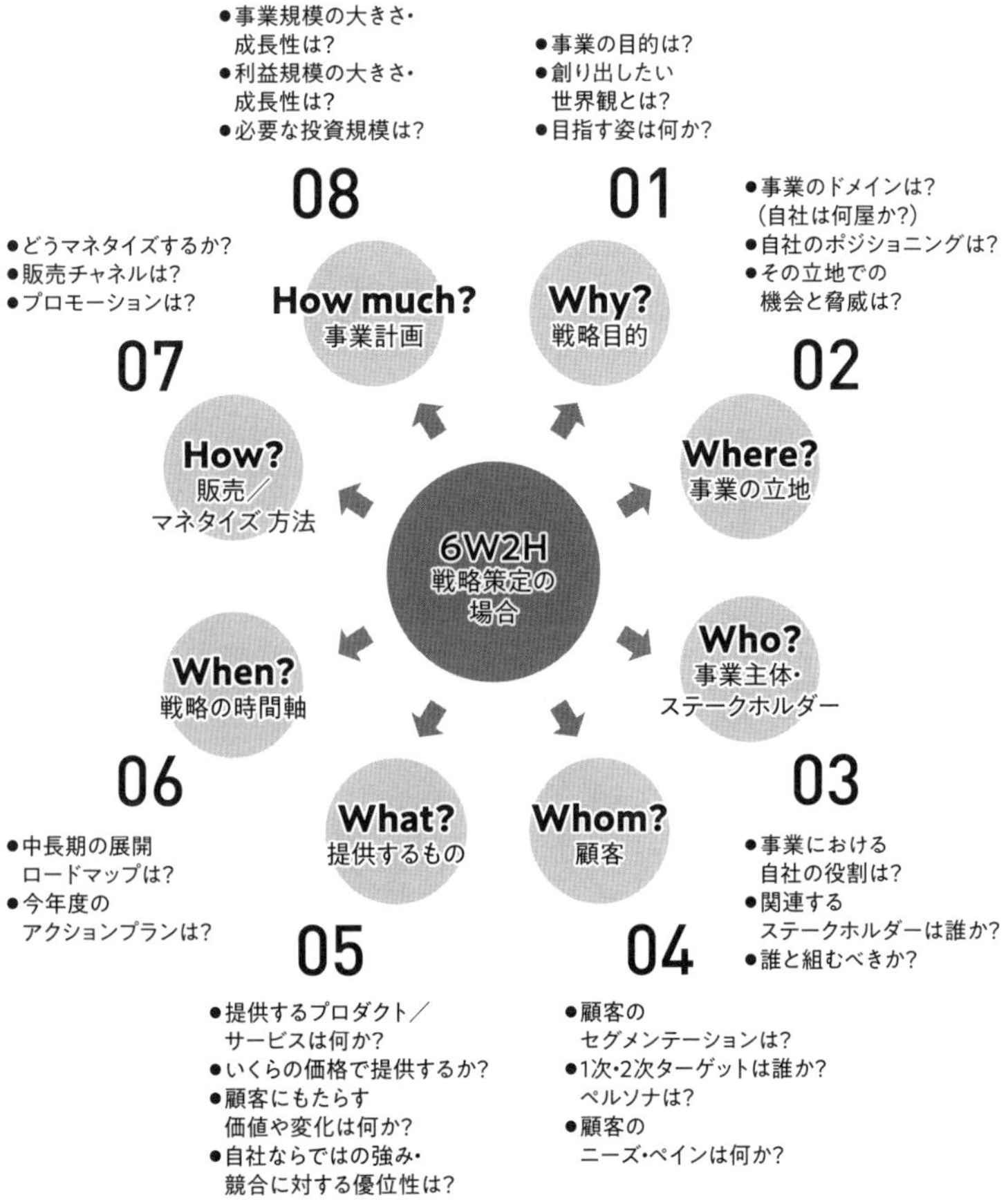
●事業規模の大きさ・成長性は?
●利益規模の大きさ・成長性は?
●必要な投資規模は?
●事業の目的は?
●創り出したい世界観とは?
●目指す姿は何か?
08
01
●事業のドメインは?(自社は何屋か?)
●自社のポジショニングは?
●その立地での機会と脅威は?
●どうマネタイズするか?
●販売チャネルは?
●プロモーションは?
How much?
事業計画
Why?
戦略目的
07
02
How?
販売/マネタイズ 方法
Where?
事業の立地
6W2H
戦略策定の場合
Who?
事業主体・ステークホルダー
When?
戦略の時間軸
06
03
What?
提供するもの
Whom?
顧客
●中長期の展開ロードマップは?
●今年度のアクションプランは?
05
04
●事業における自社の役割は?
●関連するステークホルダーは誰か?
●誰と組むべきか?
●提供するプロダクト/サービスは何か?
●いくらの価格で提供するか?
●顧客にもたらす価値や変化は何か?
●自社ならではの強み・競合に対する優位性は?
●顧客のセグメンテーションは?
●1次・2次ターゲットは誰か?ペルソナは?
●顧客のニーズ・ペインは何か?

問いが浮かばないときは、まずはこうしたフレームワークが与える切り口を取っかかりとしてテーマに思考を切り込ませる。そしてそこから、そのテーマ固有の問いをえぐり出していけば、どんどん思考を深めていくことができる。

フレームワークのその先
――問いを「自作する」ということ

「フレームワークを知っている」という段階から、「フレームワークを道具として使える」ようになることは大きな進歩だ。だが、その先にはもうひとつの発展がある。それは、「フレームワークを自分でつくることができる」という状態だ。

フレームワークを使えるようになったからといって、フレームワークに当てはめればすべてうまくいって万々歳になるわけではない。**既存のフレームワークはあくまで汎用品だから、そこから固有の問いや示唆を導き出すためには、自分の頭をしっかりはたらかせることが必要になる。**「PESTや5 Forces、SWOTの表を埋めてはみたけど、それでどうしよう」という状況を経験したことがある人は少なくないはずだ。

それどころか、ありもののフレームワークに杓子定規に従っていると「それってただの教科書だよね」とさえ言われたりしてしまう。そのときに必要なのは、**固有の状況に合わせてフレームワーク（＝問いのセット）を自分でつくれる**ことだ。

コンサルティングでも、プロジェクト全体にかかわる論点設計はマネジャー以上の練度の高いメンバーによってテーラーメイドされる。そこでは、クライアント固有の状況、その会社ならではの課題を取り入れた、そのプロジェクトのためだけの「問い」のフレームワークが立てられる。自分がいま向き合う状況にユニークに対応した問いの枠組みをつくれるようになることを、僕らは目指していきたい。

キークエスチョン——突破口を開くカギとなる問い

コンサルティングの現場で仕事をしているとき、「この案件のキークエスチョンは何？」という言葉が出てくることがある。問題の表層をなぞる単なる問いと違うのは、キークエスチョン（Key question）とは、**問題の核心に迫り、その問いに答えることで検討のボトルネックを外せたり、大きな価値の創出が望める鍵となる問い**だ。興味本位で何となく知りたいという「問いモドキ」ではなく、「それに答えることが切実に必要な問い」であり、それを必ず解き明かすと「自ら意思を込めて立てた問い」だ。

たとえばあるスタートアップ企業が、新しいアプリのユーザー数が期待ほど増えないという問題に直面したとしよう。そこでチームは集まり、「なぜユーザー数が増えないのか？」という問いを立てた。ごく平凡な問いだ。この問いに従って市場調査を行い、広告の効果を分析し、競合との比較をしてみる。しかし、それでは問題の根本的な解決には至らない。

ここで、「キークエスチョン」とは何かを考える。たとえば、

- **ユーザーは新しいアプリに何を求めているか？**
- **我々のアプリはその期待にどう応えられていないのか？**

という問いを投げかけたとしたら、どうか。チームの焦点は根本的なユーザー体験を見直すことに迫るだろうし、その結果として自分たちのアプリが真に必要とする機能改善へと検討を深めていくだろう。

キークエスチョンとは、このように問題の本質へと思考や行動を方向づけ、突破口を開かせるものだ。コンサルタントは、何となくの問いモドキには時間を割かない。解くべき問いを見極め、意思を持って問いを「立てる」のだ。

Case Solution

会議で議論が飛び交う中で、「そもそも何を議論していたんだっけ？」と迷子になることは珍しくない。そのとき、**「①議論の中心となっている問い（論点）は何だろうか？」**と自問することは、議論の方向をつかむ最初のきっかけになる。

この①の問題に対しては、佐藤さんが議論の冒頭に言ってくれているからわかりやすい。「新規顧客開拓をいかに加速させるか？」、これが議論全体の中心となる問いだ。

たとえていえば、こうした問いは議論会場の前にある、議論テーマが書かれた「立て看板」のようなものだ。個別詳細な議論に飛び込む前にこの立て看板を見つけることは、議論を俯瞰するための第一歩だ。

ここから進んで、「②その中心となる問いから、3人の議論をもとに個別の問いをどう分解できるだろうか？」について考えてみよう。

はじめに、辻本さんが「人材スキルをどう高めるか」についての問題提起を行っている。その視点で議論を追っていくと、次の論点がこれに紐づくより具体的なサブ論点として位置づけられる。

- **いかに営業チーム全体のスキルを底上げするか？**（佐藤さん）
- **いかに個人のスキルを改善するか？**（辻本さん）

次に、人材スキルとは別の視点で、有坂さんが「営業プロセスをいかに効率化させるか？」という問題意識を持っていることがわかる。有坂さんはＩＴ部門所属だろうか、営業プロセスの効率化に関連して次の個別論点も提起している。

- **現在のＩＴツールをどう改善すべきか？**
- **いかにデータ活用を促すか？**

そして3つ目が、辻本さんの最後の発言だ。人材スキルでも営業プロセスでもなく、「いかにモチベーションを高めるか」という別の切り口で問題意識を伝えている。それを実現させるための個別論点として、「どのようなインセンティブ設計をすべきか？」という問いを掘り下げている。

図5-15　問いを明確にすれば、飛び交う議論の中でも思考の焦点を合わせられる

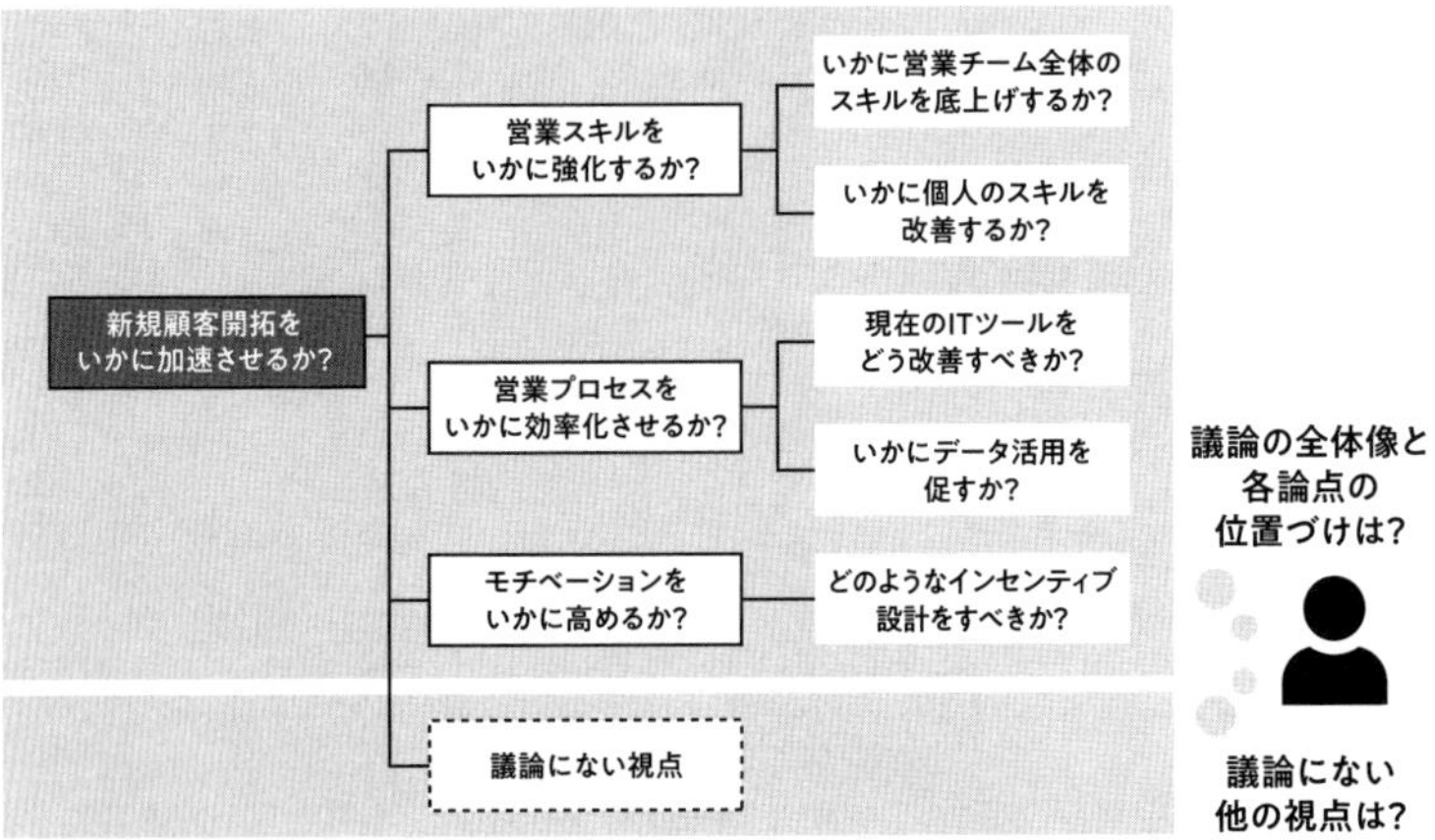
新規顧客開拓をいかに加速させるか？
営業スキルをいかに強化するか？
いかに営業チーム全体のスキルを底上げするか？
いかに個人のスキルを改善するか？
営業プロセスをいかに効率化させるか？
現在のITツールをどう改善すべきか？
いかにデータ活用を促すか？
モチベーションをいかに高めるか？
どのようなインセンティブ設計をすべきか？
議論にない視点
議論の全体像と各論点の位置づけは？
議論にない他の視点は？

こうして、飛び交っていた議論は図5－15のような「問いの構造」としてすっきりと俯瞰できるものになる。これは、頭の中で議論の地図を得たようなものだ。これがあれば思考の焦点を地図上で自由に切り替えて議論を追っていけるようになり、「③3人の議論に含まれていない、他に考え得る問いは何かあるだろうか？」ということも一歩引いた目線で考えられるようになる。

実際に俯瞰して見てみると、いまの議論は「営業チーム」が主題になっていることに気づく。とすれば、「営業チーム」という切り口以外の視点があるのでは？と考えられるようになる。たとえば、次のようなものだ。

- 戦略の観点：新規顧客のセグメンテーションやターゲット顧客像は定められているか？
- 商材の観点：これまでの商材のスペックや価格は新規顧客のニーズに合致しているか？
- 販売ルートの観点：新規顧客にリーチするための販売ルートを用意できているか？

議論で迷子にならないためには、議論から問いを抽出しそれを一目で見えるよう構造化することが重要だ。そうすれば、「いまは何が議論の焦点になっているか？」「どの問いを重点的に考えるべきか？」「どの問いはまだ検討が足りないか？」という俯瞰的な視座を持ったマネジメントが可能になる。問いの設定は、思考の術だけでなく「マネジメントの術」でもあるのだ。

問いを発すること、それが知的自立の条件

上司に「生産性を改善せよ」と指示され、ただ言われたままに仕事をする。そのような姿は、「自分で自立して考える」状態とは程遠い。そうした受け身の姿に対して、

「この生産性改善の活動を通してどのような姿を目指したいか？」

「現在の業務の中でどこが生産性を停滞させるボトルネックになっているか？」

「それらの原因は何か？」
「改善施策にはどのような手段があり得るか？」
「組織に定着させるためにはどのような取り組みをすべきか？」

と、自ら問題意識を持つようになったとき、上司の指示はもはや与えられたお題目ではなく、自分にとって解き明かすべき切実な「問い」として形を持つようになる。こうした問いを自ら引き受け、その問いへの緊張を持ち続けることが「自分で考える」ことの最大の条件だ。

他人に与えられた問いによって操作されることを、あなたはよしとするだろうか。そうではないはずだ。僕らは、自らの問いを生きることを望む。そのためにも、自分で問いを立てそれを自ら引き受けること。それによって知的独立を果たすこと。その重要性を、何度も強調しておきたい。

どんな問いを持つかで、人格さえ形づくられる

問いを突き詰めた先には、うまく考えるという以上のことがある。それは、自分がどのような問いを抱えているかによって、自分という人格さえも形づくられてしまうということだ。

新しいことへの挑戦に対して、できない理由をあげつらう人がときにはいる。その人の頭の中には「なぜわざわざこんな大変なことをやるのか？」「過去にもやってできなかったのだから、いまやってもできるはずがないのではないか？」といった問いが染みついている。そうした問いを頭にずっと抱えていると、いつしか物事をネガティブな側面からしか見ることができなくなり、ついには後ろ向きで皮肉屋な人格がつくられてしまう。

これに対して、**「できるためには何が必要か？」「仮にできるとして、どうすれば実現できるか？」**という問いがいつも頭にある人は、どうか。彼・彼女は困難な状況や課題に直面しても、つねにそれを突破するための可能性を探そうとするだろう。そうした思考と行動の蓄積が、いつしか明るくしなやかな精神を持った人格を形づくっていくことだろう。

僕らは、よい問いを持てているだろうか。自分を貶めるような悪しき問いが心に巣くってはいないか。問いがもたらす影響力は、僕らの生きる姿にさえ及ぶ。

〈合〉の部

シン・ロジカルシンキングへの昇華

「論証」は、ファクトや論理的な手続きをつかって主張の正しさを示す。

しかし、ただそれだけを突き進むのではコモディティ思考の罠にはまる。

対して、「発見」は既存の枠組みを超えた新たな洞察をもたらす。

だがそれだけでは、結論として完全には確証できない。

テーゼとしての論証と、アンチ・テーゼとしての発見。

このふたつが統合・止揚(アウフヘーベン)されるべき必然性はここにある。

互いの強みを活かし、互いの弱みを補い合うことで、ジン・テーゼとしてのシン・ロジカルシンキングへと昇華する。その統合された「思考の型」を伝え、それをどこまでも高め鍛えていくための道筋を、この〈合〉の部で伝えていこう。

第6章

シン・ロジカルシンキングの「思考の型」

QADIサイクル

いよいよ、本書のクライマックスまで来た。これまで伝えてきた技の数々は、それぞれ単体で使うだけでも大きな威力を発揮する。そうでありながら、もし、それぞれの技が互いにつながりあって、互いに共鳴するかのようにより大きな力をもたらすとしたら？

シン・ロジカルシンキングは、複数の思考法を組み合わせたSyn-logical（統合の論理）でもある。いま、その姿に迫っていこう。

Case

低迷する動物園の経営をどう新たに立て直すか

シンロジ・アニマルパークは、中規模の動物園を運営する企業だ。近年、経済低迷によるレジャー支出の低下や動物園への関心の低下により、年々入園者数が減少し、売上が大幅に落ち込んでいる。「このままでは経営が立ち行かなくなる」と危機感を抱いたシンロジ・アニマルパークのCEOである佐藤CEOは、売上の回復と将来的な成長を図るため、経営コンサルタントの川上さんに助言を求めた。

川上さんは、動物園の来場者の増加や新たな収益源の確保を目指すべく、シンロジ・アニマルパークの停滞を転換させるための戦略を策定することが求められている。それには新たなコンセプトや具体的な施策、そして成長に向かうためのストーリーを描いていくことが必要となる。

このCaseでは、これまで伝えてきた思考法のすべてを縦横に最大活用し、フルアクセルで考えていくことになる。あなたなら、どう考えるだろうか?

何のための「思考の型」なのか

——理想の動きの体得、変化対応力、創造性

この章では、これまで説明してきた思考法を統合し、ひとつの「思考の型」として昇華させていく。それにあたり、「型」を身につけることの意義に立ち返っておこう。

型とは、熟練者が長年の鍛錬の果てにたどり着いた理想の動作を凝縮し、誰でも身につけられるようひとつの形式としてまとめたものだ。空手においても、相手との対戦である「組み手」よりも先にまずは「型」を教える。我流でもがいても、自分の枠は超えられない。「型」は理想の動きを示すモデルであり、それが自分の持つポテンシャルを広げてくれる。

未知の問題が現れたとき、動き方のベースとなる型がなければ、「どうしよう、どうすればいい？」と迷ってしまう。しかし型が身についていたなら、「まずはいつもどおり、この手から攻めてみよう」と落ち着き払って問題と向き合える。揺るぎのない型をただひとつ持つことで、千変万化の問題に対応する変化対応力が得られる。

図6-01 「型」があるからこそ「変化対応力」と「創造性」が高まる

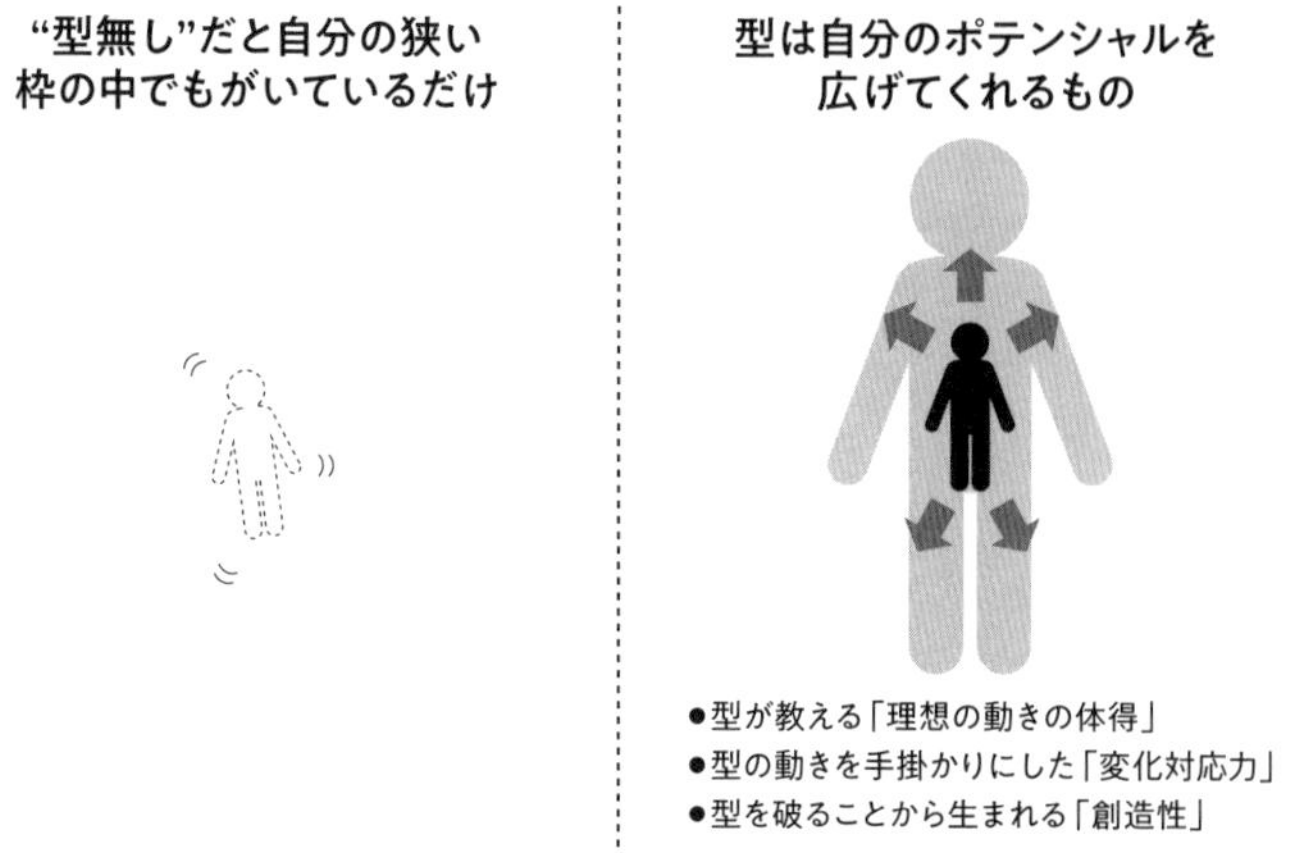

“型無し”だと自分の狭い枠の中でもがいているだけ
型は自分のポテンシャルを広げてくれるもの
●型が教える「理想の動きの体得」
●型の動きを手掛かりにした「変化対応力」
●型を破ることから生まれる「創造性」

型を持たずに好き勝手やるのは、自分の狭い領域の中でもがいているだけだ。型はむしろ自分の枠を理想の領域へと押し広げてくれるものだ。そして、型というベースがあるからこそ、そこから意図的にズラすことで、創造性をより積極的に発揮できるようにもなる。

変化対応力と創造性。これらは、これからの時代の要請だ。思考の型を身につけることは、時代を生き抜くための術を身につけることを意味する（図6-01）。

演繹、帰納、アブダクション――それぞれの強みと弱み

本書が伝える「思考の型」は、「演繹的思考」「帰納的思考」「アブダクション」が統合されてつくられる。それぞれの方法にはそれぞれの強みと弱みがあり、統合されることで弱みが相補われ、強みを高め合うシナジーが生まれる。それが、これらの思考法を統合する必然性だ。

思考の統合に向け、改めてこれらの方法の強みと弱みを横断的に振り返ってみよう。

まず、演繹的思考が持つ最大の強みは何かといえば、

●手持ちの情報が持つポテンシャルを引き出し、最大限の有効活用ができる

ことにある。探偵が容疑者の袖についた小さな汚れを見て、そこから犯行の手がかりを見出してのけるのは、まさにこのことだ。

一方で、演繹的思考の弱みには、次のようなことがある。

- 議論の出発点となる前提を形成できない
- 前提そのものが正しいか、間違っているかの判定ができない

たとえば、「長野県に住む人は毎日アイスを食べる」という前提から、「長野県に住む彼女も毎日アイスを食べる」という結論を演繹的に導き出すことができる。しかし「長野県に住む人は毎日アイスを食べる」という前提はどこから出てきたのか、そしてそれが本当に正しいかは、演繹法は何も教えてくれない。

そこで、帰納的思考がこの演繹法の弱点を補ってくれる。帰納法の強みには、

- 個別のサンプルを観察・収集することで、一般性の高い結論を導くことができる
- サンプルを集める中で誤りに気づかせてくれる

ということがある。帰納法の強みと演繹的思考の弱みはまさに対照的だ。「長野県に住む人は毎日アイスを食べる」という前提が妥当かどうかは、長野県の人々が毎日アイスを食べるかのサンプルを集めることで帰納的に調べることができる。

一方、帰納法と演繹法に共通する性質としては、次のことがある。

●筋道を追って考えれば、誰でも同じ結論にたどり着ける

これはいわばロジックの「再現性」のことを言っており、数学や科学などの学問においては、なくてはならない性質だ。

一方で、価値は差異から生まれるものだ。とすると、誰でも同じことができてしまうこの再現性は、ビジネスにおいては、コモディティ化につながってしまう弱みでもある。演繹と帰納をがんばって積み上げげても、「いろいろ話してくれたけれど、それはまあ考えればわかることで、割と当たり前だよね」と言われてしまうようなことだ。

そこで僕らは、アブダクションの方法を導入したのだった。ニュートンがリンゴの落果から「引力」の存在を引っ捕えてきたように、アブダクションの強みは、

●まったく新しい仮説の獲得を可能にしてくれる

ことにある。その発想の根幹はその人がそれまでに蓄積してきたユニークな知識・経験・価値観に根差しており、それゆえに独自性のある仮説を生み出すことができる。

図6-02 それぞれの思考法には強みと弱みがあり、単独で完璧なものはない

	演繹法	帰納法	アブダクション
強み	•手持ちの情報が持つポテンシャルを引き出し、最大限の有効活用ができる ▼ アブダクションの強みをさらに伸ばす	•個別のサンプルを観察・収集することで、一般性の高い結論を導くことができる •サンプルを集める中で誤りに気づかせてくれる ▼ アブダクションの弱み（精度の低さ）を補う	•まったく新しい仮説の発見を可能にしてくれる ▼ 演繹法・帰納法の弱み（誰でも同じ結論にたどり着ける）を補う
弱み	•議論の出発点となる前提を形成できない •前提そのものが正しいか、間違っているかの判定ができない •筋道を追って考えれば、誰でも同じ結論にたどり着ける	•筋道を追って考えれば、誰でも同じ結論にたどり着ける •ブラックスワンによって結論が覆される可能性がある	•仮説の精度・正しさを犠牲にしている

一方で、アブダクションにも弱みはある。

- **アブダクションによって考えられた仮説の精度・正しさは、相対的に低い**

ということだ。アブダクションはロジックを飛躍させたり、本来とは逆向きに発想したりすることで創造的発見を可能にするものだ。その反動として、論証の確からしさを犠牲にしている。

演繹法、帰納法、アブダクション、それぞれの方法を比較してわかるように、どの方法にも他にない強みがあり、一方でそれぞれ弱みも抱えている。このことは、どれかひとつで全部片づくような、単独で完結する思考法は存在しないということをも示唆する（図6–02）。

思考の三位一体化――3つを束ねて強みを活かし、弱みを補う

だからこそ、これらの思考法はそれぞれの弱みを補い、強みを高め合える関係にある。これらを組み合わせたとき、思考は次のような流れをとるようになる。

- 仮説形成《アブダクション》……論理を展開する出発点となる仮説を生み出し、
- 演繹的思考《ディダクション》……その仮説が持つポテンシャルを示唆として引き出し、
- 帰納的思考《インダクション》……事実を基に仮説に誤りがないかを検証し、結論に引き上げる

このプロセスが「仮説形成《アブダクション》・演繹的思考《ディダクション》・帰納的思考《インダクション》の三位一体《トリロジー》思考」だ。

この3つの思考法は、それぞれが単独でも強力な方法だ。これらをさらに統合させることで、互いの弱みを相補い強みを高め合うシナジーが生まれ、さらなる真価を発揮するようになる。

つまり、アブダクション・演繹法・帰納法はそれぞれ単独で存在する方法ではなく、三者を統合しトータルの思考として使うことでその真価を発揮する。三者を束ねることでそれぞれの弱みが互

図6-03 それぞれの思考法を組み合わせることで
強みが活かされ、弱みが補われる

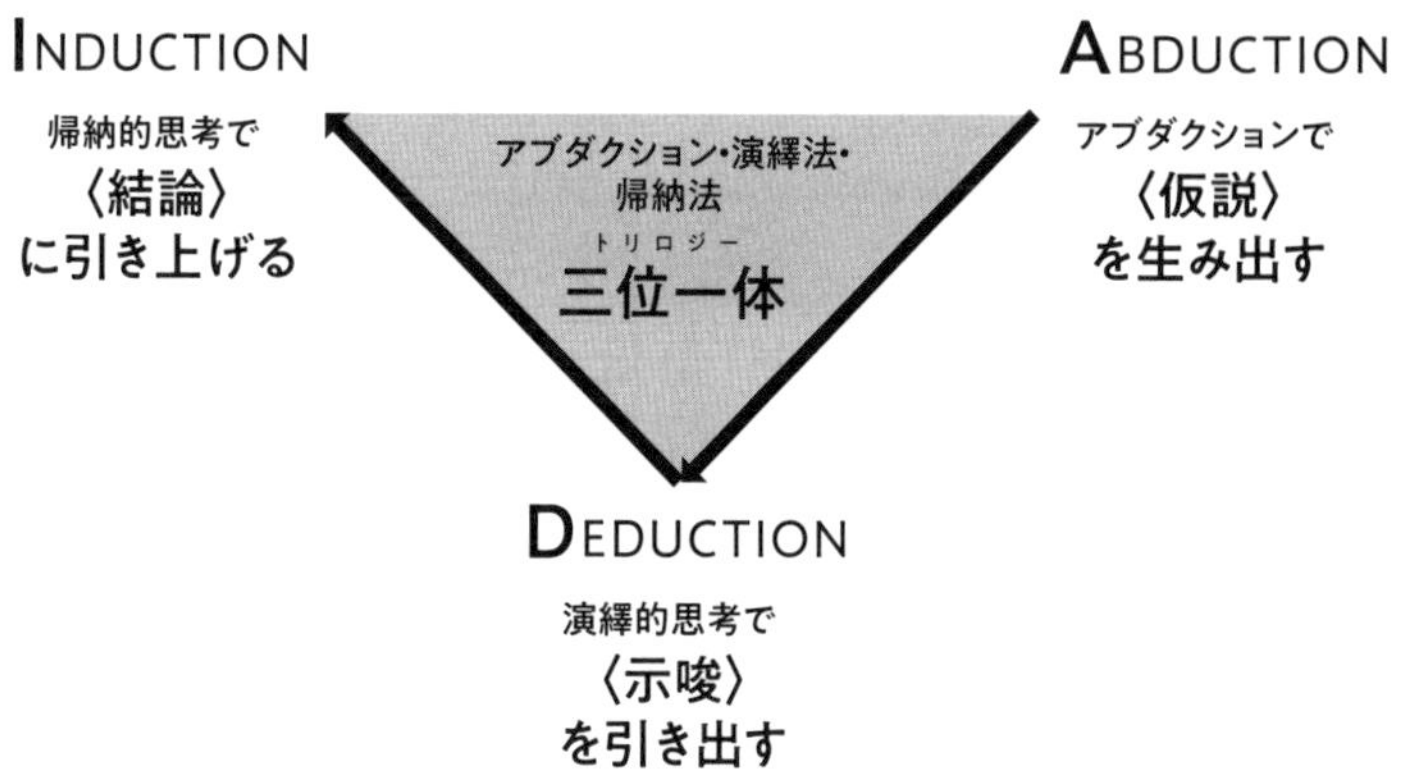
INDUCTION
帰納的思考で
〈結論〉
に引き上げる
ABDUCTION
アブダクションで
〈仮説〉
を生み出す
アブダクション・演繹法・
帰納法
三位一体《トリロジー》
DEDUCTION
演繹的思考で
〈示唆〉
を引き出す

いの強みによって補われ、完全な推論の方法が姿を現す。そのことによって初めて、正しく考えるための思考のあるべき平衡《バランス》は生まれる。

シン・ロジカルシンキングの「思考の型」
——QADIサイクル

　思考法の統合はここで終わらない。この三位一体の姿はまだ画竜点睛を欠いている。思い出そう、思考の原点とは何であったか。

　そう、それは「問い」だ。問いによって思考は力強く明晰なものになり、よい問いはよい仮説を生む。その「問い」を三位一体の上に据えることで、発見と論証を統合させたシン・ロジカルシンキングの「思考の型」が完成する。それは、

図6-04 シン・ロジカルシンキングの思考の型
—— QADIサイクル

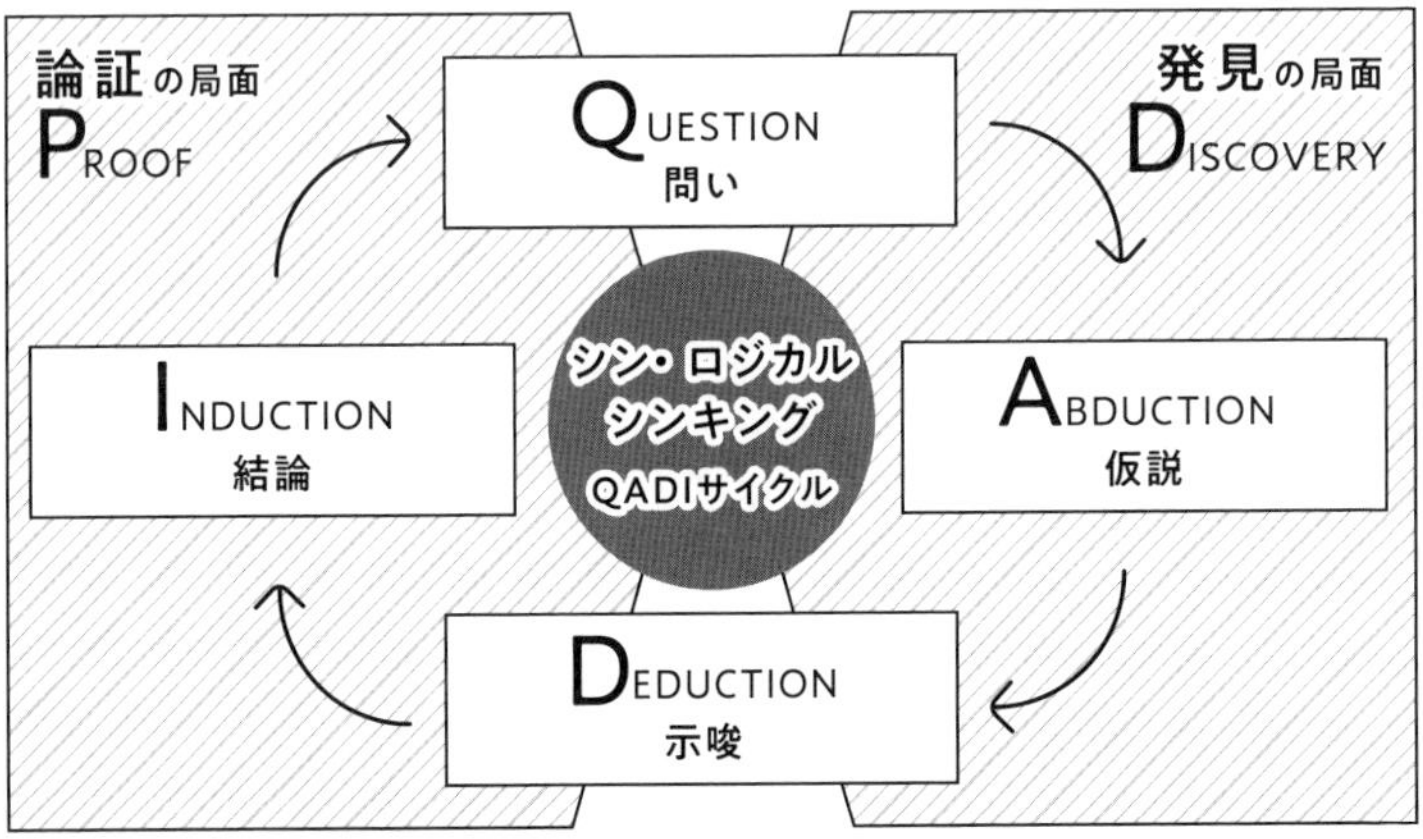
論証の局面
PROOF
発見の局面
DISCOVERY
QUESTION
問い
ABDUCTION
仮説
DEDUCTION
示唆
INDUCTION
結論
シン・ロジカルシンキング
QADIサイクル

Q：問い（Question、クエスチョン）……発見と論証の出発点となる問いを立てる

A：仮説（Abduction、アブダクション）……立てられた問いに対して意外性のある仮説を生み出す

D：示唆（Deduction、ディダクション）……仮説が持つポテンシャルを示唆として引き出す

I：結論（Induction、インダクション）……仮説・示唆の正しさを検証し結論として引き上げる

というQADI《クアーディ》サイクルによって思考が展開される。

こうして発見と論証の二大局面は統合され、ひとつの「思考の型」として形を得た。「論点設計《クエスチョン》と仮説形成《アブダクション》」によって情報の非対称性・差別化を生む意外性のある仮説が生み出され、「演繹的思考《ディダクション》・帰納的思考《インダクション》」によってその正しさが支えられる。こうして思考の流れを型化することで、再現性もまた担保される。

第1章で、再現性と差別化は相矛盾するジレンマだと伝えた。いま、これらの対立は昇華（止揚《アウフヘーベン》）され、シンなる思考の型を僕らは得た。

スケールフリーな思考の型
――メール一本から面接、プロジェクトまで

ＱＡＤＩサイクルの思考の型は、何も大がかりな問題を考えるためだけのものではない。メールを書くような小さなことからプロジェクト設計のような大きな話まで、これ一本で対応することが可能だ。小さく・大きく伸び縮みできるようなスケールフリーなところがこの思考の型にはある。

たとえば、誰かへの依頼メールを書く際には、

- Q（問い）：「どのような書き方をすれば気持ちよく対応してくれるか？」と問いを立てる
- A（仮説）：そこから「相手にメリットが必要だ。そのメリットは○○」と仮説を出す

- D（示唆）：その仮説をもとに、演繹的にメールの文面へと展開する
- I（結論）：自分の経験に照らして内容が妥当かを帰納的に検証する
- QADIサイクル：そこで改善の余地があれば、またもうひとサイクル回す

と、小さくサイクルを回していく。

少しばかりスケールを大きくして、面接でのケースワークの場面でも、次のように使っていくことができる。

- Q（問い）：ケースワークの前提と答えるべき論点を確認する
- A（仮説）：問題に対するアプローチや仮説を複数出し、有望なものを絞り込む
- D（示唆）：仮説をもとに、問いに答えるためのストーリーを展開する
- I（結論）：回答の根拠・妥当性を確認し、結論としてまとめる
- QADIサイクル：面接官からフィードバックをもらい、回答をさらに磨き込む

さらに、この思考の型をプロジェクトの規模にスケールアップさせることもできる。たとえば3か月の戦略策定案件に当てはめれば、

図6-05 QADIサイクルは取り組む内容に応じてスケールフリーに伸び縮みさせて使える

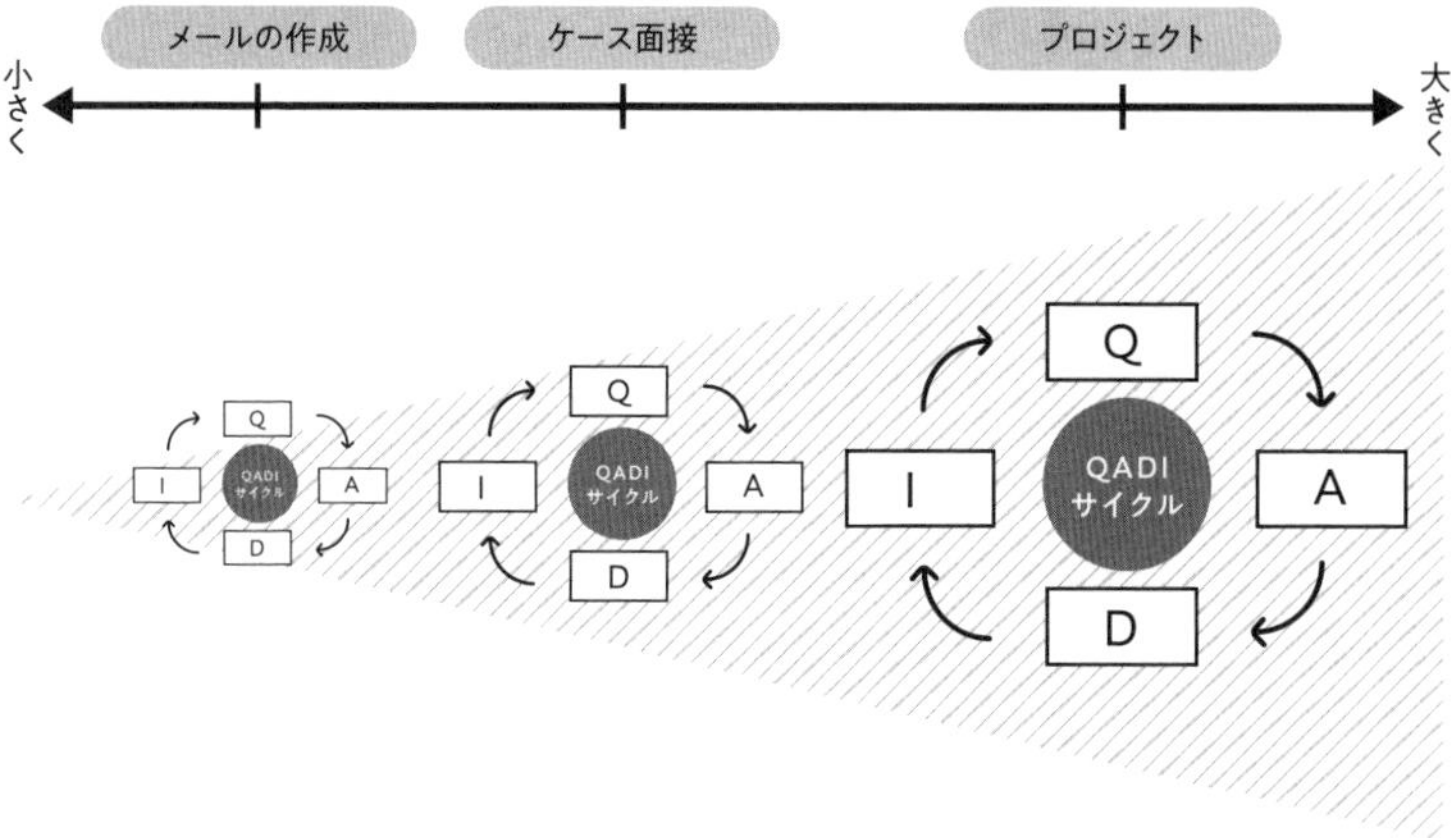

- Q（問い）：プロジェクトで答えるべき論点（キークエスチョン）を設計する（最初の1週間）
- A（仮説）：調査と並行しながら複数の初期仮説を考案し、有望な仮説の絞り込みを行う（次の3週間）
- D（示唆）：仮説をもとに、戦略ストーリーを展開させる（次の2週間）
- I（結論）：仮説や戦略ストーリーの妥当性を検証し、一旦の結論としてまとめる（次の2週間）
- QADIサイクル：絞り込んだ仮説をさらにブラッシュアップしながら、実行計画をまとめる（最後の4週間）

といった形で、プロジェクト設計に落とし込むことができる。

このように、直面している状況が小さいものでも大きいものでも、この思考の型によって、落ち着き払って対応できるようになる（図6－05）。あらゆる場面で使える普遍的な型としてぜひ使いこなしてほしい。

発見と論証の平衡感覚を取り戻す

このシン・ロジカルシンキングは、発見と論証を共にはたらかせようとするものだ。これを使いこなすには、発見と論証のモードを柔軟に行き来する思考の平衡感覚に気づくことが大切だ。「限度を超えれば善も悪に転じる」という話で伝えたように、水だって飲みすぎれば身体を悪くする。これと同じことが、これまでのロジカルシンキングにも当てはまる。過去のロジカルシンキングも、適切に用いさえすれば、論理的でわかりやすい説明を可能にする。しかしその運用が過剰になってしまうと、形式にはまった凡庸な発想に偏り、意外性のある発想を乏しくさせてしまう。つまりは、コモディティ思考の罠だ。

だからこそ、思考の原点に立ち戻る問いを自ら発し、それに対して意外性を持つ仮説を生み出す平衡感覚を僕らは回復させていく必要がある。そうして発見と論証の平衡感覚を取り戻すことで、

図6-06 発見と論証のよい平衡感覚を保つことが大切

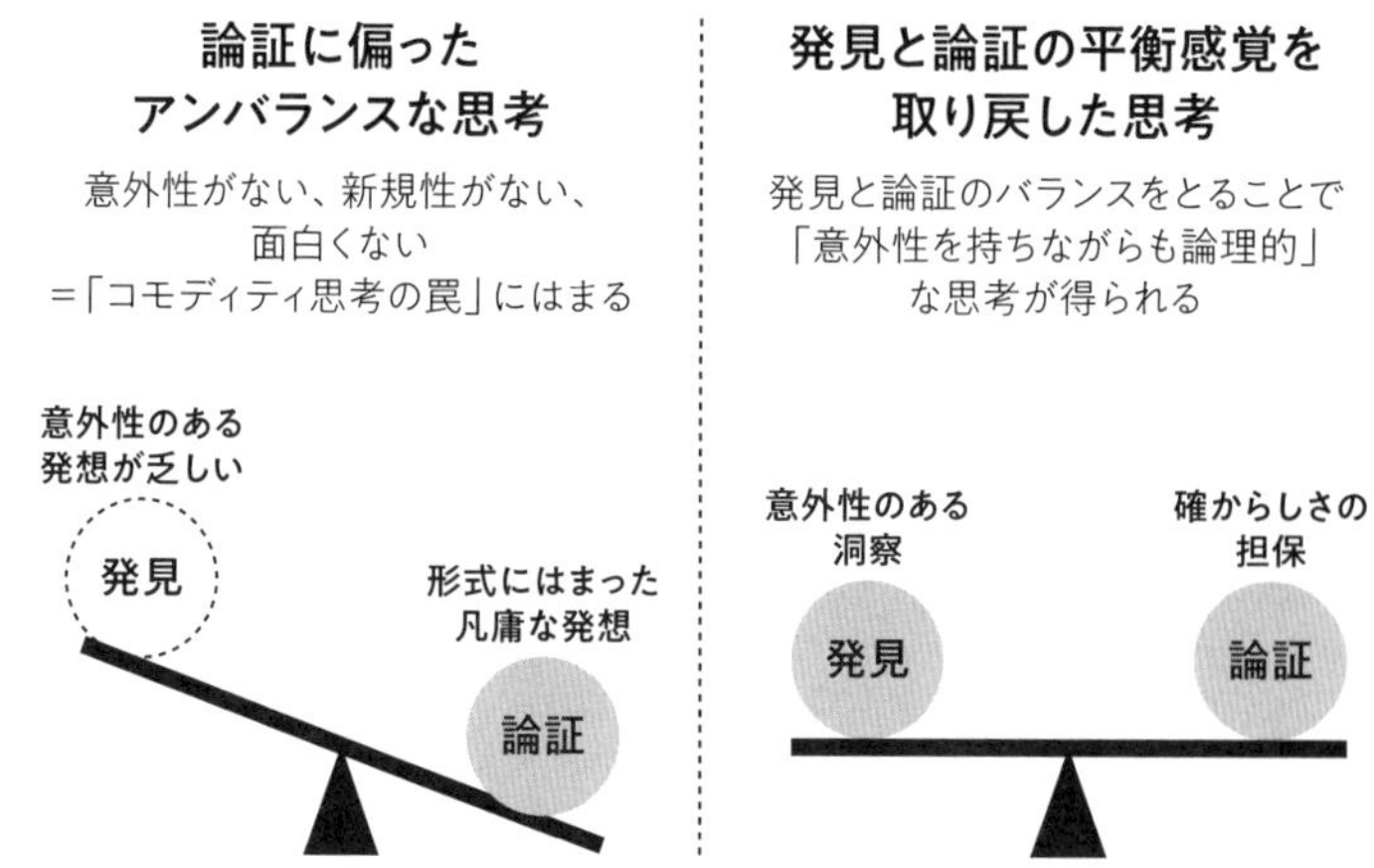
論証に偏った
アンバランスな思考
意外性がない、新規性がない、
面白くない
=「コモディティ思考の罠」にはまる
意外性のある
発想が乏しい
発見
形式にはまった
凡庸な発想
論証
発見と論証の平衡感覚を
取り戻した思考
発見と論証のバランスをとることで
「意外性を持ちながらも論理的」
な思考が得られる
意外性のある
洞察
発見
確からしさの
担保
論証

考えることの力は真に引き出される。これが、僕らが目指すロジカルシンキングの新たな地平だ。

「説明する順番」と「考える順番」は別物

この思考の型は何かを考える際に、まずは問いを立てて仮説を出すことを伝えている。これを見ると、「十分な分析もないままにいきなり仮説を出すなんて、単なる思いつきで誰にも理解されないんじゃないか?」という声があるかもしれない。

こうした声は、「説明する順番」と「考える順番」を混ぜこぜにしていることから出てくる。多くの場合、「説明する順番」は前提となる背景から伝え、そこから丁寧に結論へと導く構造的な流れに従う。しかし「考える順番」では、「もしかしたら○○がいけるのでは？」という仮説が先に浮かぶ逆転がしばしばある。次いで、「自分の直感は本当に正しいのだろうか？」と、検証の作業を進める。この逆転したプロセスが、効率的な問題解決においてきわめて重要な役割を果たす。

新規事業開発の例を考えてみよう。はじめに「このビジネスモデル案が成功するのではないか」という初期仮説を考えついたとき、この直感はまだデータや分析に基づくものではない。しかし、はじめにこの仮説に至ったことで、その後の市場・競合調査はその仮説の検証に目がけてダイレクトに行うことができる。それによって、「このビジネスモデルは実際にいけそうだ」という確信が、調査・分析を進めるごとに磨き込まれていく。

逆に、「説明する順番」で考え始めてしまうと、どうなるか。調査の方向感がないままに情報の海に溺れ、役に立つかどうかもわからない情報の整理や分析に多大な時間を費やしてしまう。そうして「市場のトレンドは□□」「競合の動向は△△」といった話はひとしきり語れても、「では自社は何をすべきか？」という問いには答えられないままになる。

考える際は、結論から自由に考えていい。それをどう検証し、どのように説得力のあるストーリーに仕立て上げるかは、その後の話だ。

Case Solution

シン・ロジカルシンキングの「型」を実践する

では、この思考の型は実際どのような頭の使い方をして実践すればよいだろうか？

そのことをCase Solutionの過程の中で伝えていこう。具体的な問題を考える流れの中で、ぜひ考え方を盗み、自分のものとしてほしいと思う。

【STEP1】Q：問い（Question、クエスチョン）——論点設計

最初のステップは、思考の焦点を定めるために〈問いを立てる〉ことだ。

今回のケースの目的は停滞する動物園の売上を回復させることにあり、「いかに売上を上げるか？」という問いが出発点となる。しかし、このままでは問いとしてカタマリが大きすぎて手がつ

けにくいため、より小さな部分の問いへと分解してみよう(図6-07)。
するとと、売上向上の方向性としては、以下の3つの問いに切り分けられる。

①いかに来園者数を増やすか?
②いかにリピート訪問数を増やすか?
③いかに客単価を高めるか?

ここから、答えるべき問いを突き詰めていこう。①の「いかに来園者数を増やすか?」という問いは、次のようにさらに分けることができる。

①-1どの来園者セグメントの数を増やすか?
①-2そのセグメントの来園者をいかに増やすか?

そこで①-1に動物園の来園者のセグメントを整理してみよう。

セグメントを切り分けるためのひとつ目の軸として、「団体客—単身客」という切り口を考えてみる。通常、動物園の来園者層は主に家族や旅行客の「団体客」が多いと考えられる。これに対して、未顧客(これまで利用していない潜在的な顧客)の切り口としては「単身客」があり得る。

図6-07 施策の中身に飛び込む前に、まずは解くべき問いを設定すること

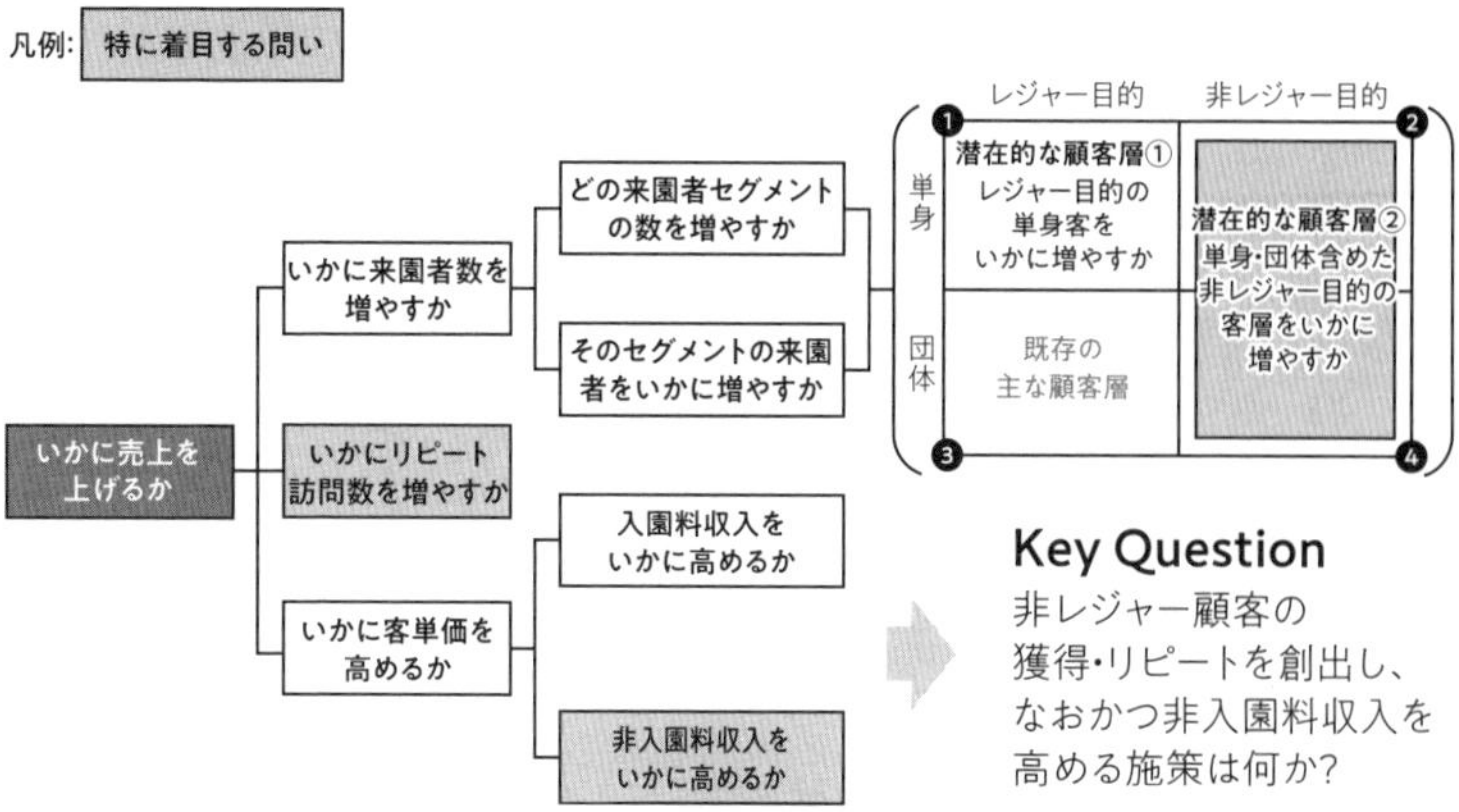

凡例: 特に着目する問い
いかに売上を上げるか
いかに来園者数を増やすか
どの来園者セグメントの数を増やすか
そのセグメントの来園者をいかに増やすか
いかにリピート訪問数を増やすか
いかに客単価を高めるか
入園料収入をいかに高めるか
非入園料収入をいかに高めるか
レジャー目的
非レジャー目的
単身
団体
潜在的な顧客層① レジャー目的の単身客をいかに増やすか
潜在的な顧客層② 単身・団体含めた非レジャー目的の客層をいかに増やすか
既存の主な顧客層
Key Question
非レジャー顧客の獲得・リピートを創出し、なおかつ非入園料収入を高める施策は何か?

もうひとつの軸は、動物園を利用する目的として、「レジャー目的―非レジャー目的」としてみよう。動物園はレジャー目的で来園することが通常であるが、非レジャー目的の客層を取り込めないか、と考えてみる。

この二軸で顧客セグメントのマトリクスを切ると、これまで十分にアプローチしきれていない客層へのアプローチとして、次のような問いを抽出できる。

- レジャー目的の単身客をいかに増やすか?
- 単身・団体含めた非レジャー目的の客層をいかに増やすか?

この中でも特に、非レジャー目的の客層はこれまで考えられたことが少ない意外性のある問いであり得るため、今回は後者の問いにフォーカスし

て考えてみることにしよう。

また、③の客単価についても、次のように分けることで、収入源の視野を広げることができる。

③-1 入園料収入をいかに高めるか？

③-2 非入園料収入をいかに高めるか？

このうち特に、非入園料収入を増やすことは客単価を何倍にもふくらませられる余地があり、動物園経営にとっては魅力的になるだろう。

ここまでに分解した問いをまとめれば、解くべきKey Question（カギとなる問い）は次のように追い詰めることができる。

「非レジャー顧客の獲得・リピートを創出し、なおかつ非入園料収入を高める施策は何か？」

こうして考えるべき焦点となる問いを定めたところで、次のステップに進もう。

【STEP2】A：仮説（Abduction、アブダクション）——仮説形成で初期仮説を生み出す

解くべき問いが明確になったら、次は〈仮説〉を生み出すステップだ。発見の局面においては、論証は脇に置き、アイディアを多く出すことに注力する。

普通に動物園向けのオーソドックスな施策を考えようとすると、次のようなことが思いつく。

- **来園者の目を引く珍しい動物を増やす**
- **各種イベントを積極的に行う**
- **動物とのふれあいなど、眺めるだけではない体験を提供する**
- **通い放題のサブスクリプション型入園料を導入する**

しかし、こんなことは言われなくてもわかりきっていることであり、その提言に価値はほとんどない。そこで、アブダクションを使って従来とは違う角度から発想してみる（図6-08）。

まずレジャー目的として、「ビジネス利用」があり得るのではないか。新幹線がカワセミの形状を参考にしたり、救助ロボットが昆虫の形を模したりするなど、動物から創造のヒントを得るバイ

図6-08 あえて構造化せず、アブダクションで意外性のある発想を出していく

Key Question:非レジャー顧客の獲得・リピートを創出し、なおかつ非入園料収入を高める施策は何か？

ビジネス環境

- スタートアップ企業のイノベーション・ハブ
- 来園者へのテストマーケティングの場を提供
- 動物園をビジネスと顧客が出会うプラットフォームに
- 動物園内の自然環境を活かしたコワーキングスペース
- 動物行動の研究から示唆を得たリーダーシップトレーニング
- 動物の社会構造や行動を参考にしたチームマネジメント研修
- 動物園内のアクティビティを通したチームビルディングプログラム
- 動物の行動や生態を基にしたビジネスアイディアワークショップ

暮らし環境

- 長期滞在可能なノマド型生活向け住居の提供
- 滞在者向け動物園内でのナイトツアー企画
- 滞在者向け食事・カフェの提供
- ペット飼育環境の提供
- 園内フィットネス施設

アブダクション！

コンセプト：**イノベーション・プラットフォームとしての動物園**

オミメティクスの考え方はビジネスでも有効とされてきた。そこでこんなアイディアが思いつく。

- 動物園をスタートアップ企業のイノベーション・ハブの場として構想してはどうか？
- さらに、来園者へのテストマーケティングの場を提供することで、動物園がビジネスと顧客が出会うプラットフォームとなる可能性があり得るのではないか？

こうした「場」の提供は、単なる入園料とは異なる、新たな継続収入の機会をもたらしそうだ。

さらに、ビジネス目的の顧客にふさわしく、それでいて動物園ならではのワーク環境や各種ビジネスプログラムを用意してはどうか？ということが連想される。たとえば、

- 動物園内の自然環境を活かしたコワーキングスペース
- 動物園内でのアクティビティを通したチームビルディングプログラム
- 動物行動の研究から示唆を得たリーダーシップトレーニング
- 動物の社会構造や行動を参考にしたチームマネジメント研修
- 動物の行動や生態を基に新たなビジネスアイディアを生み出すワークショップ

こうしたことは、これまでのオーソドックスなビジネス向けサービスに対して独自性がありそうで、そのうえ、動物園という「場」から提供することは、他社による模倣も困難だ。

さらに発想を膨らませると、昨今は決まった場所に定住しない「ノマド型生活」が新たな働き方・暮らし方として注目されている。そこで、そうした「働く人々の暮らし」という線から、次のようなアイディアが浮かんでくる。

- 長期滞在可能なノマド型生活者向け住居の提供
- 滞在者向け動物園内でのナイトツアー企画
- 滞在者向け食事・カフェの提供
- 園内フィットネス施設

● ペット飼育環境の提供

こうした新たな収入源が得られれば、継続的な非入園料が大きく創出できそうだ。

これまで出してきたアイディアを束ねて、初期仮説としてのコンセプトをまとめてみるなら、「イノベーション・プラットフォームとしての動物園」という方向性が見えてくる。これまでの動物園にはない意外性があり、ここから様々なビジネス向け施策にも派生させていけそうだ。その予感を持ちながら、さらに次のステップへと進もう。

【STEP3】示唆（Deduction、ディダクション）——演繹的思考で示唆を引き出す

「点」としての初期仮説を構想したところで、次はこれを「面」へと広げ、意味のある戦略ストーリーとして描く必要がある。それが〈示唆〉を引き出す第三ステップだ。

「イノベーション・プラットフォームとしての動物園」を起点としたとき、そこからは次のような4つの軸となるストーリーラインを引き出すことができる。それぞれが一本の筋書きとして成り立

つまで、演繹的思考を駆使して「So what？」を問い連ねていることに注目しよう。

❶スタートアップ企業の呼び込みによる定期的な非レジャー収入の獲得

- ワークスペースや各種プログラム提供、ノマド型住居サービスなどイノベーション・プラットフォームとしての環境を構築することで（So what？）、
- 先進的なスタートアップ企業を呼び込み（So what？）、
- 定期的な非レジャー収入が新たに獲得できる

❷テストマーケティングを介したスタートアップ企業・一般顧客の自律拡大サイクルの形成

- スタートアップ企業によるイノベーションが活発化することで（So what？）、
- コンテンツの更新が難しい動物園において、先進的なプロダクト／コンテンツをテストマーケティングとして発信・アップデートできるようになり（So what？）、
- それによって一般入園客への訴求力を高めてレジャー収入を増加させながら（So what？）、
- 一般入園客が増えることでテストマーケティングの場としての魅力度も高まり（So what？）、
- テストマーケティングを介して「スタートアップ企業増加⇅一般入園客増加」の自律拡大サイクルが形成できる

❸大企業からの非レジャー収入獲得

- 各種プログラムの充実化・実績の訴求ができるようになり（So what？）、
- 同時に、参画しているスタートアップ企業数が増えるほどにパートナー連携の機会も増えることで（So what？）、
- 大企業にとってもイノベーション・プラットフォームの利用価値が高まり、参画が進む（So what？）
- それによって大企業との協業を期待するスタートアップ企業の参画もさらに増え（So what?）、
- 「スタートアップ企業増⇅大企業の参画増」という自律拡大サイクルが形成できる

❹創発的なナレッジ／ノウハウ蓄積による模倣困難な進化

- スタートアップ企業や大企業との取り組みを通じて、イノベーション・プラットフォームとしてのナレッジやノウハウが蓄積し（So what？）、
- より魅力度を高めるための進化を遂げていくことが可能になる（So what？）
- どのような進化に向かうかは「参加企業との創発」という「偶然性《ランダムネス》」にもゆだねられるため（So what？）、
- そこから遂げられた進化はきわめて模倣困難なものとなる

図6-09 初期仮説のポテンシャルを引き出すことで、戦略ストーリーが構築できる

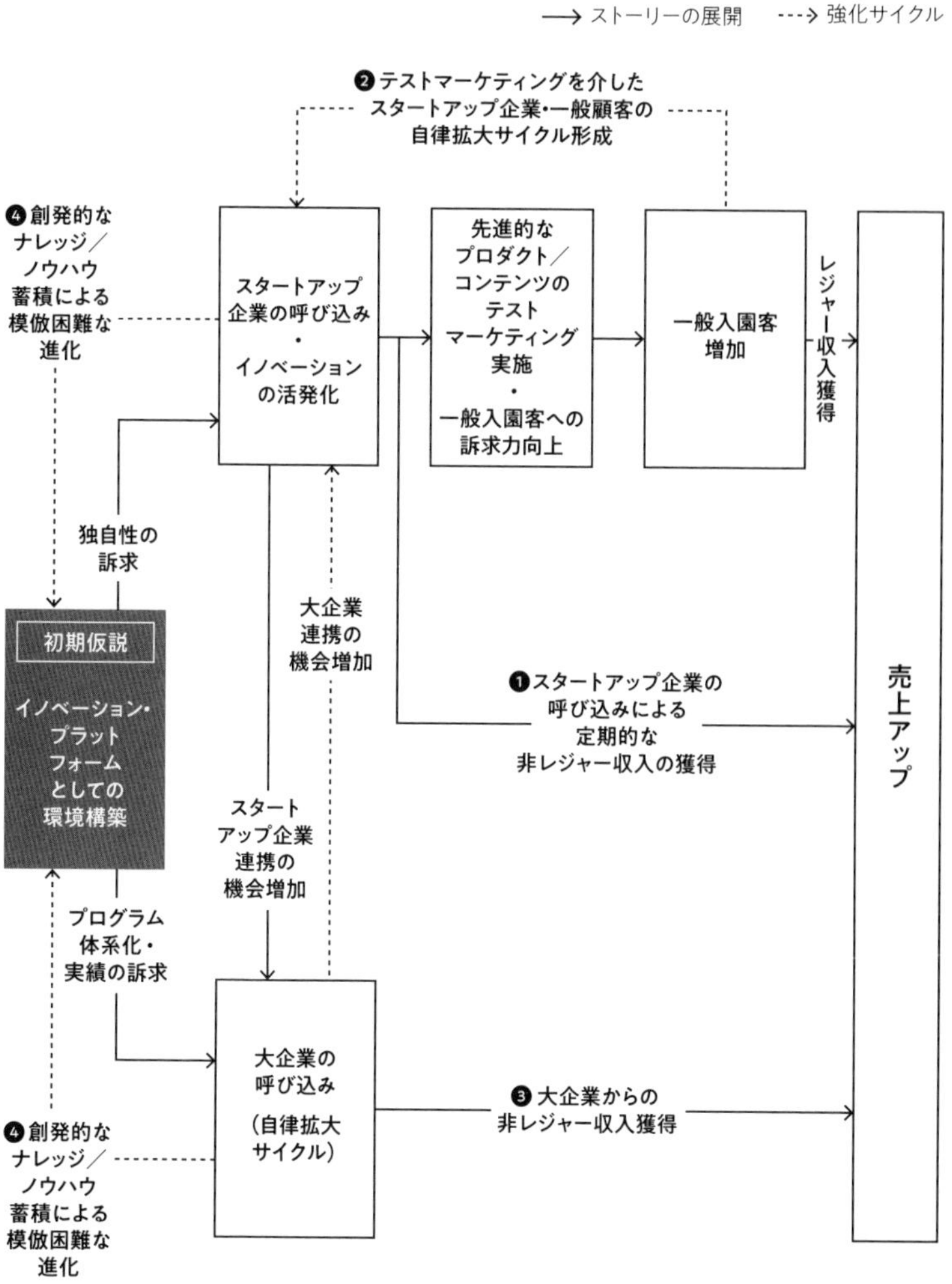

これらの4つのストーリーラインを統合させることで、図6‐09のような戦略ストーリーを〝面〟として展開することができるようになる。そこには初期仮説のコンセプトが持っているポテンシャルを丹念に引き出す頭の使い方があることを確認しよう。

【STEP4】I:結論(Induction、インダクション)——帰納的思考で結論に引き上げる

最後のステップが、これまでの検討を〈結論〉に引き上げることだ。

これまでの検討を帰納的に総括すると、「いかに売上を高めるか?」という問いに対する答えは次のようになる。

「ビジネス客を新たなターゲットとし、イノベーション・プラットフォームとしての動物園を訴求することで、新たな非入園料の継続収入を獲得し、その波及効果として一般来園者の収入増と自律強化サイクルの形成を狙う」

初期仮説を展開したこのストーリーが実際に確からしいかを検証することが、この第4ステップの役割でもある。それには、軸となるストーリーラインの因果関係(図6‐09における矢印でつながる

部分）に注目し、必要な検証作業を加えていけばいい。帰納的思考の発想で、その因果関係が成り立つという論証のサポート材料を集めるということだ。

たとえば、ストーリーライン❶の場合には「スタートアップを本当に呼び込めるか」が検証のポイントになる。そうすると、

- **ニーズ検証……スタートアップ企業が動物園という環境をビジネス利用することにどの程度の関心があるかインタビュー調査を実施**
- **試験導入……小規模なビジネスプログラムを試験的に導入し、その反応を観察**
- **フィードバックの収集と改善……プログラム参加者や企業からのフィードバックを収集し、改善点を洗い出す。これにより、仮説の確からしさや改善の余地を明確にする**

といった検証のアクションが見えてくる。こうした検証を重ねることで、この仮説の正しさを「論証」し、ついには結論として確定させることができる。

＊　＊　＊

このCaseの一連の検討を通じて、ＱＡＤＩサイクルにおける頭の使い方・思考の流れを感じ取る

ことができただろうか。改めてポイントを振り返れば、次のようになる。

Q：問い……解くべき問いを初めにしっかりと設定し、思考の照準の狙いを定める（論点設計《クエスチョン》）

A：仮説……その問いに対して、正しいかどうかはいったん脇に置き、意外性のある仮説を発想する（仮説形成《アブダクション》）

D：示唆……So what?と何度も自問することで初期仮説が持つポテンシャルを引き出し、一本の戦略ストーリーとして展開させる（演繹的思考《ディダクション》）

I：結論……結論をまとめ、その正しさを検証するためのサポート材料を揃える（帰納的思考《インダクション》）

このようにして、意外性がありながら論理的でもあるストーリーは描かれ、コモディティ思考の罠は克服される。この一連の思考の型を自在に使いこなせるようになれば、考えることの可能性は無限に広がっていくに違いない。

VUCA時代の「思考の生存戦略」
——仮説の判断に迷うより、磨き込みに時間をかける

時代はＶＵＣＡ《ブーカ》（Volatile 変動的、Uncertain 不確実、Complex 複雑、Ambiguous 曖昧）と言われる。世の中があまりに早いスピードで変化してしまうような状況にあっては、たとえ1年の時間をかけてつくり上げた計画も、突然の環境変化によって覆されることだってある。時代の不確かさは、仮説の賞味期限を早めてしまう。

生物の場合、環境の変化に対して自身の姿かたちや行動のパターンを生存に有利な形に変えていくことで、生き残りを図ってきた。これが「適応」であり、その結果が「進化」という形で現れる。こうした適応と進化の生存戦略を環境変化とともに繰り返すことで、生物は永い年月を生き延びてきた。

ここで、仮説をひとつの「生物」にたとえてみよう。

環境変化についていけなくなった生物が絶滅するように、仮説の良し悪しを判断することに悠長な時間をかけていては、変化に取り残されて仮説が陳腐化してしまう。必要なのは、ある程度の思いきりを持って判断を下してしまうこと。そして、その判断がより活きてくるように、仮説の磨き込みに時間をかけていくこと。これが、このＶＵＣＡ時代を生き抜くための「思考の生存戦略」である。

「発見・論証」から「探求」へ
――仮説進化論、あるいは「強くてニューゲーム」

生物と仮説が大きく違うのは、その進化のスピードにある。生物が進化を遂げるには何千年、何万年以上もの時間を要するが、知識はそうではない。今日新たに気づいたことは、すぐさま仮説の進化に取り込むことができる。しかも仮説に与えるフィードバックの数だけ、仮説の進化スピードも加速する。そこが仮説進化論の強みであり、生命の進化ではこうはいかない（図6‒10）。

仮説は、一度つくっただけで終わりではない。絶えず自身の考えに改善点を求め、磨き込みをかけていくことで、仮説はどこまでも進化していく。そのことを、僕は〈発見〉と〈論証〉に続く〈探求〉と呼びたい。思考の型をひと周りしたとき、そこからひとつのアウトプットが生まれる。〈探求〉は、一度吐き出されたアウトプットを再び検討のインプットとして取り込み、その理解を持って当初の問いを再び捉え返し、新たな思考サイクルを回していく。

それは、ゼロから新しいゲームを始めるということではない。1周目で得られた知見を最初から

図6-10 フィードバックを与えるほどに仮説の進化スピードは加速する

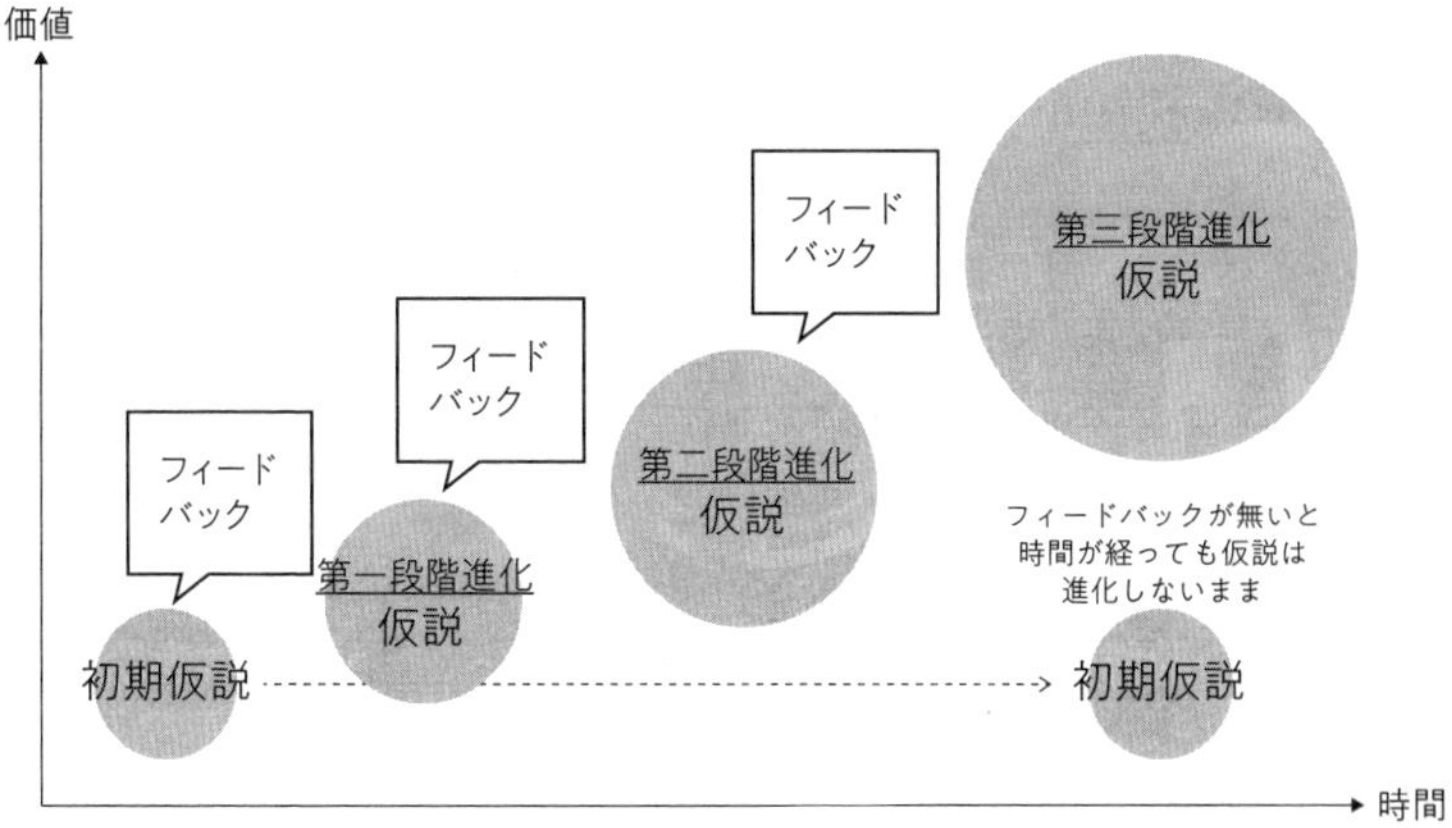
価値
フィードバック
フィードバック
フィードバック
第三段階進化
仮説
第二段階進化
仮説
第一段階進化
仮説
初期仮説
フィードバックが無いと
時間が経っても仮説は
進化しないまま
初期仮説
時間

持った状態で再び開始する「強くてニューゲーム」だ。「強くてニューゲーム」で再開するからこそ、1周目では踏破できなかったダンジョンに踏み込み、歯が立たなかった敵を倒し、未知のお宝を手にすることができるようになる。1周目での経験があるからこそ、もう一度巡ったときにはよりすぐれた知見へと至ることができる。

全体と部分を往復する「思考の循環」を使いこなす

僕のお気に入りの概念のひとつに、「解釈学的循環」というものがある。「思考のサイクルを巡る」ということの本質に迫るものだから、ぜひ紹介しておきたい。

解釈学的循環とは、様々な文献を解釈するための理論である解釈学から生まれた考えだ。部分と全体が互いに影響し合い、部分を通して全体が把握され、全体を通して部分の意味もまた決まる、という考え方のことをいう。

ビジネスを例にその意味合いを見てみよう。ひとつの事業は、企画・製造・販売などの個々の機能・組織という「部分」と、機能・組織の活動を方向付けする戦略という「全体」に分けて考えることができる。そのとき、

- **「部分」の機能・組織が何を意図して活動しているかは、「全体」としての戦略を理解することで明確になり、**
- **他方で、戦略という「全体」は、個々の機能・組織という「部分」の活動を把握することでその解像度が高まる**

このようにして「部分」と「全体」は、互いを循環しながら深め合う関係にある。アルフレッド・チャンドラーは「組織は戦略に従う」と言ったが、解釈学的循環の立場からは、「組織と戦略は循環する」という言い方ができる。

図6-11 「思考の循環」を使いこなすことで仮説はどこまでも高まっていく

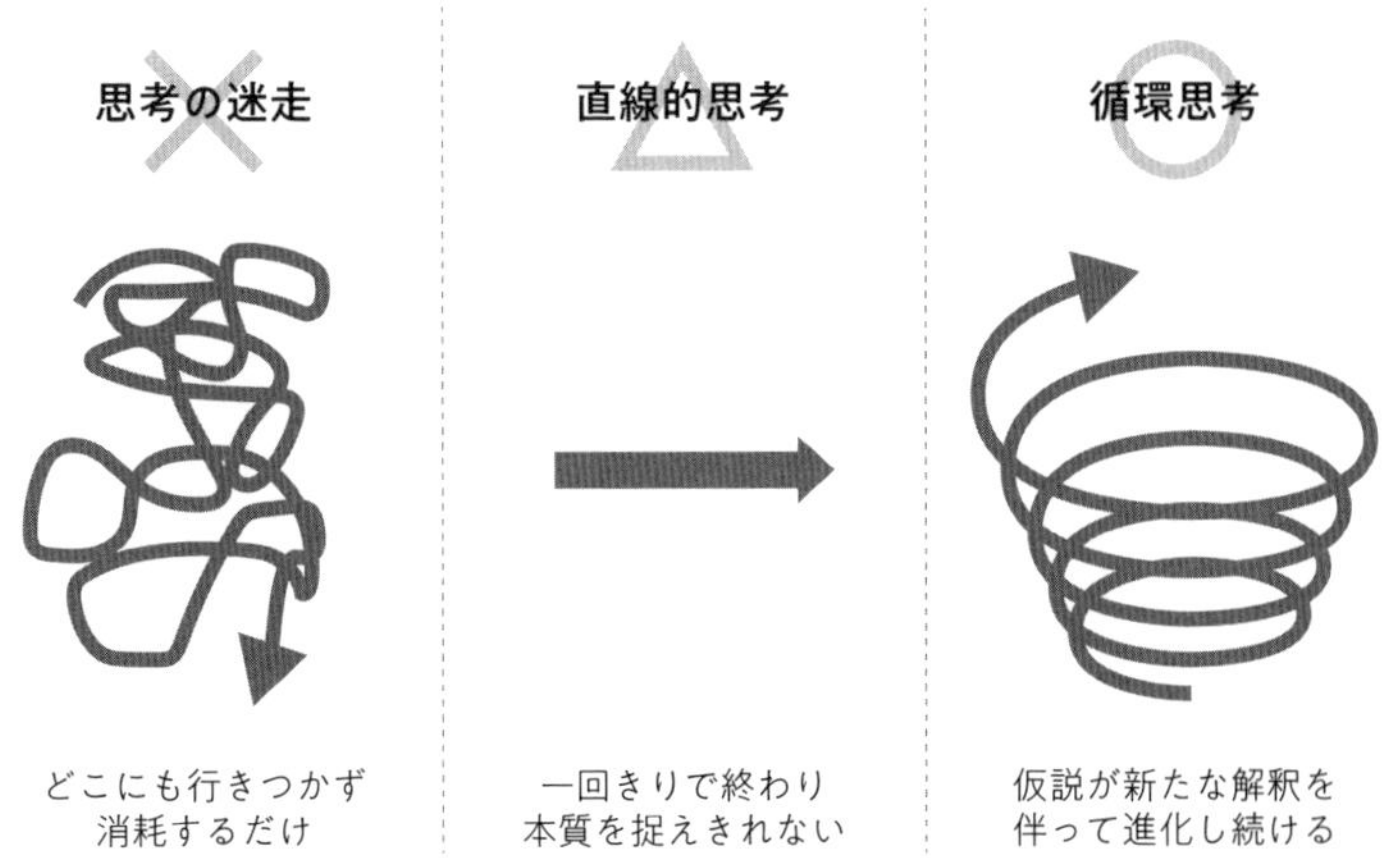
思考の迷走
直線的思考
循環思考
どこにも行きつかず
消耗するだけ
一回きりで終わり
本質を捉えきれない
仮説が新たな解釈を
伴って進化し続ける

本書が伝える思考の型がＱＡＤＩサイクルであるのも、この解釈学的循環を意図している。ＱＡＤＩサイクルを一巡することで「全体」の理解が得られる。その「全体」についての「前理解」（すでにわかったこと、解釈学の概念）を持てば「部分」の理解が再び更新され、それが「全体」に対する理解をもまた高め…といったように、高みへと向かう螺旋を描きながら「全体」と「部分」の循環運動は続いていく。これこそが、考えることにおける正しい「行ったり来たり」の動きだ。

これとは別に、

- 方向感なく同じ場所でぐるぐる回っているだけの思考の迷走
- 1から10まで走ってそれで終わりという直線思考

といった思考パターンは、僕らが目指すものではない。解釈学的循環による「正しい循環」のもとでの〈探求〉によってこそ、僕らの仮説は進化し、洗練されていくのだ。

思考への「不法侵入」を歓迎しよう、新たなる可能性のために

すでに出来上がった自分の考えは、自分の人格が乗り移ったかのようなもの。それは変えたくないし、守りたくなる。ましてや、他人の手にかかることなんてもってのほかと思いがちだ。

そんな中で、自分のアウトプットを他人に口出しされるのは、一度出来上がった自分の思考世界を踏みにじられるような、ショッキングな気分になる。哲学者のジル・ドゥルーズは、このことを「不法侵入」と呼んだ。自信満々につくった資料を上司に見せ、ダメ出しをもらって腹立たしく思ったことがあなたにもあるだろう。

しかし、こうした不快な不法侵入こそが、自分の考えを新しくするためのきっかけだ。自分がそれまで懸命に考えたことに対して不法侵入を受けたとき、「これ以上どうすればいいんだ」という

気にさえなる。しかしそのショックに何とか耐え、自分を立て直し、また問いに向かい合って答えを探求すること。それこそが、知的タフネスであり、〈反脆弱《アンチフラジャイル》〉な思考態度だ。実際、意見をもらって不快に思いながらも、資料を直していくと、前よりずっとよくなった経験もまた、あなたにはあるだろう。

誰かから意見をもらって不快に思うことは、むしろ思考を進化させるための材料として捉えよう。思考を外にさらすこと。思考の不法侵入を許すこと。それが、自分の考えの進化を加速させる手立てだ。

オープン・マインドがひらく、これからの組織と社会

仮説の進化を促すには、何よりも仮説とそれを取り巻く環境の間に「交流」を持たせることが欠かせない。だからこそ、外部との交流をさえぎるような壁をつくらず、まずは一度受け入れようと心がけることが必要だ。

人々が自由に意見し、自由に反証することができる（根拠に基づいてＮｏと言える）社会を、イギリスの哲学者カール・ポパーはオープン・ソサエティ（開かれた社会）と呼んだ。開かれた社会を実現

するには、まずは僕らの一人ひとりが個人として、オープン・マインドを持つ必要がある。それは、次のようなことを心に留めることだ。

- **新たな仮説は「思いやりの原理」に基づいて理解に努める**（新奇な説だと感じても頭ごなしに否定しない）
- **仮説の有用性に着目する**（発想の過程・やり方を問題にしない）
- **仮説を人々の意見や外の環境と交流させる**（特定の領域に閉じ込もり、閉鎖的・硬直的に捉えない）
- **反例は潔く受け入れ、仮説の磨き込みに労力をかける**（誤った仮説を守ることに労力を割かない）

一人ひとりがオープン・マインドを心がければ、新たな仮説を生み出し受け入れるための社会の機運も高まり、それがまた一人ひとりの発見を勇気づけていくという好循環をつくり出すことができる。これも、ひとつの解釈学的循環だ。

マザー・テレサは、思考が変わればその人の運命が変わると言った。そこにこう付け加えよう──ひとりひとりの思考が変わり、その運命が変われば、組織や社会の運命もまた変わる、と。これは思考術を伝えることを通して本書に託した、ひとつの願いでもある。

終章

いかに「型」を鍛え、己の「技」とするか

思考の「5つの力」と成熟度モデル

考える力を鍛えることとは、アスリートが技術を鍛え、武道家が技を磨き、アーティストが表現力を高め続けることと同じだ。それはまさに、「道」を極める旅である。最後に、旅路を行くための地図を示し、あなたが前へと踏み出すための背中の後押しをしたいと思う。その道が行く先は、無限の可能性へとつながっている。

Case

「思考力を高めたい」という相談に何と答えるか

営業部に勤める入社3年目の野口さんは、近頃伸び悩みを感じている。

たしかに仕事には慣れてきた。自社の商品知識も深まったし、それを顧客に売り込むための売り文句やトークスクリプト（営業の台本）もすべて覚えた。

ただ一方で、台本から外れた質問を顧客に投げかけられたとき、そこから自身で考えをまとめたり、素早い判断をして答えを返したりすることを難しく思っている。いままで仕事に関わる知識については勉強してきたが、こうした自分で考える力を鍛えるということは、あまり意識してやってこなかった。

そんな野口さんから、「これから思考力をもっと高めたいんです。それにはどうすればよいでしょうか？」と相談が持ちかけられた。あなたは野口さんに対して何とアドバイスするだろうか？

「あの人は頭がいい」とはどういうことか

あの人はなんて頭がいいのだろう。自分とは埋めようのない差だ。自分はあのようにはなれそうにない——そんなことを、思ったことはないだろうか。

もしそうなら、いまこの瞬間からその考えはやめにしよう。それは自分で自分に限界の線を引き、箱の中に閉じ込めている、勝手な「自己限定」に過ぎない。

いまや、僕らはシン・ロジカルシンキングという「思考の型」を得た。いまなら、僕らは「頭がいいとはどういうことか」について、より解像度を高めて理解することができる。理解の解像度が高まれば、それを自分のモノにすることだってできる。

では改めて、「頭がいい」とはどういうことか。QADIサイクルの思考の型に従って考えれば、次の5つの力によって構成されることがわかる。

①Q：問い（Question、クエスチョン）……問いを立てる力
②A：仮説（Abduction、アブダクション）……仮説を生み出す力

③D：示唆（Deduction、ディダクション）……示唆を引き出す力
④I：結論（Induction、インダクション）……結論に引き上げる力
⑤QADIサイクル……新たな知を探求する力

「頭がいい」とざっくり一言で理解する状態だと、思考力を鍛えるために具体的にどうすればよいか見えてこない。しかし、5つの力に分解して理解の解像度を上げることで、自分のどこに弱みがあって対応を加えるべきかが見えてくる。

「5つの力」と思考力の成熟度モデル

そこで解像度を上げるためにさらに踏み込んで、この「5つの力」をベースとした思考力の成熟度《マチュリティ》モデルを構築してみよう。成熟度モデルとは、スキルの熟達度合いを複数のレベルに分けて定義をしたものだ。いわば、自分の現在地を把握し、将来の展望を見るためのスキルの地図だ。

図7−01では縦軸に「5つの力」を並べ、横軸に熟達度合いとしてレベル0〜3の四段階を配置している。これによって、5つの力について「各レベルでどのような状態に到達できているべきか」がわかる。

図7-01 5つの力からなる「思考の成熟度《マチュリティ》モデル」

		Level 0 （意識ゼロ）	Level1 （初級）	Level2 （中級）	Level3 （上級）
5つの考える力	QUESTION 問いを 立てる力	**不問症** 自分で問題意識を持たず、機械的に指示に従って動いているだけになっていないか？	**問いの認識** 状況に対して、自分なりの問題意識から出た問いを持てるか？	**複眼的問い** 複数の角度や要因から問いを立て、構造的に問題に迫れるか？	**あるべき姿からの問い** あるべき姿を自分の中に持ち、そこから現実とのギャップをあぶり出せるか？
	ABDUCTION 仮説を 生み出す力	**仮説枯渇症** 誰かが考えてくれることを当たり前に思い、自分は評論家になっていないか？	**単線的仮説** 与えられた情報や目の前の状況に対して、自分なりの解釈を与えられるか？	**非連続の仮説** 数段先にある結論に対して、直感的に発想を飛ばすことができるか？	**論理的意外性の仮説** 既成概念にない、他人が思いもよらない仮説を独自に生み出すことができるか？
	DEDUCTION 示唆を 引き出す力	**情報丸飲み症** 情報を単に取得して整理するだけで満足していないか？	**示唆の 取り出し** 与えられた情報から、与えられていない示唆を取り出すことができるか？	**直線的 ストーリーの 紡ぎ出し** 与えられた情報を起点に、ひとつながりのストーリーを引き出すことができるか？	**戦略ストーリーの編み出し** 自分独自の見方やらしさを織り込み、多角的な要素を戦略的に取り入れられるか？
	INDUCTON 結論に 引き上げる力	**言いっぱなし症** 根拠もなく言いたいことだけを言い散らかすクセはないか？	**単線的な 根拠づけ** 自分の伝えたいことに対して、簡単にでも理由とセットで示す習慣はあるか？	**構造的な 根拠づけ** 相手の悩みや期待を察しながら、構造的な理由づけを組み立てられるか？	**仮説反証と 進化** 自分の考えに反することを積極的に取り入れ、仮説進化の材料として活かせるか？
	QADI サイクル 新たな知を 探求する力	**短距離停滞症** 答えの質にかかわらず、一度走りきっただけで満足していないか？	**他者による 改善** 自発的に他人から意見を求め、素直に改善の材料として取り込めるか？	**自律改善** 自身で自分の考えに対して課題を出し、自律改善サイクルを回せるか？	**自己破壊と 創造** 自分の考えに対する愛着を、必要とあらば捨てることができるか？

この成熟度モデルの意義は、次のように大きく二つある。

- 現状の自分自身の思考力のレベル感を、解像度高く診断することができる
- 自分を超えた理想的な姿を理解し、それと自分の間にあるギャップを知り、自分が取り組むべき課題を把握することができる

ここから、5つの力がどのような方向感を持って成熟していくかをそれぞれ示していく。自分がどのレベルにあるのか、チェックをつけながら自己診断をしてみよう。先に進むためには、まずは自身の現在地を知ることからだ。

成熟度診断❶ Q：問い（クエスチョン）――問いを立てる力

LEVEL 0（意識ゼロ）→不問症

☑「自分で問題意識を持たず、機械的に指示に従って動いているだけになっていないか？」

「問いを立てる」ということに対する意識がそもそもないと、宿題や仕事をただ言われてこなすだ

けの受け身な態度に留まる。担当するプロジェクトが遅れていても「プロジェクトが遅れてるなぁ」と感想が出てくるだけで、「遅れを取り戻すために○○の対応をしてください」と言われるまで思考がはたらかないような状態だ。そこに知的な主体性はない。

LEVEL 1（初級）→問いの認識
☑「状況に対して、自分なりの問題意識から出た問いを持てるか？」

次に一段進むと、問いを立てる意識が芽生え始め、初歩的であっても自ら問いを立てるようになる。「プロジェクトは何が原因で遅れているのだろう？」と問いを立て、自らの思考を問題に関わらせようとする。その問いがたとえ表面的であっても、思考の活動が始まった証拠だ。

LEVEL 2（中級）→複眼的問い
☑「複数の角度や要因から問いを立て、構造的に問題に迫れるか？」

さらにこの意識が発展するにつれて、問題の表面だけでなく、その背後にある要因を複数の視点から掘り下げ、仮説を立てて問いを深めていくようになる。たとえば、「○○タスクが人手不足で遅れており、それがボトルネックとなり全体が遅れているのではないか？」と掘り下げて問うようになる。ここまでくると、自分で考えることについてかなりコントロールを握れている状態であり、知的自立を果たしているといえる。

LEVEL 3（上級）→あるべき姿からの問い

☑「あるべき姿を自分の中に持ち、そこから現実とのギャップをあぶり出せるか？」

最上級の段階に達すると、自分の中に理想のあるべき姿を持つようになり、それを現実と比較してギャップをえぐり出すような問いが立てられるようになる。「あるべき姿と現状の差分は何か」「現状はなぜあるべき姿から逸れているのか」「なぜ、これまで差分が埋められなかったのか」「あるべき姿に近づくためには何が必要か」という、理想の実現を指向するような問いだ。こうなると、問いとしても戦略的な薫りを帯びてくる。

問いを立てる力の成長ベクトルは、一言でいえば「より主体的かつ仮説を持って問いを立てられるようになっていく」ということにある。それは、知的自立の段階とも言い換えられる。

成熟度診断❷　A：仮説（アブダクション）——仮説を生み出す力

LEVEL 0（意識ゼロ）→仮説枯渇症

☑「誰かが考えてくれることを当たり前に思い、自分は評論家になっていないか？」

仮説を発想しようという意識が欠如している状態では、自分の意見というものを持つことがそもそも難しい。自分の考えはつくられず、誰かに言ってもらう必要があり、相手の意見のよし悪しを品評することしかできない。ひどいと、相手の意見の悪いところばかりを見つけ、批判だけに積極的になる。これでは創造的な頭の使い方とは程遠い。

LEVEL 1（初級）→単線的仮説

☑「与えられた情報や目の前の状況に対して、自分なりの解釈を与えられるか？」

仮説を立てる意識を持ち始めると、目の前にある状況や情報から、単純ではあってもその原因や解決策などの解釈を示せるようになる。たとえば新製品に対する市場の反応が鈍いとわかったときに、「消費者の認知が十分得られていないのではないか」という仮説を立てる。アイディアとしての意外性はなくとも、思考は仮説形成の方向に向いている。

LEVEL 2（中級）→非連続の仮説

☑「数段先にある結論に対して、直感的に発想を飛ばすことができるか？」

仮説思考の能力をさらに磨くと、普通ではコツコツと積み上げて考えないとたどり着けないような結論を、直感を用いて瞬時に導き出せるようになる。将棋の棋士が盤面を見て「この場面で有効な手は二つ、三つくらいしかない」とパッと見抜いたりできるのは、この直感が磨き込まれているからだ。この力は、知識や経験を積み、何度も繰り返し仮説を出すことで研ぎ澄まされてくるものだ。

LEVEL 3（上級）→論理的意外性の仮説

☑「既成概念にない、他人が思いもよらない仮説を独自に生み出すことができるか？」

最上級の段階では、従来の枠組みを超えて、驚き・意外性を与える仮説を考えることができる。ニュートンがリンゴが落ちるのを見て「引力」に思い至ったあの伝説的な発想や、スターバックスの創業者が現代社会の閉塞を見て「サードプレイス」のコンセプトを構想するようなものだ。このレベルの仮説は個人独自の発想から生まれ、世の中を変えるような大胆かつ斬新なビジョンさえも提示する。

仮説を生み出す力の成長ベクトルは、「より直観的かつ個人の独自性が表れる」ものといえる。それは、誰かに簡単には模倣されない、差別化された価値を生み出せるようになることを意味する。

成熟度診断❸ D：示唆（ディダクション）――示唆を引き出す力

LEVEL 0（意識ゼロ）→情報丸飲み症

☑「情報を単に取得して整理するだけで満足していないか?」

「示唆を引き出す」という意識がそもそもないと、何かの情報が与えられても解釈を加えることなくそのまま飲み込んでおしまい、ということになる。競合企業の調査をしていて「競合は○○のサービスへの進出を進めている」という情報を取得して満足してしまい、それが自社にとって何を意味するかに考えが及ばないようなことだ。情報の丸飲みでは、情報が持つポテンシャルを十分に引き出せず、「で?」といった反応を受けてしまう。

LEVEL 1(初級)→示唆の取り出し

☑「与えられた情報から、与えられていない示唆を取り出すことができるか?」

そこから一歩成長すると、受け取った情報から何かしらの意味や示唆を取り出すことに注意を向けるようになる。たとえば、「競合は○○のサービスへの進出を進めている」という情報に対して、「競合は市場トレンドに対する動きを速めており、当社も対抗策をとることが必要」と、一歩先に進んだ示唆を考えるようになる。この段階では、情報を単に受け取るだけでは満足できず、そこから何らかの示唆を引き出さずにはいられなくなってくる。

LEVEL 2(中級)→直線的ストーリーの紡ぎ出し

☑「与えられた情報を起点に、ひとつながりのストーリーを引き出すことができるか?」

さらに能力を深めると、単なる情報から示唆を引き出すだけでなく、それらをつなぎ合わせて一貫したストーリーを構築できるようになる。「競合は○○のサービスを展開し当社の事業領域を侵食しているため、対抗策をとることが必要だ。競合のサービスに同質化しながら、当社独自の□□を組み合わせることで差別化を狙う」というような形だ。この段階では、単に情報を解釈するだけでなく、それをもとに行動を導くストーリーテリングができるようになる。

LEVEL 3（上級）→戦略ストーリーの編み出し

☑「自分独自の見方やらしさを織り込み、多角的な要素を戦略的に取り入れられるか？」

上級者になると、単一のストーリーラインに留まらず、複数の情報や要因を組み合わせ、より非定型で戦略的なストーリーを編み出せるようになる。第2章で紹介したマブチモーターの戦略ストーリーのイメージだ。ここまでたどり着ければ、たとえどのような問題に直面したとしても、手元にある材料で戦略的に問題にアプローチするための独自シナリオが描けるようになる。

示唆を引き出す力の成長ベクトルは、「与えられたもの」から「与えられていないもの」を引き出す高度さにある。どこかに落ちているようなテンプレストーリーを当てはめるのではなく、自分の頭を使って目の前の問題に応じた独自ストーリーを編み出せることができるようになると、問題解決に対する自信も格段についてくる。

成熟度診断❹　Ⅰ：結論（インダクション）——結論に引き上げる力

LEVEL 0（意識ゼロ）→言いっぱなし症

☑「根拠もなく言いたいことだけを言い散らかすクセはないか？」

結論を納得感のある形にまとめようとする意識がうすいと、根拠もよくわからないままバラバラと言いたいことだけを放言し、最後に「しらんけど」と付け加えて終わるような無責任な状態になってしまう。これだと「結局何を言いかったのか…」と聞き手を混乱させてしまうし、「なぜそう言えるのか」という質問に対しても答えることができない。話だけが盛り上がってどこにも着地をしないときは、この状態に陥っている可能性が高い。

LEVEL 1（初級者）→単線的な根拠づけ

☑「自分の伝えたいことに対して、簡単にでも理由とセットで示す習慣はあるか？」

意識が一段階上がると、自分が言ったことに対する根拠を意識するようになる。もっといえば、根拠がない状態で何かを言ったとしたら、足場がない宙ぶらりんの状態のように思われて落ち着かなくなってくる。この段階では、「有望な商品コンセプトは○○です、なぜなら顧客のまだ満たされていない潜在ニーズに訴求するからです」と、根拠立てて伝えられるようになり、相手からの「なぜ？」に対して、それが軽めの質問であれば一定数答えられるようになってくる。

LEVEL 2（中級者）→構造的な根拠づけ

「相手の悩みや期待を察しながら、構造的な理由づけを組み立てられるか？」

さらに練度が高まってくると、主張に対する根拠づけをより構造的に行えるようになってくる。「有望な商品コンセプトは○○です。なぜなら、顧客のまだ満たされていない潜在ニーズに訴えかけるものになっており、競合はまだそれを実現できていません。しかし自社の既存技術を応用すれば、素早く実現が可能です」といったように、複数の視点からツリー構造をつくるようにして、主張に対するサポートを加えることができるようになる。ここまで根拠が組めると、相手が踏み込んで「なぜそう言えるのか？」と迫ってきたときにも、しっかりと踏ん張って応えることができるようになる。

LEVEL 3（上級者）→仮説反証と進化

「自分の考えに反することを積極的に取り入れ、仮説進化の材料として活かせるか？」

人には、確証バイアスという偏った見方をする傾向がある。自分の仮説をサポートする情報だけをえり分けて集めたり、反対の証拠があってもそれを軽視したりすることだ。反証とは、そのような心理的傾向に逆らって、自分の仮説が誤っていることを示す証拠をあえて探し、それを自分の仮説を鍛える材料としてしまうことをいう。刀が金槌に打たれて強くなるように、仮説もそれに反する根拠に打たれることで、より強いものになっていく。この反証までをもやり切れれば、「なぜそう言えるのか？　本当にそうなのか？　別の可能性はないのか？」という徹底した追求に対しても応じることができるようになる。

成熟度診断❺　QADIサイクル——新たな知を探求する力

LEVEL 0（意識ゼロ）→短距離停滞症

☑「答えの質にかかわらず、一度走りきっただけで満足していないか？」

探求の意識を持たなかったならば、僕らの思考はA→Bという短距離区間をただ走って終わり、というものになってしまう。頼まれたタスクを「やりました」と報告して終わって次のタスクを待つような振る舞いは、人としての思考というより情報処理マシンというほうが近い。そのような構えでは仮説は進化せず、停滞するままだ。

LEVEL 1（初級）→他者による改善

☑「自発的に他人から意見を求め、素直に改善の材料として取り込めるか？」

ここから初級になると、思考に循環やサイクルの動きが生まれてくる。自分で一度出した答えをそれで終わりとせず、他人から意見をもらい、それを仮説を磨くための糧として取り入れられる。他人からフィードバックをもらうのはいかにも当然な話だが、「誰かに指摘されることの怖さ」から、自分の手元で抱え込んでしまうケースは少なくない。言われてからではなく、自分から積極的・能動的に求めに行けるかが分かれ目になる。

LEVEL 2（中級）→自律改善

☑「自身で自分の考えに対して課題を出し、自律改善サイクルを回せるか？」

そこからより探求心が高まると、自分に批判的なまなざしを向け、仮説の欠点を自分で指摘し、それを糧にさらなる改善点を見出すことができるようになる。そうして出てきた改善仮説に対してもさらに見直しをかけ、自律改善サイクルが回るようになる。ここまでたどり着いているなら、知的自立の水準はすでに相当に高いといえる。

LEVEL 3（上級）→自己破壊と創造

☑「自分の考えに対する愛着を、必要とあらば捨てることができるか？」

探求の極致には、自己破壊という境地がある。真に重要な発見には、かつて積み上げたことの破壊が伴う。こだわってつくった資料や作品は、自分の分身とさえ思えてくるし、守りたくなる。しかしそれでもなおその愛着を克服し、必要とあらば自分の考えを底からひっくり返し、そこから新たな可能性を構成する心境を持てるならば、それは探求における最上の境地といえる。このように自分自身を何度も超えていくことで、僕らの思考はどこまでも強靭に、そしてしなやかになっていく。

成熟度モデルで自分の現状を知り、将来を方向づけする

成熟度モデルをもとにした自己診断を通じて、自分のレベル感を把握できただろうか。成熟度モデルは、次の4つの手順を踏んで自分の現状と今後の成長を方向づけするためのツールとして使うことができる。手順1、2がここまでやってきたことであり、残りも含めてまとめて示しておこう。図7-02に示した成長例を参考にして、自分なりの現状把握と課題抽出をしてみてほしい。

[手順1（イメージづくり）]……成熟度モデルを読み、それぞれのレベル感のイメージを自分の中でつくる

[手順2（自己診断）]……自分の現状のレベルをそれぞれプロットし、線でつなげる。そこから、自

図7-02 成熟度モデルを使うことで
自分の現在地と将来成長の方向づけができる

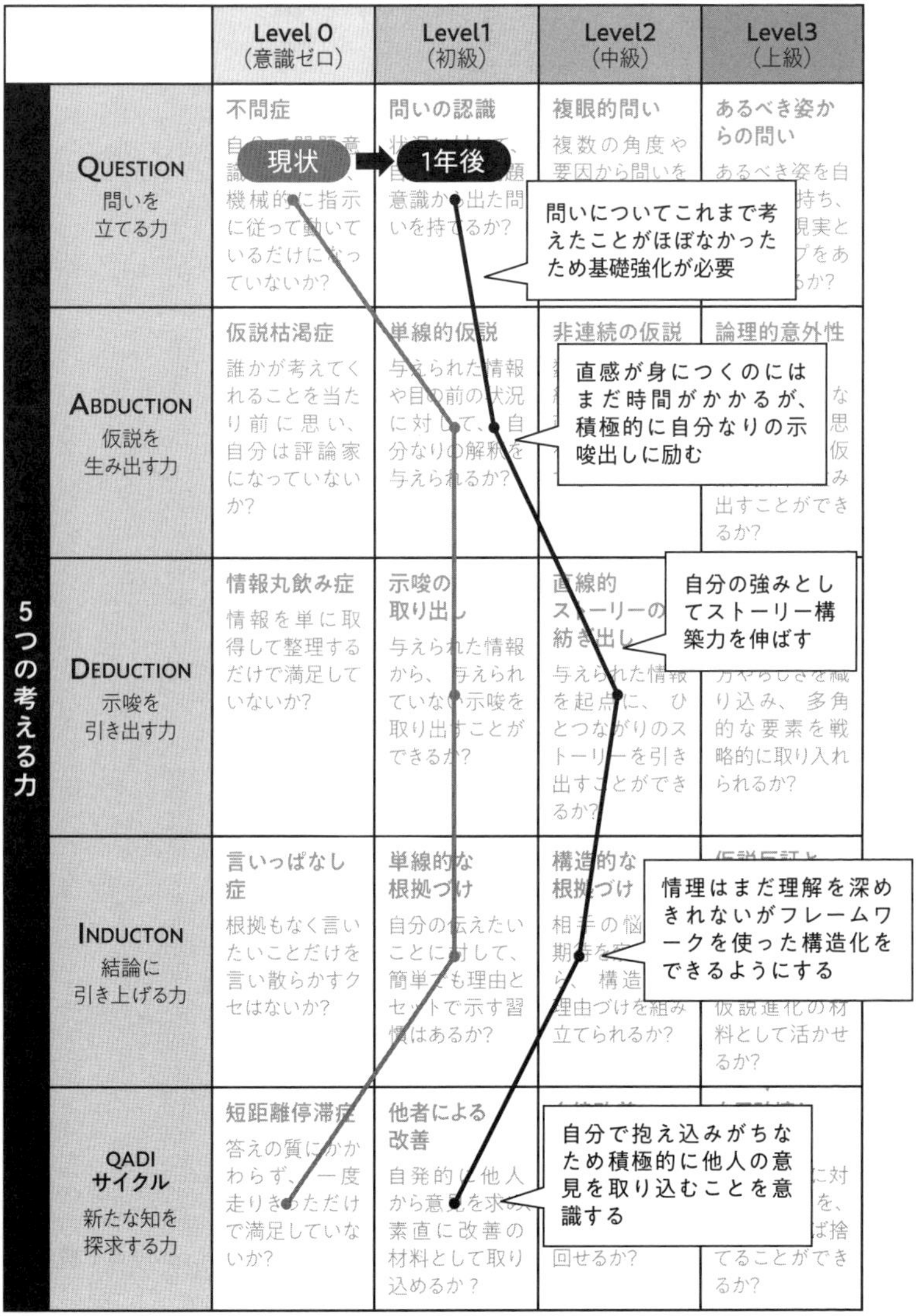
Level 0（意識ゼロ）
Level1（初級）
Level2（中級）
Level3（上級）
5つの考える力
QUESTION 問いを立てる力
ABDUCTION 仮説を生み出す力
DEDUCTION 示唆を引き出す力
INDUCTON 結論に引き上げる力
QADI サイクル 新たな知を探求する力
現状
1年後
不問症
機械的に指示に従って動いているだけになっていないか?
問いの認識
意識から出た問いを持てるか?
複眼的問い
複数の角度や要因から問いを
あるべき姿からの問い
あるべき姿を自
仮説枯渇症
誰かが考えてくれることを当たり前に思い、自分は評論家になっていないか?
単線的仮説
与えられた情報や目の前の状況に対して、自分なりの解釈を与えられるか?
非連続の仮説
論理的意外性
出すことができるか?
情報丸飲み症
情報を単に取得して整理するだけで満足していないか?
示唆の取り出し
与えられた情報から、与えられていない示唆を取り出すことができるか?
直線的ストーリーの紡ぎ出し
与えられた情報を起点に、ひとつながりのストーリーを引き出すことができるか?
り込み、多角的な要素を戦略的に取り入れられるか?
言いっぱなし症
根拠もなく言いたいことだけを言い散らかすクセはないか?
単線的な根拠づけ
自分の伝えたいことに対して、簡単でも理由とセットで示す習慣はあるか?
構造的な根拠づけ
理由づけを組み立てられるか?
料として活かせるか?
短距離停滞症
答えの質にかかわらず、一度走りきっただけで満足していないか?
他者による改善
自発的に他人から意見を求め素直に改善の材料として取り込めるか？
回せるか?
てることができるか?
問いについてこれまで考えたことがほぼなかったため基礎強化が必要
直感が身につくのにはまだ時間がかかるが、積極的に自分なりの示唆出しに励む
自分の強みとしてストーリー構築力を伸ばす
情理はまだ理解を深めきれないがフレームワークを使った構造化をできるようにする
自分で抱え込みがちなため積極的に他人の意見を取り込むことを意識する

分が得意な箇所、不足している箇所を診断する

［手順3（目標設定）］……自分が伸ばしていきたい目標値をプロットし、線でつなげる

［手順4（課題抽出）］……現状と目標の間にあるギャップを見て、自分が取り組むべき課題を設定する

このとき、すべての力を一気に伸ばそうとすることはない。戦力の分散投入はたいてい悪手であり、中途半端な対応になって成果を生まないことが多い。

取り組み方としては、次のような2つの方向性がある。自分の状況や取り組みのモチベーションに応じて決めていけばいい。

- 比較的得意な箇所を集中的に強みとして伸ばす（それを他の力を伸ばす牽引力にする）
- あまり意識できていない・やれていない箇所をつぶす（思考力のボトルネックを外す）

芸術やスポーツと同じで、考える力を真に鍛えるためには日々の積み上げが欠かせない。いまの世の中、誰しもがお手軽なものに飛びつきがちだ。しかし本物の思考力の前にハックなどのような便利なものはないし、周りと同じように飛びついていては、差別化にはならない。軽はずみに飛びつかず、時間をかけて練り込むこと。3日で役立つものは所詮3日で追いつかれて、すぐに役立た

なくなる。しかし時間をかけて培ったものは、生涯、自分の身を助ける。

知力を上げるには心理的盲点（スコトーマ）を克服すること

知的能力を上げるための基本となるマインドセットとして、自分の心理的盲点に気づき、積極的に克服していくということがある。

心理的盲点《スコトーマ》とは、個人の思考や行動において、その人が自覚しきれていない認知の限界やバイアスのことをいう。このような盲点は、次のような態度をとっていると生まれてくる。あなたにも心当たりはないだろうか。

「自分はもう完全にわかっていて学ぶことはもうない」（過大な自己評価）
「これは自分には関係がないから考えなくてもいいや」（無関心）
「自分の専門じゃないしわかるはずもない」（安易なあきらめ）
「規則で決まってるんだから正しいに決まってる」（盲信）
「周りが考えたことについていけばいいでしょ」（集団への同調）

このようなスタンスが心の中にあると、有益な情報が頭に入ってこなかったり、せっかくの成長の機会を逃したりすることになる。

必要なのは、自分の意識に上らない見落としや偏見はつねにあり得ると思っておくこと。「自分が見えていないことは何か」「自分の見方が偏っているんじゃないか」と、つねに自問すること。どれだけ知識や経験があったとしても、謙虚であり続けることだ。

自分を測るものさしと「あえて自分に批判的になる」という技

研修である受講生からこう尋ねられたことがある。

「どうやって思考力を伸ばせるのでしょうか？　それは、自分一人でもできるのでしょうか？」

その問いに対しては、あえて「むしろ、一人でなければ鍛えることはできない」と伝えたい。

初めの段階は、誰かに教えられることで考える力を一定程度は高めることができる。他方でいったんその段階が過ぎると、自分で自分の思考の課題や繊細な癖に気づき、自己改善を重ねていく必要が出てくる。考えるというのは、とてもデリケートな営みだ。外からはどうやっているかは見えず、自分でその感覚を捉えるしかない。

自分の課題や癖に気づくためには、自分と比較するものさしを持つことが必要だ。それには、

- **この本に書かれているような思考の型**
- **周りにいる考える力に長けた人の振る舞いや、もらった助言**
- **自分の職務に求められる能力**
- **自分がなりたいと思う、あこがれの姿**

などを比較基準として持ち、それに対していまの自分のどの部分に、どのくらいギャップがあるかということに気づいていくことが大切だ。

さらに、こうしたギャップを見ていくときに役立つ意識として、「あえて自分に批判的になる」ことが大切だ。この〝あえて〟というのがポイントで、あまりにも「あれもだめ、これもまだまだ」と自分を責めすぎると、気が滅入ってしまう。「自己改善のために、あえて批判的に見るとどうか？」と思うことで、カラッとした気分で自分を振り返ることができるようになる。

真の成長は、他人の手によってはもたらされない。自分で自分を成長させられるようになったときこそ、本当の成長が始まるときだ。

「いいとこ取りの私淑」で仮想ロールモデルをつくる

実際に技を身につける過程では、理論を頭ではわかっていても、具体的にどう実践すればいいかわからないことが多い。それに対処するための方法として、「いいとこ取りの私淑」という方法をお伝えしよう。

「私淑」とは、直接教えを受けず、自分の心の中で相手を師とあおぎ、密かに学びを得ることをいう。特に仕事のあわただしい現場では、誰もが細かく手ほどきをしてくれるとは限らない。そんなとき、自分にとっての模範となる人物を見つけ、その人を師匠とあおいでその振る舞いから技を盗むといい。理論だけでは得られない、現場でのリアルな振る舞いを見ることで、理解の深さはまるで変わってくる。

一方で、すべての能力を１００％身につけている完璧超人はそういるものではない。そこで重要になるのが「いいとこ取り」という考え方だ。

たとえばAさんは論理的な説明は苦手でも発想力がずば抜けているとすれば、Aさんの「ずば抜けた発想力」という点だけいいとこ取りして私淑する。他にもBさんがロジカルなストーリーテリングに長けていれば、その部分をいいとこ取りして私淑する。こうして、**複数の模範となる人物の「いいとこ取りの私淑」をし、自分の中でそれらを足し合わせて仮想的なロールモデルをつくることで、理想の姿に近づいていける。**

僕自身も、先輩・後輩を含むファームのメンバーや、プロジェクトを共にしてきた多くのクライアントに私淑してきた。「一」よりも「多」だ。自分の中に複数性をはぐくむことで、しなやかな強さが生まれる。

「方法的信仰」が学びを加速させ、深くする

演繹法でも紹介したフランスの哲学者ルネ・デカルトは、真理を探究するための手段として、あらゆることをあえて疑ってかかるという「方法的懐疑」という考え方をとった。

一方で何かを学ぼうとするとき、最初からすべてを疑ってかかると、自分がまだ内容をよくわかっていないまま拒絶することになり、結局中身を取り込めないということが起きてしまう。実際に

も、話を最後まで聞いてようやく意味合いがわかる、ということは少なくない。

僕の考えでは、**何かを学ぼうとするときには、たとえ疑わしくてもまずは批判をせず、一度丸ごと飲み込んでしまうことが大切だ。**このことをデカルトの方法的懐疑と対照させて、**「方法的信仰」**と呼ぼう。心の底から信じ切るというよりは、学びを加速させ、深めるための方法として、細かい理屈を抜きにあえて信じてみる。で、ひととおりの内容を取り込んだ後に、そのやり方が本当に有効なのかを試したうえで、その良し悪しを判断する。

本を読む際にも、誰かから学ぶ際にも、この方法的信仰の態度をとってみるといい。はじめから壁をつくってしまっては、本質の理解は得られない。まずはオープンに迎え入れること。その寛大さ、度量の深さを僕らはぜひとも持っておきたい。

「型」を守って・破って・離れる、その先にある独自性

「守・破・離」をご存じだろうか。日本の伝統芸術や武道で受け継がれてきた技術の熟達についての教えだ。

はじめの「守」とは、基本となる型を忠実に学び、模範とされる理想の動きを自分の身体に覚え

させる段階だ。そうして型が身についてきたら、次には状況に応じて型を崩していくことができるようになる。それが「破」だ。

コンサルタントであれば、「守」のうちは、MECEに（網羅的に）情報を構造化して整理したり、フレームワークに従った分析を行う。そこから練度を上げ、「破」の段階になると、あえて構造を崩して「もっとも重要なのはこの3点です」と伝えてみせたり、ファクトを積み上げただけのどこかで聞いたようなことではなく、意外性のある仮説を洞察してみせたりするようになる。

型を破ることとは、型を何も持たないこととはまったく異なる。型を持たないのはがむしゃらにもがいているだけであって、そこには結果に対する意図がない。そのような姿は「型無し」と呼ばれてしまう。

一方で、型を破ることには、「いまは型を破ったほうが効果的だ」という、熟練に裏打ちされた意図がある。その意図があるからこそ、状況に対応して型を破ることが有効になる。

そして「離」の段階は、数々の「破」が積み重なり、それが自分の「独自スタイル」としてまとまりを得たときにやってくるものだ。

独自のスタイルとは、「これを自分独自のスタイルとしよう」と思い立ってできるものではない。守破離の螺旋を駆け上がり続ける中で、そこから自ずとにじみ出てくるもの――それこそが、真の「独自スタイル」だ。

量質転化——量が質の変化を生み出す

「頭でわかる」ことと「実際にできる」ことの間には、深い溝が横たわっている。その溝を越えるために必要なことが、空手家の南郷継正が唱えた「**量質転化**」だ（図7-03）。

量質転化とは、取り組みの量がある一定の規模まで積み上がると、それが質的な変化を引き起こすという考え方だ。いわく、武道においては、ある技の真髄をつかむには、数万回という単位で繰り返すことが必要なのだという。この「万単位」という〝量〟が積み重なることで、技術やスキルを真に会得するという〝質〟への転化がもたらされる。

たとえば、ピアノの演奏で初心者が一つひとつ音を確認しながら弾くのに対し、熟練した演奏家は楽譜を見ずに流れるような演奏をすることができる。何万回と練習を繰り返し、曲の構造や技術が身体に染み込んでいるからだ。それが、「量」が「質」に変わるということだ。

僕が親しくしているパーソナルトレーナーにとあるエクササイズを教えてもらったとき、「いつ、どれくらいこのエクササイズをすればよいでしょうか？」と聞いたことがある。それに対して、ト

図7-03 「量質転化」が、考え方を自分の「技」にするための要諦

「量質転化」
(南郷継正、空手家)

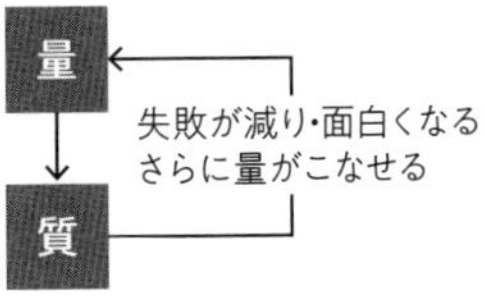
量
質
失敗が減り・面白くなる
さらに量がこなせる

- 量がある一定程度に達すると、質的な変化を引き起こす
- 武道においては2万回といった「万単位」の数で変化が起こるとされる
- 万単位の量を重ねることで、真の意味で「技」を会得できる
  - ➡上達の要諦は、試行の回数を稼ぐこと。それをいかに加速させるかが肝
  - ➡数十・数百程度の試行であきらめない

レーナーはこう答えてくれた。

「いつ、どのくらいというと、ちょっと違うんです。普段の生活の中に、この動きを取り入れていくんです。そうすると自然に多くの数がこなせるようになり、動きが身体に馴染んでいきます」

上達に必要なのは、徹底して自分の技を試せる場数をいかに稼ぐかだ。思考法の場合であっても、それをビジネスや研究などの特定のシーンだけに限ってしまうのでは、場数は稼げない。思考法を日常生活の中に溶け込ませ、たとえば週末のお出かけを決めるような場合でも評価基準を設定して判断してみる、日常の会話の中でも会話内容を頭の中で構造的に図解してみるなど、そうした小さな瞬間でも使って場数を稼ぐことだ。

逆にいえば、数十回や数百回程度試してなかな

かできなかったところで、何もめげることはない。そもそもその回数は人が何かを身につけること に必要な「規模感」に達していない。自分の鍛錬の規模感にこだわろう。そうして時間をかけて身につけたものは、決して自分を裏切らない。

論理の形式よりも論理の感覚を大事にする

思考法における質の変化とは、論理の「形式」が「感覚」に落ちていくということにある。

釣りの技術にたとえてみよう。最初は、ルアーのつけ方、釣り竿の持ち方、ルアーの投げ方、魚の種類ごとの釣り方など、形式的な知識を学んでいく。

しかし実際の釣り場で重要なのは、釣り竿のしなりを感じ、ルアーを投げる際の力加減を見極め、ルアーが水面を切る独特の動きを捉える「感覚」だ。形式から一歩進み、それを感覚に落とし込むことが、技を自分のモノにするということだ。

思考法もこれと変わらない。はじめのうちは、手順を確かめながら考える段階から始まる。演繹法であれば、前提条件があり、それに個別事例を当てはめて、そこから示唆を引き出す、といったことを頭で一つひとつ確認しながら行っていく。
このことを何度も繰り返すことで頭の神経回路が耕され、いつしか意識的に確認していたことが感覚に落ちていく。そうなると、頭で考えるというよりも、感覚から自然とストーリーが紡ぎ出されるような状態になってくる。

このような思考の感覚を得るためには、実務のリアルな現場で何度も「型」を試し、自分だけの経験として蓄えていくことが欠かせない。はじめは慣れないながらも型にならって自分の頭で考え、自分の中で「うまくいった／いかなかった」の感覚を溜めていくことだ。理論と実践の交流があって初めて知識は活性化され、「技」として身についていく。

全人格をかけて考えるということ
――ロゴス、パトス、エートス

そして、考えることの先に待つ、究極の「質」の変化がある。
それは、「人格」が磨かれるということだ。

図7-04 全人格をかけたロゴス・パトス・エートスによる語りによって真の納得は得られる

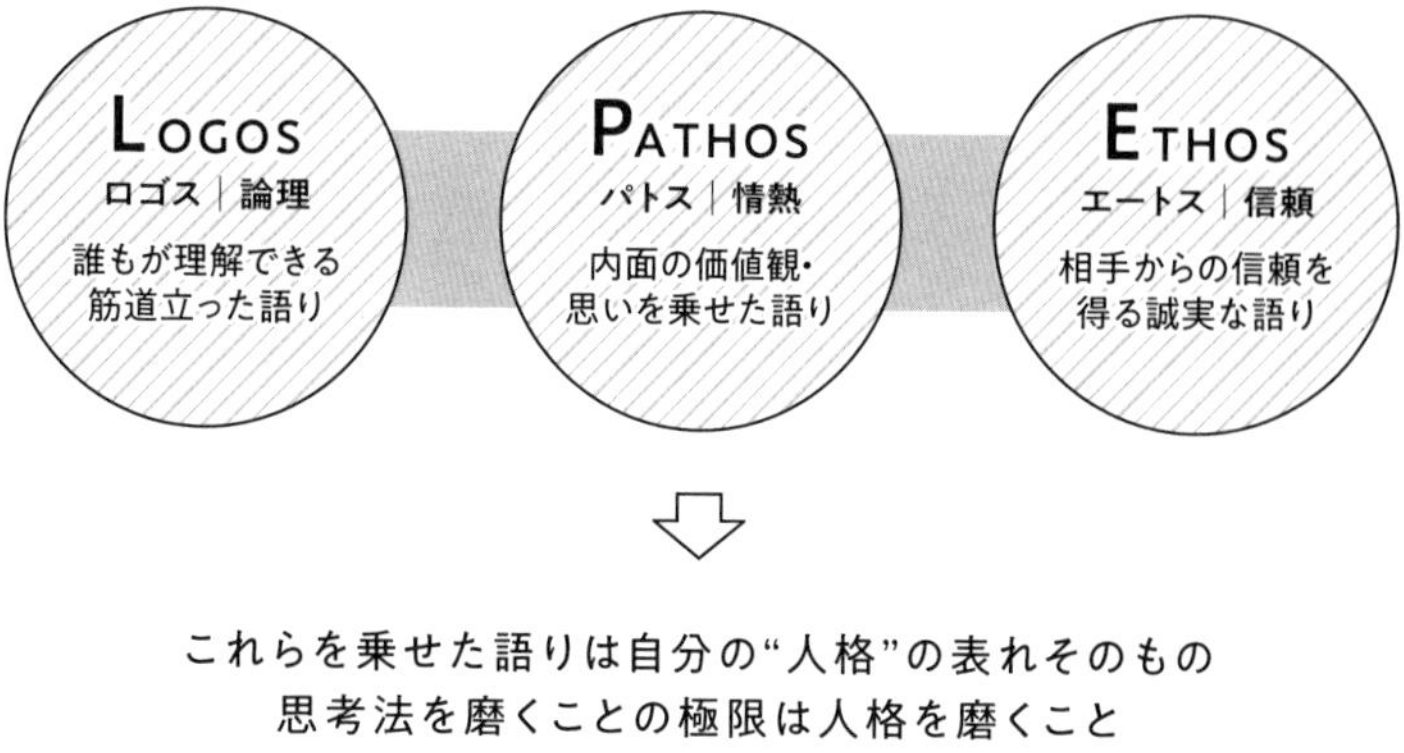
LOGOS
ロゴス｜論理
誰もが理解できる筋道立った語り
PATHOS
パトス｜情熱
内面の価値観・思いを乗せた語り
ETHOS
エートス｜信頼
相手からの信頼を得る誠実な語り
これらを乗せた語りは自分の“人格”の表れそのもの
思考法を磨くことの極限は人格を磨くこと

古代ギリシャの哲学者アリストテレスは、人が何かを訴えかけるとき、そこには「ロゴス（論理）」「パトス（熱意）」「エートス（信頼）」という3つの要素がはたらくと考えた（図7−04）。

ロゴスとは「論理」のことだ。論理的な説明の手順を踏み、根拠を示して相手を納得させることをいう。これは相手の理性に訴えかけることであり、論理的に一貫性のある説明を受けることで聞き手は納得を得る。

一方で、誰かに何かをわかってもらおうとするとき、「論理」だけでは立ち行かなくなるときが必ずやってくる。そのときに必要となるのが、「パトス」と「エートス」だ。

パトスとは、「熱意」のこと。熱意は、人々とのコミュニケーションや共感の形成に大きな影響を与える。たとえ論理的な内容は同じであっても、そこに熱意を乗せて伝えることで、聞き手の心をつかむことができる。これは、聞き手の感情に訴えることでもある。

エートスとは、「信頼」のこと。自らが信じるに足る人物であると相手に感じさせる要素だ。自分の考えや意見に説得力を持たせるためには、話し手としての信頼性や誠実さが欠かせない。どれほど論理を積み上げても、証明しきれない不確実な部分は必ず残る。そこを、人としての信頼が補う。「この人が言うなら」と、信じられる。

自分の論理を持つこと、熱意を胸に秘めていること、信頼を結ぶこと――これらが合わさったものは、まさしく自分という「人格」に思える。

単に論理を組み立てるということを超えて、自分の全人格をかけて考え、伝えられるように高まっていくこと。思考を磨くことの究極には、己の「人格」を磨くことがある。

究極の思考成果としての「真・善・美」

そして、「ロゴス（論理）」「パトス（熱意）」「エートス（信頼）」を突き詰めた全人格の思考には「真・善・美」が宿ると、僕は考えている。「真・善・美」の概念は古代ギリシャ時代にまでさかのぼり、人間生活の究極の目標として語られてきた。思考法の文脈に当てはめるなら、「真・善・美」は次のようなことを意味する。

- **真……事実と相手の価値観に基づいて考えられており、正確かつ真実であること**
- **善……思考の目的に対してよく貢献し、よい影響を与えていること**
- **美……思考の構造や流れがクリアであり、美しささえ感じさせること**

これらの逆をいえば、「偽・悪・醜」となる。誰も、これらに陥りたくはない。ビジネスのためだけにとか、目先の利益のためにとか、そういった狭小な考えはやめにしよう。僕らが目指す思考は、僕らの人格さえも広げ、高め、深めるものだ。本書は、小手先の思考テクニックを伝えることを意図していない。相手を論破することを、知性とも考えない。

人格としての「ロゴス・パトス・エートス」を磨くこと。それによって、「真・善・美」へと近づいていくこと。それが、本書が目指す「考える人」としてのありたい姿だ。それは古代ギリシャから続く人類の理想であり、本書もその大きな流れの一滴でありたい。その理想を、あなたは共にしてくれるだろうか。

Case Solution

さて、思考力を高めたい野口さんに、どのようにアドバイスをしていけばいいだろうか。

いきなり答えを突きつけるのは得策ではない。まずは一度立ち止まり、解くべき問いを見つけることから始めよう。ここでは、こうしたコーチングの場面で役立つＥＡＲＮプロセスとともに考えていきたい。ＥＡＲＮプロセスとは、次の４つの問いからコーチングを深めていく進め方だ。

- Event（イベント）……どのような状況や場面にいたか？
- Action（アクション）……どのような具体的な行動をとったか？
- Result（リザルト）……その結果どうなったか？
- Next Step（ネクストステップ）……次に向けてどうするか？

特に、解くべき問いを見つける際には、最初の３つ、すなわち「どのような状況で」「何をし」「どうなったか」を聞き、相手に対する認識の解像度を上げておくといい。

こうした問いかけを野口さんにしていくと、このような返事が返ってきた。

「あれは営業で顧客訪問をしていたときに、自社製品とは直接関係のない課題についての話が出た場面でのことです。そのときどう答えていいかわからず、つい黙ってしまって……そこで営業の会話の流れも悪くなってしまいました……」

この言葉を聞きながら、この本をここまで読んだあなたなら、思考の型や成熟度モデルを頭に思い浮かべながら、どこに改善のポイントがあるか見えてきただろう。今回の野口さんの状況に対してなら、仮説を生み出すためのアブダクションや、そこから話を広げていく演繹的思考の方法を伝えていくことが役立つだろう。

さらに、それらを伸ばすための具体的な取り組みについても、次のようなことを伝えていくことができる。

・・・

「あえて自分に批判になって、改善のサイクルを自分で回せるようになろう」
「いいとこ取りの私淑で、周りの人物を観察して真似をしてみてはどうか」
「量質転化の考えで、仕事や日常で鍛錬の場数をどんどん稼いでいこう」

思考力を強くするということは、アスリートが身体能力を高め、武道家が技を鍛え、芸術家がセンスを磨くことと同じだ。僕らは本物の思考力を身につけることを望むものであり、だからこそ王道を歩もう。

「ミネルヴァのフクロウは黄昏に飛び立つ」

最後に、この謎めいた言葉で話を閉じるとしよう。

「ミネルヴァのフクロウは黄昏に飛び立つ」とは、19世紀ドイツの哲学者ヘーゲルが遺した言葉だ。ミネルヴァのフクロウとは、知恵の象徴であるギリシャ神話の女神アテナ（ローマ名ミネルヴァ）に仕えるフクロウを指す。そのフクロウは、一日の終わりにさしかかる黄昏《たそがれ》（夕暮れ）時に飛び立つ――。いったい、これは何を意味するのだろうか？

それは、「真の知は、すべてを経験した後に得られる」ということだ。言い換えれば、知識や理解が完全になるのは、向き合ってきた出来事のすべてを経験し、自分の中で消化しきったときにこそ可能になるということだ。

ペダルをこぐだけでは自転車はバランスをとれない。ハンドル操作だけでも前には進めない。すべての技術が調和したとき、はじめて走り出すことができるようになる。本書で「思考の型」の全体像を最終部に配置したのも、ひととおり個々の技を経験しきった後でこそ、その全体の意味合いが理解されると考えたからだ。

バーバラ・ミント『考える技術・書く技術』の初版が1985年に発売されてから、早40年近くが経つ。いまや世の中でもロジカルシンキングの本が多く出回り、コンテンツとしては一巡して出切ったようにも見える。まさしく、ロジカルシンキングの黄昏時だ。

その黄昏時までのひととおりを見てきたからこそわかることがあり、それが本書に収められている。その意味で、本書はこれまでのロジカルシンキングの歴史が積み重なって生まれたものであり、そうした巨人の肩に立つことで、新たな先を見渡そうとするものだ。

本書がここまで伝えてきた「思考の型」。〈問い〉を立てること、〈仮説〉を生み出すこと、〈示唆〉を引き出すこと、〈結論〉に引き上げること、そして知の探究サイクルを続けていくこと。これら一つひとつが、それ単体で強力な技には違いない。

そこからさらに、これらの技が一連の動きとして完全な形で操られるようになったならば、思考力は真の姿として完成する。そのときこそ、フクロウが空高く飛び立つときだ。

平らかな心でじっくりと、一つひとつのことに着実に取り組もう。それらの総体を意識しながら自分の中に収めていこう。焦ることはない。飛翔のときは、もうあなたのもとに近づきつつある。

おわりに

何のために、僕らは考える力を高めるのか

正直にいえば、当初この本に「ロジカルシンキング」という名前をつけることにはためらいがあった。たしかに僕自身、経営コンサルタントとしてロジカルシンキングを仕事で使い、講師としてもそれを教えてきた。一方、ロジカルシンキングをよく知っているからこそ、それだけが「考えること」のすべてではないと肌身で感じている。Chat－GPTをはじめとする生成ＡＩのような、人間の知的営為を根底から変えるテクノロジーも突如出現した。それなのに、なぜあえて？

ロジカルシンキングの考え方が世に出て以来、世の中ではそれがあまりに流通してしまった。ビジネスではこれ一本ですべて何とかなると思われている節さえある。それが思考のコモディティ化であったり、情理を忘れて論理ばかりを振りかざすドライな対人コミュニケーションであったりと、よからぬ副作用や誤解をもたらしているにもかかわらず、だ。

ロジカルシンキングの普及をコンサルが大いに牽引したとしたら、コンサル自身がその責任をとり、その認識をアップデートしなければいけない。だからこそ僕は、「ロジカルシンキング」という言葉を、あえてこの本のタイトルに打ち出すことにした。この本は、僕自身にとってのロジカルシンキングに対するこれまでの総決算でもある。

前著『目的ドリブンの思考法』では、「〈何を〉からではなく、〈何のために〉から始めること」と伝えた。では、この本は〈何のために〉あるのか？　言い換えれば、何のために、僕らは考える力を高めようとするのか？

いま、僕はこの問いに対する答えを一言でいうことができる。それは、**自分で選択肢をつくり、それを自分で選ぶ〈自由〉を得るため**だ。これと逆の立場であれば、誰かに選択肢をただ与えられ、自分で選ぶこともできず、言われたとおりにつき従うことになる。

そんな生き方を、僕はよしとすることはできない。あなたは、どうだろうか。

僕らは日々、様々な問題に直面する。その中で、「どう考えればいいか、どうしたらいいかわからない」と思い悩むことは苦痛だ。手当たり次第に問題に飛びつき、方向感がない中でぐるぐると同じ場所を走り続ける。いつまでも問題に悶々と苦しめられるストレス。周りから置いて行かれる不安。そして、自分ではどうにもできないという、無力感。周りが先へ先へと進む変化の目まぐるしい時代の中で、自分だけが八方塞がりで立ち止まる状況は、あまりに耐え難い。

そうした耐え難い苦痛から抜け出すこと。そして、自分で選択肢をつくり、自分で選び取れる力を得ること。この本で届けたかったのは、その〈自由〉への可能性に他ならない。

ここから先、バトンはあなたの手に渡される。どのくらい遠くまで走れるだろう——そんなことは、いまは考えなくていい。未来を思って不安になるくらいなら、いま地面を踏み締めているその足元を見定めよう。右足を一歩踏み出せるなら、そこから左足を踏み出すことだってできる。そうすれば右足だってもう一度、前へと踏み出すことができるはずだ。その着実な歩みこそが、あなたを〈自由〉へと運んでくれると信じよう。

世界には、きみ以外には誰も歩むことのできない唯一の道がある。その道はどこに行き着くのか、と問うてはならない。ひたすら歩め。

——フリードリヒ・ヴィルヘルム・ニーチェ『反時代的考察』

謝辞

「バタフライ・エフェクト」という、アメリカの気象学者エドワード・ローレンツが提唱した考えがあります。それは、「北京で蝶が羽ばたくと、ニューヨークで嵐が起こる」というたとえ話でも伝えられるような、ちょっとした出来事が予想もしなかった大きな影響を引き起こす、という考えです。

僕にとって2冊目となるこの本が上梓できるのも、いまから4年前に半年の育休を取り始めた頃に「この間に本、書いたら?」という、そよ風のような妻からの声があったからでした。今回も無事に形にすることができたのも、いつも家を守ってくれた君の日々の支えなしには不可能だった。まずはじめに、君に感謝を伝えたい。本当に、ありがとう。

その小さな風を最初に受け止めていただいた谷中卓さんには、いまでも感謝の言葉を記さずにはおれません。そこからそよ風を大きくふくらませ、前作、今作を通して世の中に届けてくれた編集担当の千葉正幸さんに、再び心からの感謝の念を伝えたいと思います。

この本に出てくる考え方や発想は、日々プロジェクトを共にするチームメンバーやクライアントの皆様との活きた議論があってのことです。皆様と同じ時間を奮闘してきたことは僕の誇りであり、この吹く風の勢いをより力強いものにしてくれました。

また、「どんどん本を書いて」と、吹き進む風を後押しし続けて頂いたパートナーの首藤祐樹さん、田中昭二さん、植松庸平さん、入江洋輔さんにも、改めて感謝申し上げます。

父と母にも、感謝を伝えたいと思います。僕の名前の「安迪」は、漢字表記のアンデルセン（安徒生）とエジソン（愛迪生）から一文字ずつ取り、童話作家であるアンデルセンの「情理」とエンジニアであるエジソンの「論理」を併せ持った人に育ってほしいという願いを込めたと、昔に聞きました。その願いは、論理と情理の交わりを伝えるこの本の形をとって、いま新たな風として結ばれています。

そして、4年前にはまだ母親のおなかの中にいた君へ。この本は、いまの君が読むにはまだちょっと難しいかもしれない。それでも、10年、20年経って君がこの本を読む頃でも助けになるようにと願って、これからも変わらない大切なことをこの本には書き記してある。

いま吹くこの風は、きっと、そのときの君のもとにも届くと思う。

2024年6月　望月安迪

戦略コンサルタントが大事にしている

シン・ロジカルシンキング

発行日　2024年7月19日　第1刷
2024年9月24日　第4刷

Author　望月安迪

Book Designer　装丁：小口翔平＋村上佑佳（tobufune）
本文・図版制作・DTP：小林祐司

Publication　株式会社ディスカヴァー・トゥエンティワン
〒102-0093　東京都千代田区平河町2-16-1 平河町森タワー 11F
TEL　03-3237-8321（代表）03-3237-8345（営業）／FAX　03-3237-8323
https://d21.co.jp/

Publisher　谷口奈緒美
Editor　千葉正幸

Distribution Company
飯田智樹　蛯原昇　古矢薫　佐藤昌幸　青木翔平　磯部隆　井筒浩　北野風生　副島杏南　廣内悠理
松ノ下直輝　三輪真也　八木眸　山田諭志　小山怜那　千葉潤子　町田加奈子

Online Store & Rights Company
庄司知世　杉田彰子　阿知波淳平　大﨑双葉　近江花渚　滝口景太郎　田山礼真　徳間凜太郎　古川菜津子
鈴木雄大　高原未来子　藤井多穂子　厚見アレックス太郎　金野美穂　陳玟萱　松浦麻恵

Product Management Company
大山聡子　大竹朝子　藤田浩芳　三谷祐一　千葉正幸　中島俊平　青木涼馬　伊東佑真　榎本明日香
大田原恵美　小石亜季　舘瑞恵　西川なつか　野﨑竜海　野中保奈美　野村美空　橋本莉奈　林秀樹
原典宏　星野悠果　牧野類　村尾純司　元木優子　安永姫菜　浅野目七重　神日登美　波塚みなみ　林佳菜

Digital Solution & Production Company
大星多聞　小野航平　馮東平　森谷真一　宇賀神実　津野主揮　林秀規　福田章平

Headquarters
川島理　小関勝則　田中亜紀　山中麻吏　井上竜之介　奥田千晶　小田木もも　佐藤淳基　仙田彩歌
中西花　福永友紀　俵敬子　斎藤悠人　池田望　石橋佐知子　伊藤香　伊藤由美　鈴木洋子　藤井かおり
丸山香織

Proofreader　株式会社 T&K
Printing　日経印刷株式会社

ISBN978-4-7993-2831-6　SHIN LOGICAL THINKING by Andy Mochizuki

最後までお読みいただき、ありがとうございます。
本書を通して、何か発見はありましたか？
ぜひ、ご感想をお聞かせください。

いただいたご感想は、著者と編集者が拝読します。

また、ご感想をくださった方には、お得な特典をお届けします。